Detlev von Uslar
Sein und Deutung

Sein und Deutung

Grundfragen der Psychologie

Von Prof. Dr. Detlev von Uslar
Universität Zürich, Abt. für Anthropologische Psychologie

2. Auflage 1989

 S. Hirzel Verlag Stuttgart 1987

Ein Markenzeichen kann warenrechtlich geschützt sein, auch wenn ein Hinweis auf etwa bestehende Schutzrechte fehlt.

CIP-Kurztitelaufnahme der Deutschen Bibliothek

Uslar, Detlev von:
Sein und Deutung : Grundfragen d. Psychologie / von
Detlev von Uslar. – Stuttgart : Hirzel, 1987.
    ISBN 3-7776-0437-2

Jede Verwertung des Werkes außerhalb der Grenzen des Urheberrechtsgesetzes ist unzulässig und strafbar. Dies gilt insbesondere für Übersetzung, Nachdruck, Mikroverfilmung oder vergleichbare Verfahren sowie für die Speicherung in Datenverarbeitungsanlagen.

© 1987 S. Hirzel Verlag, Birkenwaldstaße 44, 7000 Stuttgart 1
Printed in the Fed. Rep. of Germany
Druck: Pfälzische Verlagsanstalt, Landau/Pfalz

INHALT

Einleitung 7

Aspekte seelischer Wirklichkeit
   Ontologische Voraussetzungen der Psychologie 10
   Begegnung als Prinzip des Psychischen 12
   Seele als Wirklichkeit des Leibes 20
   Die Zeitlichkeit des Psychischen 29
   Weltlichkeit 38

Kennzeichen des Menschen
   Die Sprache in der Sicht einer anthropologischen Psychologie 48
   Kunst als Zugang zum Wesen des Menschen 56
   Die anthropologischen Quellen der Religion 65

Philosophische Voraussetzungen der Psychologie
   Konzepte des Psychischen in der Geschichte des
   abendländischen Denkens 93
      Anaximander – Heraklit – Parmenides – Empedokles – Platon –Aristoteles –
      Augustinus – Descartes – Spinoza – Leibniz – Locke und Hume – Kant –
      Schelling – Hegel – Husserl – Hartmann – Heidegger

Die Rolle der Deutung
   Das Problem der Deutung in der Psychologie 131
   Traum und Wirklichkeit 146

Anwendungen
   Mensch, Umwelt, Situation 157
   Das Leib-Seele-Problem 170
   Mensch und Tier – Zur philosophischen und psychologischen
   Bedeutung der Phylogenese 175
   Verkehrspsychologische Begutachtung als Beipsiel psychologischer
   Urteilsbildung 181

Bibliographische Hinweise 195
Literaturverzeichnis 197
Register 201

EINLEITUNG

Dieses Buch geht von zwei grundlegenden Fragen aus:
1. Was ist Seele? – Was macht seelische Wirklichkeit aus?
2. Was kennzeichnet den Menschen als Menschen und unterscheidet ihn von anderen Lebewesen?

Seelisches Sein wird hier nicht als Innerlichkeit und Bewusstsein und auch nicht nur als beobachtbares Verhalten aufgefasst, sondern Seele ist die Wirklichkeit unseres leiblichen, zeitlichen und gemeinsamen Auf-der-Welt-Seins. Daraus ergeben sich vier Aspekte, unter denen alle seelischen Erscheinungen gesehen werden können, nämlich: Leiblichkeit, Zeitlichkeit, Weltlichkeit und Begegnung. Sie finden ihre Einheit in einer Psychologie der Situation.

Der Mensch unterscheidet sich dadurch von anderen Lebewesen, dass er Sprache hat, dass er Kunstwerke schafft und stets einen Stil hat, in dem er selbst da ist und die Umwelt gestaltet. Es ist für ihn charakteristisch, dass er zu allen Zeiten Religionen entwickelt hat als Zeichen einer Beziehung zu etwas, das ihn überschreitet. Sprache, Kunst und Religion sind darum zentrale Gebiete einer anthropologischen Psychologie. Sie gehören wesentlich zur Geschichtlichkeit des Menschen.

Der Mensch ist ein Wesen, dem sein eigenes Sein und das Sein der Welt zur Frage wird. Die zu unserer Existenz gehörige Frage nach dem Sein artikuliert sich in der Philosophie. Alle grossen philosophischen Systeme haben Konzeptionen des Psychischen entwickelt. Ihre Aktualität für die Gegenwart soll in einem dritten Abschnitt dieses Buches gezeigt werden.

Psychologie in dem hier skizzierten Sinne ist Deutung des Daseins und seiner Beziehung zur Welt. Ein viertes Kapitel soll sich darum mit der Rolle der Deutung in der Psychologie beschäftigen.

Ein letztes Kapitel bringt Beispiele der Anwendung dieser Betrachtungsweise auf Praxis und Forschung.

ASPEKTE SEELISCHER WIRKLICHKEIT

D. von Uslar, Zürich

Ontologische Voraussetzungen der Psychologie

Die Faszination durch das seelische Sein und das Sichwundern über die Rätsel des Psychischen sind wesentliche Triebfedern psychologischen Forschens. Was ist seelisches Sein? Seele ist nicht als ein Ding vorfindbar. Sie kann aber auch nicht zureichend durch ihre Unterschiedenheit vom Körper definiert werden. Ebensowenig darf sie als etwas bloß Inneres der Außenwelt gegenübergestellt werden. Seele ist vielmehr selbst die lebendige Wirklichkeit unseres leiblichen, zeitlichen und gemeinsamen Auf-der-Welt-Seins.

Wenn wir uns fürchten oder Angst haben, wenn wir uns freuen oder nachdenken, dann ist dieses Psychische nicht etwas von unserer leiblichen Existenz Unterschiedenes; sondern dieses Ich, das sich hier freut oder ängstet, bin ich selbst in meiner ganzen leiblichen Gegenwärtigkeit.

Dasselbe gilt von den seelischen Regungen des Du. Wenn ich sage: „Du freust dich" oder „Du hast Angst", „Du bist nachdenklich" oder „Du haßt mich", dann meine ich mit diesem „Du" nicht etwas Innerliches im anderen, sondern ihn selbst in seiner ganzen leiblichen Präsenz und Wirklichkeit. Seelisches Sein ist also in sich selbst Leiblichkeit.

Wenn wir uns einmal überlegen, wo eigentlich die Grenzen des Seelischen, die Grenzen unseres Ich liegen, dann finden wir diese weder tief in unserem Innern noch an den Grenzen unseres Körpers. Wenn ich aus dem Fenster schaue und die blauen Berge am Horizont wahrnehme oder die belaubten Bäume vor dem Haus, dann endet mein psychisches Sein eigentlich erst jenseits von diesem allem. Es ist gleichsam der Horizont, in dem sie erscheinen. Das Psychische ist nicht nur etwas in meinem Innern, sondern ebensosehr draußen bei den Dingen. Es ist in sich selbst Weltlichkeit.

Wie in die Offenheit des Raums richtet sich seelisches Sein immer zugleich auch in den Horizont der Zeit. Wenn ich mich an ein Ereignis der Vergangenheit erinnere, ist das Gedächtnis ein Ort des unmittelbaren Zugangs zum Sein der Vergangenheit selbst — gerade sofern diese Erinnerung *wahr* ist. Gedächtnis ist nicht nur ein subjektiver Vorgang in mir, sondern eine Beziehung zur vergangenen Wirklichkeit selbst. In allem Planen, Hoffen und Wünschen andererseits empfängt das Psychische seine Wirklichkeit zugleich aus der Zukunft. Seelisches Sein ist stets verwoben in das Noch-nicht-Sein der Zukunft und das Nicht-mehr-Sein der Vergangenheit. Es ist in sich selbst zeitlich.

Vor allem aber ist mir das Seelische nicht nur als mein *eigenes* Sein gegeben, sondern ebenso ursprünglich als die lebendige Gegenwärtigkeit des Du. Jede eigentliche Begegnung ist eine unmittelbare Konfrontation mit dem Sein des Du. Psychisches Sein ist darum primär *deine* Wirklichkeit, deine Gegenwärtigkeit und Verborgenheit. Das Ereignis der Begegnung ist dabei selbst die eigentliche psychische Wirklichkeit.

Seelisches Sein kann also bestimmt werden als Leiblichkeit, Weltlichkeit und Zeitlichkeit und als die Wirklichkeit der Begegnung. Seele ist nicht ein Seiendes, sondern ein Sein. Sie ist die Wirklichkeit unseres leiblichen, zeitlichen und gemeinsamen Auf-der-Welt-Seins. In diesem Sinne hat Psyché ursprünglich die Bedeutung des Am-Leben-Seins und Existierens überhaupt.

Im folgenden soll versucht werden, die in dieser Definition enthaltenen Aspekte des Psychischen kurz darzustellen. Das Gesamtgebiet der Psychologie kann jeweils unter dem Blickwinkel eines dieser Prinzipien betrachtet werden. Man muß einmal versuchen, alles Psychische konsequent als Leiblichkeit zu sehen, so daß auch das Bewußtsein als Präsenz eines leiblichen Lebewesens erscheint. Ebenso umfassend ist der Aspekt, der sich aus der Auffassung des Psychischen als Weltlichkeit ergibt. Alle psychischen Erscheinungen sind Manifestationen dieses In-der-Welt-Seins. Alle seelischen Phänomene haben aber auch an der komplizierten Zeitstruktur des Psychischen teil. Zeitlichkeit ist darum ein Prinzip der Psychologie wie Leiblichkeit und Weltlichkeit. Schließlich können aber auch alle Erscheinungen des Seelischen — seien es nun Affekte oder Stimmungen, Gedanken oder die Art, wie wir uns im Raum bewegen — unter der Voraussetzung gesehen werden, daß sich psychisches Sein als solches in der Begegnung ereignet, daß das Ereignis der Begegnung den Zugang zur seelischen Wirklichkeit eröffnet. Die Einheit dieser vier Aspekte liegt in der Auffassung des Psychischen als Wirklichkeit unseres Auf-der-Welt-Seins; die ihren geschichtlichen Hintergrund sowohl in der aristotelischen Psychologie wie in der Existentialontologie Heideggers hat.

PROF. DR. DETLEV VON USLAR, UNIVERSITÄT ZÜRICH

Begegnung als Prinzip des Psychischen

Was seelische Wirklichkeit ist, das erfahren wir nicht nur in unserem eigenen Ich, sondern ebenso ursprünglich in der Begegnung mit dem Du. Das Psychische ist nicht nur eine Innensphäre in uns, sondern es zeigt sich auch unmittelbar im Sein der Anderen, denen wir begegnen und von denen ein Anspruch an uns ausgeht. Das Phänomen der Begegnung bildet darum einen Schlüssel zur Psychologie.

Man darf sich das Seelische nicht nur als Eigenschaft eines einzelnen Subjekts vorstellen, sondern es erschließt sich uns unmittelbar in der gegenseitigen Konfrontation. Das Du ist nicht nur ein anderes Ich, ein alter ego, sondern es offenbart sich uns direkt in seinem eigenen Sein.

Was ist eine Begegnung? Sie überfällt uns unerwartet. Man kann sie nicht vorausberechnen oder erzwingen. Ihr Ereignis reißt uns heraus aus den Bezügen des alltäglichen Zusammenlebens. Etwas völlig Neues fängt mit ihr an. Wir sind gleichsam nicht mehr dieselben wie vorher. Die Begegnung unterbricht das Einerlei des Zeitlaufs und gibt dem Augenblick seine volle Einmaligkeit zurück. Damit verschieben sich zugleich alle Perspektiven. Wir beurteilen die Dinge und Zusammenhänge in vielem anders und finden uns gleichsam in einer neuen Welt vor. Diese neue Welt ist die Welt des Du. Es ist wie ein Durchbruch zu der einen wirklichen Welt, die einen eigentümlichen Glanz erhält und ihre Alltäglichkeit verliert. In der Begegnung geht ein Anspruch vom Sein des Du aus, dem wir gerecht werden müssen. Das Du verlangt von uns Antwort, die wir nicht durch Worte geben können, sondern nur durch unser eigenes Sein.

Jede echte Begegnung ist durch diesen Absolutheitsanspruch gekennzeichnet. Sie ist eine Begegnung mit dem Absoluten selbst. Das liegt daran, daß uns das Du nicht nur in dieser oder jener Eigenschaft konfrontiert ist, sondern in der Unmittelbarkeit seines Seins, die uns blitzartig aufleuchtet. Wir sind in der Lage, uns zu wundern und zu erstaunen vor der Tatsache, daß Du da bist. Das, was wir sonst nur in unserem eigenen Ich kennen – die Unverwechselbarkeit und Einmaligkeit der eigenen Existenz, die wir mit dem Wort Ich benennen und die uns zum Bezugspunkt aller Perspektiven auf die Wirklichkeit macht –: diese absolute Einmaligkeit spricht uns plötzlich aus dem Sein des Du an. Wir begreifen gleichsam, wie es der Mittelpunkt seiner eignen Welt ist, die damit zugleich zu unserer Welt wird. Seelisches Sein ist hier nicht nur die Sphäre eines einzelnen Ich oder eines Subjektes, sondern das Sein unserer Beziehung selbst, die Tatsache unseres Begegnens.

Das zeigt sich auch in der Zeitstruktur der Begegnung. Jeder von uns ist ja in seine eigene Lebensgeschichte eingesponnen. Die Gegenwart ergibt sich aus der Vergangenheit und eröffnet bestimmte Möglichkeiten für die Zukunft. Unsere Erinnerungen bestimmen unser Handeln und Urteilen. Die Themen unserer Lebensgeschichte können in all unserem Tun verfolgt werden. Und ebenso sehen wir auch die anderen Menschen in den Bahnen ihrer eigenen Lebensgeschichte dahinziehen.

In einer ursprünglichen Begegnung aber durchkreuzen sich zwei Lebensläufe. In diesem Augenblick ist ihre Lebensgeschichte identisch. Ihre Uhren sind gleichgestellt. Wir leben hier in einer höheren Gleichzeitigkeit, als es sonst der Fall ist. Dadurch wird auch die Zukunft zu einer gemeinsamen. Deshalb liegt es nahe, daß aus dem Versuch, dem Absolutheitsanspruch der Begegnung gerecht zu werden, das Versprechen auf ein gegenseitiges Angehören in der Zukunft wird. Aus der Totalität des Augenblicks wird die Totalität der Zeit.

So korrespondiert der Begegnung das Gelübde als Versprechen gegenseitiger Treue. Im Gelübde versprechen wir einander nicht nur bestimmte Handlungen, sondern letztlich uns selbst. Es ist der Versuch, dem Anspruch gerecht zu werden, der in der Begegnung aus dem Sein des Du an unser eigenes Sein ausgeht. Dabei entsteht aber die Frage, ob es möglich ist, den Absolutheitscharakter des Augenblicks festzuhalten. Ist er nicht gerade durch seine Einmaligkeit gekennzeichnet, durch das Herausgehoben-

1194

sein aus allen zeitlichen Verflechtungen und Bezügen? Werden wir diesem Totalitätsanspruch gerecht, wenn wir ihn in die Erstreckung der Zeit und in die Zukunft projizieren?

Sicher wird man sagen müssen, daß in jeder zwischenmenschlichen Beziehung auf Zeiten höchsten gegenseitigen Verständnisses auch Zeiten größerer Neutralität und Entfremdung folgen. Ebenso gewiß ist es aber, daß die Dauerhaftigkeit und Stabilität einer Beziehung sich aus Augenblicken echter Begegnung speist.

Doch haben wir nicht schon in vielen Beziehungen unseres Lebens versucht, einem Du ganz gerecht zu werden? Widerstreiten sich nicht gerade die Ansprüche verschiedener Partner an unser Sein? Können wir die Zukunft festlegen? Ist es nicht vielmehr das Wesen der Begegnung, daß sie uns unerwartet und unberechenbar überfällt? So müssen wir notwendig in einen Konflikt zwischen den Ansprüchen verschiedener Begegnungen geraten. Diesem Konflikt kann kein Mensch entfliehen. Das wirkliche Leben stellt einen Kompromiß zwischen solchen Ansprüchen dar. Dahinter steht der Widerspruch zwischen dem Einzigkeitsanspruch der Begegnung und der Vielheit möglicher Beziehungen. Es ist der Konflikt von Einzigkeit und Fülle.

Aber erleben wir es nicht immer wieder, daß der, der von einer wirklichen Begegnung getroffen wird, aus der Fülle und Gehobenheit dieses Augenblicks heraus nach vielen Seiten ausstrahlt und damit eine Resonanz bei vielen andern erzeugt? Das Glück erscheint hier als etwas, das sich selbst vermehrt. Demjenigen, der eine wirkliche Beziehung zum Du hat, wendet sich auch die Sympathie der anderen zu, so daß Begegnungen einander hervorrufen können.

So steht dem Anspruch der Begegnung auf Einzigkeit und Ausschließlichkeit ein untergründiger Zusammenhang der Beziehungen untereinander gegenüber. Gerade die Fülle der Beziehungen, zu denen ein Mensch fähig ist, gleichsam die Vielfalt seiner Valenzen, ist es, aus der sich auch die Totalität und Absolutheit der einzelnen Begegnungen speist. Darum wiederholen wir in allen unseren Begegnungen auch etwas aus unseren früheren Beziehungen, die dabei ihren Nachglanz in die Gegenwart hineinwerfen. Oftmals ist es eine Erinnerung – eine Ähnlichkeit mit den Partnern der Vergangenheit –, die das Ereignis der Begegnung auslöst. Sind wir nicht in allen unseren Beziehungen dem einen absoluten Du konfrontiert, dem wir gleichsam ständig wieder-begegnen? Unsere Lebensgeschichte ist eine Begegnungs-

1195

geschichte, in der sich vieles wiederholt. Das Bild des Partners gestaltet sich in ihr und setzt sich aus den Zügen vieler verschiedener Menschen zusammen, die in jedem neuen Partner wieder anklingen können. Auch wirkliche Treue ist nur möglich, wo wir ein und demselben Menschen erneut und damit auch als einem neuen wieder begegnen.

Nicht starres Festhalten des vergangenen Augenblicks gewährt die Lebendigkeit einer Beziehung, sondern die Offenheit für neue Entwicklungen, in denen unsere Lebenslinien sich erneut durchkreuzen. Dabei wird ein Bogen zwischen Vergangenheit und Zukunft hergestellt, der ein Zurückkommen auf Gewesenes möglich macht, der die Vergangenheit wieder lebendig macht und sie der Gegenwart neu integriert. Die Zeitlichkeit des Psychischen hat also nicht nur die Gestalt eines einfachen Ablaufes. Vielmehr zeigt sie immer wieder dieses kreisende Zurückkommen auf vergangenes Geschehen, in dem sich zugleich eine neue Perspektive auf die Zukunft eröffnet.

Im Werk Sigmund Freuds spielen diese Zusammenhänge eine Rolle, wenn er von der Möglichkeit der Übertragung früherer Beziehungen auf solche der Gegenwart spricht. Die heilende Wirkung der psychoanalytischen Behandlung ist weitgehend darin begründet, daß der Patient im Verhältnis zu seinem Therapeuten frühere Beziehungen wiederaufnehmen und innerlich verarbeiten und zu Ende führen kann. Diese Geschichtlichkeit unserer Beziehungen ist aber nicht auf das Verhältnis von Arzt und Patienten beschränkt. Sie gehört vielmehr zur Wesensstruktur unseres Miteinanderseins und unserer Zeitlichkeit überhaupt.

In jeder Begegnung sind wir auch Erben der Vergangenheit. Darum ist das Bild der Partner unserer Kindheit, etwa des Vaters oder der Mutter, auch mitbestimmend für die Möglichkeiten künftiger Beziehungen. Was ein Mensch ist, bestimmt sich nicht nur durch die Summe seiner psychischen Eigenschaften, sondern es legt sich stets neu fest und wandelt sich in jeder Partnerbeziehung. Unsere Geschichte ist eine gemeinsame Geschichte. Psychische Wirklichkeit ist die Wirklichkeit unserer gegenseitigen Beziehungen.

Das zeigt die Bedeutung dieser Zusammenhänge für die Psychologie und für unsere theoretischen Vorstellungen davon, was eigentlich seelische Wirklichkeit ist. Sie ist nicht nur die Wirklichkeit isolierter Einzelsubjekte, sondern sie ist ebenso ursprünglich das Wirklichsein eines Geschehens, das durch uns hindurch geht und uns miteinander verbindet. Die Psychologie hat es mit dem Menschen als Gemeinschaftswesen zu tun. Der größte Teil dessen, womit sie sich beschäftigt, betrifft unsere gegenseitigen Beziehungen. Alle diese Dinge lassen sich nicht richtig beschreiben und erfassen, wenn man sie nur als Vorgänge im einzelnen Menschen betrachtet.

Das scheint selbstverständlich zu sein. Aber eine lange Gewohnheit hat uns dazu gebracht, das Seelische in erster Linie als das Subjektive, dem einzelnen Ich und der einzelnen Person Zugehörige, zu betrachten; und diese Betrachtungsweise macht uns blind für die Gemeinsamkeit und Gegenseitigkeit seelischen Geschehens, die sich nicht in einer nachträglichen Addition der Erlebnisse und Bewußtseinsvorgänge der Einzelnen erfassen läßt. Begegnung ist mehr als das Zusammenkommen zweier Subjekte. Sie ist ein Ereignis, das in diesem Augenblick das Sein dieser Menschen ausmacht – und zwar nicht im Sinne einer mythischen Verschmelzung, sondern in dem ganz konkreten Sinne, daß unser Konfrontiertsein, die Art und Weise, wie wir einander gegenüberstehen und uns treffen, unsere eigentliche Wirklichkeit ist.

Das Phänomen der Begegnung zwingt uns also, die Zeitlichkeit des Menschen ernst zu nehmen. Unser Leben ist nicht nur eine Entwicklung von Dingen, die alle schon von vorneherein festliegen. Es ist in jedem Augenblick unmittelbar. Sein Sein ereignet sich in der Gegenwart. Wir sind für das, was uns im Du entgegenkommt, offen. Seele ist nicht ein vorhandenes Ding mit Eigenschaften. Sie ist die Wirklichkeit unseres Auf-der-Welt-Seins und Einander-Begegnens. Das setzt der psychologischen Vorausberechnung ihre Grenzen; denn unsere Begegnungen sind immer auch etwas, was uns zufällt. Es gehört zur Natur seelischen Seins, daß die Zukunft einen offenen Horizont von Möglichkeiten bildet. Die Vergangenheit andererseits ist nicht nur eine zurückgelegte Zeitstrecke, sondern eine Wirklichkeit, auf die wir in der Gegenwart zurückkommen, deren Thematik wir wiederaufnehmen, deren Beziehungen wir in der Konfrontation mit neuen Partnern wiederholen. Der Absolutheitsanspruch der Begegnung erbt sich von einer Beziehung zur anderen fort. Er eröffnet uns in der Wirklichkeit des Du einen Zugang zum Sein.

Hieraus ergeben sich nicht nur Konsequenzen für die Psychologie, sondern ebenso auch für die Philosophie. Das Hinabsteigen in die Tiefe des eigenen Ich hat dieser immer wieder als Zugang

1197

zum Absoluten und zum Wesen des Seins gegolten. So konnte Schelling eine seiner ersten Schriften überschreiben mit dem Titel: „Vom Ich als Prinzip der Philosophie". Die Welt als ganze zeigt sich in der Wirklichkeit unseres Bewußtseins. Die Einheit der Welt offenbart sich in der Einheit des Ich. Auch für Heidegger erschließt sich der Zugang zum Sein in der Erfahrung der eigenen Existenz. Wir können dieser Erfahrung ausweichen, indem wir nur das tun, was die öffentliche Meinung uns vorschreibt, aber den wahren Zugang zum Sein finden wir dort, wo wir vor unser eigenes Sein- und Nichtseinkönnen gestellt sind.

Offenbart sich aber, so können wir fragen, das Sein nicht ebenso ursprünglich im Du, dem wir in der Begegnung konfrontiert sind? Wir sind angerührt von dem Wunder seiner Existenz. An seiner Wirklichkeit leuchtet uns blitzartig auf, was Sein ist. Die Begegnung ist in diesem Sinne ein Geschenk, eine Art und Weise, wie das Sein sich uns zeigt. Man könnte also mit demselben Recht, wie Schelling vom „Ich als Prinzip der Philosophie" spricht, vom Du als Prinzip der Philosophie sprechen.

Eine solche Haltung und Betrachtung bestimmt weitgehend das Denken Martin Bubers. Er unterscheidet die Beziehung des Ich zu einem Es, zur Umwelt und den Sachen und Dingen, in die auch unsere Partner sachlich eingeordnet sein können, von der ganz andersartigen Beziehung des Ich zu einem ursprünglichen Du. Dieses Du ist uns nicht verfügbar und berechenbar, aber es stellt einen Anspruch an uns, ist für uns ein Ort des Absoluten. Darum ist die Beziehung zu ihm nicht gegenständlich und objektivierend, sondern sie besteht in einem unmittelbaren Angesprochen- und Gefordertsein. In ähnlicher Weise hat auch Friedrich Gogarten die Begegnung zum Prinzip der Theologie gemacht. Gott ist für ihn das absolute Du, das einen Anspruch an uns stellt, dem wir mit unserer ganzen Existenz gerecht werden müssen. Nur ist dieser Anspruch so absolut, daß wir uns vor ihm nicht rechtfertigen können, so daß aus dem Wesen der Begegnung ein existentiales Schuldigsein hervorgeht.

Man kann sich indessen fragen, ob der Absolutheitscharakter der Begegnung, der sicher eine Quelle der Religiosität des Menschen ist, von der realen Konfrontation mit dem wirklichen Partner gedanklich getrennt werden muß. Begegnet uns nicht in jeder echten Begegnung mit einem wirklichen Menschen gleichsam das absolute Du? Es gehört zum Wesen des Menschen, daß er sich in seinem eigenen Sein gleichsam selbst transzendiert, daß er

1198

einen Anspruch vernehmen kann, der ihn aus der Bahn wirft. Das wirkliche reale Du, dem wir begegnen, mit seinen Schwächen und seiner Endlichkeit, ist dabei doch der Träger eines absoluten Anspruchs, dem wir irgendwie gerecht werden müssen. Jede wahre Begegnung ist in diesem Sinne eine Begegnung mit dem Sein.

Ich bin dem andern hier in jener Tiefe konfrontiert, in der er selbst durch sein eigenes Dasein ein Zugang zur Wirklichkeit ist. Kein Mensch ist nur eine festliegende Summe von Eigenschaften. Es gehört vielmehr zu seinem Wesen, daß ihm eine offene Zukunft bevorsteht, die eine Verheißung vieler Möglichkeiten bedeutet, und daß sich ihm ein Horizont der Welt eröffnet. Wir begegnen dem andern auf dieser Ebene. Wir begegnen ihm in der Absolutheit seines eigenen Ich.

In unseren zwischenmenschlichen Beziehungen wechseln aber diese Momente unmittelbarer Konfrontation immer wieder ab mit einem gewissen Zurücktreten von dem andern, in welchem wir ihn in verändertem Licht sehen, seine Grenzen und Bestimmtheiten im einzelnen erkennen. Aber die Sicherheit und Adäquatheit dieses Erkennens speist sich doch gerade aus der Quelle der unmittelbaren Berührung mit seiner Existenz, welche für die eigentliche Begegnung charakteristisch ist.

Hieraus ergeben sich nun bestimmte Konsequenzen für die Psychologie. Diese wird als Wissenschaft auf der einen Seite stets bestrebt sein, ihren Gegenstand so weit als möglich zu objektivieren und damit erfaßbar und vorausberechenbar zu machen. Sie kann aber der Natur ihres Gegenstandes, nämlich der Wirklichkeit menschlicher Existenz, nicht gerecht werden, wenn sie sich darauf beschränkt. Wir müssen dem Menschen begegnen, um zu wissen, wer er ist. Die tieferen Eigenschaften menschlichen Seins erschließen sich nicht einem rein objektivierenden Denken. Sie sind nur einer wirklichen Konfrontation zugänglich.

So ergibt sich also für die Psychologie eine Art Unbestimmtheitsrelation: Je mehr ich das Sein und die Eigenheiten des anderen zu objektivieren und berechenbar zu machen strebe, um so mehr muß ich den eigentlichen Kern seiner menschlichen Natur verfehlen, der durch die Offenheit der Zukunft, die Einmaligkeit der Existenz und die Möglichkeit der Konfrontation bestimmt ist. Je mehr ich aber auf der anderen Seite versuche, dem Wesen des Menschen gerecht zu werden, ihn mir begegnen zu

1199

lassen, um so unfähiger werde ich, Voraussagen zu machen und ihn objektivierend festzulegen.

Psychologische Erkenntnis ist nur in dem Aushalten dieses Gegensatzes möglich. Die Vorstellung, daß der Psychologe es nur mit einem meßbaren naturwissenschaftlichen Objekt zu tun habe, verkennt die wahre Eigenart des Gegenstandes dieser Wissenschaft. Auf der anderen Seite aber verlangt gerade seine Verantwortung in der Situation – die sich ergibt, wenn er einen Rat geben oder ein Urteil abgeben soll – auch ein sachlich objektivierendes Registrieren. Wesentlich scheint mir in diesem Zusammenhang, daß man bei aller Sachlichkeit des Registrierens niemals vergessen darf, daß ein lebendiger Mensch mit seiner Freiheit einem gegenüber steht und daß man auf der andern Seite, wenn man sich denjenigen, den man zu beraten, zu heilen oder zu beurteilen hat, wirklich begegnen läßt, dabei nicht vergißt, auch den Abstand einzunehmen, den man für eine sachgerechte Beurteilung braucht.

Aus diesen Überlegungen ergibt sich, daß psychologisches Forschen, Urteilen und Beraten ein dynamischer Prozeß ist, bei welchem der Psychologe selbst mit im Spiel ist. Er kann sich aus der Situation nicht herausmanövrieren, die er mit seinem Partner teilt. Begegnung ist also auch in dem Sinne ein Prinzip des Psychischen, daß sie ein Erkenntnisprinzip gegenüber der seelischen Wirklichkeit ausmacht. Der Psychologe kann sich nicht nur in die Rolle des neutralen Beobachters zurückziehen, weil er auch als Beobachter die Situation mit dem andern teilt.

Die Bedeutung der Auffassung von Begegnung als Prinzip psychischer Wirklichkeit beschränkt sich jedoch nicht auf die psychologische Praxis. Vielmehr ergibt sich aus ihr ein verändertes Bild des Menschen überhaupt. Unser Dasein ist nichts in sich Fertiges, wir sind nicht eine Substanz, die als ganze schon in sich abgeschlossen vorhanden ist, sondern wir sind in Wahrheit die Wirklichkeit unserer Begegnungen selbst, in ihnen erfahren wir das Sein. Sie machen unsere Existenz aus.

Das Wesen der Begegnung zeigt sich nicht nur in den großen Konfrontationen, die unser ganzes Leben verändern können, sondern auch in den flüchtigen Begegnungen mit einem Menschen, dem wir nur im Vorübergehen in die Augen blicken, den wir auf der Straße oder auf der Treppe treffen und dessen Blick und Existenz uns doch so berühren können, daß er unser Sein verändert, weil er in die Geschichte unserer Begegnungen eingeht.

1200

Prof. Dr. Detlev von Uslar, Universität Zürich

Seele als Wirklichkeit des Leibes

Was ist eigentlich Seele? Was ist überhaupt psychische Wirklichkeit?

Wir sind durch eine lange Gewohnheit geneigt, die Antwort auf diese Fragen in einer Unterscheidung des Seelischen von der körperlichen Wirklichkeit zu suchen. Das Psychische ist dann das Unausgedehnte, das Unkörperliche, das, was irgendwie ganz anders ist. Es scheint etwas in uns zu sein, das auf ganz anderer Ebene liegt als die körperlich ausgedehnte Wirklichkeit des Leibes. In dieser Weise wird das Seelische – als etwas Innerliches, gleichsam Spirituelles, als die Dimension des Bewußtseins und der Gefühle – seit der Philosophie Descartes' vom Körper unterschieden.

Aber diese Antwort auf die Frage, was Seele ist, ist nicht selbstverständlich. Wir wollen hier versuchen, einmal einen ganz anderen Weg zu gehen. Für die Antike, vor allem für das Aristotelische Denken, war Seele die lebendige Präsenz eines leiblichen Lebewesens, die Wirklichkeit des Lebendigseins überhaupt. Ist diese Auffassung nicht eigentlich viel zutreffender? Ist seelische Wirklichkeit uns nicht eigentlich gegeben als unsere Art und Weise, da zu sein, als die Tatsache und das Wunder unserer Existenz überhaupt?

Andererseits ist psychische Wirklichkeit ja niemals nur die Wirklichkeit des eigenen Ich, sondern ebensosehr die Wirklichkeit des Du, die Art und Weise, wie der Andere da ist. Seine seelische Präsenz, seine Angst, sein Denken, sein Wollen, fasse ich im Grunde aber nicht als etwas von ihm als Körper Getrenntes oder Verschiedenes auf, sondern es ist er selbst, dieser leiblich anwesende Andere, der mich haßt oder liebt, der nachdenkt oder sich ängstigt. Seine psychische Wirklichkeit ist seine Art und Weise, da zu sein und mir und anderen und sich selbst zu begegnen.

Wenn ich sage, „Du hast Angst", oder „Du denkst nach", dann meine ich mit diesem Du nicht eine von der leibhaften Wirklichkeit des Anderen unterschiedene Seele, sondern vielmehr ihn selbst als dieses ganze leiblich mir präsente Lebewesen.

Ganz ähnlich verhält es sich auch mit meiner eigenen psychischen Wirklichkeit. Wenn ich etwas hoffe oder herbeisehne, wenn ich mich fürchte oder einen Menschen liebe, ja auch wenn ich nachdenke, eine Aufgabe löse, oder gar träume, immer ist es – in einer geheimnisvollen Weise – dieses leiblich hier in dieser Welt, an diesem Ort und in dieser Zeit, präsente Ich, das denkt oder fühlt, liebt oder haßt. Es ist gerade das Charakteristikum unserer seelischen Wirklichkeit, daß sie die lebendige Wirklichkeit unseres leiblichen Daseins in der Welt ist.

Aus diesen Überlegungen ergibt sich eine ganz andere Definition des Seelischen als die, welche Seele vorwiegend als Innerlichkeit auffaßt und sie vom Körper unterscheidet. Seele ist dann vielmehr die Wirklichkeit unseres leiblichen, zeitlichen und gemeinsamen Auf-der-Welt-Seins. Seele ist die Tatsache, das Wunder, daß wir da sind, die Wirklichkeit der Existenz. In diesem Sinne hat das griechische Wort Psyche ursprünglich auch die Bedeutung von „Am-Leben-Sein" und „Auf-der-Welt-Sein".

Existieren, Wirklichsein und Auf-der-Welt-Sein aber bedeutet: als ein lebendiger Leib da zu sein. Das Da-Sein ist als solches Leib-Sein. Nur als Leib können wir existieren. Nur indem wir leiblich da sind, kann sich uns eine Welt zeigen und erschließen. Nur als leibliche Lebewesen können wir einander in einem bestimmten Raum und einer bestimmten Zeit, d. h. in der Tatsächlichkeit unserer Existenz, begegnen.

Psychische Wirklichkeit ist also diese Art und Weise unseres Präsent-Seins in der Welt. Wenn wir Seele nicht als eine irgendwo in oder neben dem Körper existierende Substanz, sondern als Wirklichkeit unserer Existenz auffassen, müssen wir sie also als Wirklichkeit unserer leiblichen Präsenz in der Welt begreifen. So führt gerade der Versuch einer existentiellen Psychologie zu einer Auffassung von Seele als Wirklichkeit des Leibes, weil Da-Sein als solches Leib-Sein ist. Der Satz, Seele ist die Wirklichkeit des Leibes, ist dann umkehrbar, nämlich: Die Wirklichkeit des Leibes, das Wunder der Existenz, das ist Seele.

1104

Aus dieser Auffassung ergeben sich nun verschiedene Konsequenzen. Zunächst diese, daß wir die Leiblichkeit mit den Tieren gemeinsam haben. Das geheimnisvolle Rätsel des Zusammenhangs von Mensch-Sein und Tier-Sein ist wohl eines der aufregendsten Probleme der Psychologie. – Zugleich aber müssen wir uns klar machen, daß unsere leibliche Wirklichkeit in allen ihren Differenzierungen nicht für sich allein betrachtet werden kann, sondern immer gesehen werden muß als die Existenz im Horizont einer Welt, als ein lebendiges Verknüpft-Sein mit den Gegebenheiten der uns umgebenden Dinge und mit den Situationen, in denen wir leben.

Dieses Verknüpft-Sein mit der Welt und das Angewiesen-Sein auf sie ist das, was unsere Wirklichkeit als Organismen kennzeichnet. Das Wort Organon, von welchem die Begriffe Organ und Organismus abgeleitet sind, bedeutet ursprünglich Werkzeug. Unser Leib ist das Werkzeug für seine eigene Existenz. Organismen sind bestimmt durch ihre Selbsterhaltung, durch ihre Fähigkeit, mit Hilfe von Organen, d. h. von dafür geeigneten Werkzeugen, die eigene Lebendigkeit zu erhalten und ihr Sein in der Welt zu behaupten.

In diesem Sinne etwa sind unsere Ernährungsorgane Werkzeuge der Anverwandlung des Nahrungsstoffes in unsere eigene organische Wirklichkeit. Unsere Sinnesorgane sind Werkzeuge der Wahrnehmung der Welt in ihrer Wirklichkeit. Unsere Hand ist das Werkzeug allen Werkzeuggebrauchs. In diesem Sinne ist aber auch unser Denkvermögen ein Werkzeug, das uns die Wirklichkeit und Möglichkeit der Welt und das Sein überhaupt erschließt.

Entscheidend ist für diese auf Aristoteles zurückgehende Betrachtungsweise, daß wir alle diese Werkzeuge nicht nur haben, sondern daß wir letztlich diese Werkzeuge sind. Wir haben nicht nur einen Leib, sondern wir sind Leib. Andererseits ist das, was die Werkzeughaftigkeit dieser Organe ausmacht, was ihr Sein als Organe bestimmt, nur zu verstehen aus der Wirklichkeit des Vollzugs, in dem sie sich erfüllen, nämlich daraus, daß sie dieses leibliche Lebewesen in seinem Sein in der Welt halten, daß sie die Art und Weise sind, wie es am Wunder der Wirklichkeit teilnimmt.

So gesehen ist die lebendige Wirklichkeit des Organismus sein Verknüpft-Sein mit der Welt, sein Existieren-Können auf der Welt. Genau das ist es aber, was Aristoteles mit der Auffassung

1105

von Seele als Wirklichkeit des Leibes gemeint hat. Seele ist dann zugleich die Tatsache unseres Lebendig-Seins – unseres organischen Verknüpft-Seins mit der Welt – und die Tatsache, daß hier in diesem leiblichen Lebewesen ein Lichtkreis da ist, in welchem Welt als Welt erscheinen kann, ein Ort, in dem sich die Welt in ihrer Wirklichkeit zeigt.

Aristoteles verdeutlicht dies an einem Gleichnis: Wenn wir uns einmal vorstellen, so sagt er, daß das Auge ein Lebewesen für sich allein wäre, dann wäre der lebendige Akt des Erblickens, in welchem die Wirklichkeit des sehenden Auges und die Wirklichkeit der erblickten Dinge sich irgendwie berühren und identisch werden, seine Seele. In diesem Sinne ist dann auch das Bewußtsein, als wache Präsenz in der Welt, gleichsam die höchste Aktualisierung der Tatsache unseres leiblichen Da-Seins. Unser Bewußtsein ist dann gleichsam die Aktualität der Existenz. Existenz aber, das haben unsere bisherigen Überlegungen uns deutlich gemacht, bedeutet immer das wirkliche, leibliche und leibhaftige Dasein auf der Welt.

Es kommt bei unserer Betrachtung also nicht nur darauf an, eine Abhängigkeit seelischer Erscheinungen von körperlichen Vorgängen festzustellen, sondern es geht vielmehr darum, einen Begriff des Seelischen zu finden, der von vornherein psychische Wirklichkeit als lebendige Präsenz des leiblichen Lebewesens erfaßt. Besonders deutlich wird diese Präsenz in der zwischenmenschlichen Begegnung.

Psychische Wirklichkeit muß ja nicht primär nur als eine Wirklichkeit des Ich aufgefaßt und bestimmt werden. Sie ist uns ebenso ursprünglich und elementar jeweils als die Wirklichkeit des Du gegeben, als deine Art und Weise, da zu sein und mir zu begegnen. Seele heißt hier also auch soviel wie die Tatsache, daß das Du da ist, das Wunder seiner Existenz. Die Auffassung von seelischem Sein als Leiblichkeit hängt also eng zusammen mit der Bedeutung der Begegnung für das Verständnis des Psychischen.

Der Ort, wo die Identität von seelischem Sein und Leibsein am elementarsten deutlich wird, ist die Wirklichkeit der leiblichen Begegnung. Daß Da-Sein Leib-Sein ist, erfahren wir dabei unmittelbar an uns selbst und am Du. Die Identität von seelischer Wirklichkeit und leiblicher Präsenz wird unmittelbar evident. Zugleich zeigt sich hier, daß zur Aktualität der leiblichen Konfrontation

1106

auch der ganze Spielraum der Phantasie, der Horizont des Aneinander-Denkens gehört.

Bewußtsein erscheint dabei als ein Lichtkreis des leiblichen Da-Seins. Dieses wiederum ist nicht beschränkt auf das Faktum des bloßen Vorhandenseins, sondern es hat den Glanz der augenblicklichen Gegenwärtigkeit im Jetzt und Hier. Darum zeigt sich im Akt der geschlechtlichen Begegnung in besonderem Maße, daß der Spielraum des Bewußtseins, des Denkens, der Phantasie und des Wahrnehmens gleichsam der Reflex unserer leiblichen Gegenwärtigkeit überhaupt ist, das Sich-Vollziehen und Sich-selbstgegenwärtig-Sein des Daseins.

Die Einheit von Sein und Bewußtsein, die sich hier zeigt, ist im Wesen der Leiblichkeit begründet; denn diese bedeutet ja nicht nur materielle, gegenständliche Vorhandenheit, sondern vielmehr die Tatsache, daß wir selbst als dieser Leib sind, daß wir existieren und auf der Welt sind. Das Bewußtsein einer Welt andererseits – diese merkwürdige Abspiegelung des Wirklichen in unserer Psyché – ist ja nichts anderes als der Vollzug der Tatsache, daß wir als leibliche Wesen immer schon in einem Horizont von wirklichen Dingen existieren; daß wir gleichsam ein perspektivischer Bezugspunkt der sich uns zeigenden Welt sind.

Andererseits bedeutet die Tatsache unserer Existenz nichts anderes, als daß wir ein Teil dieser jetzt wirklichen Welt sind. Wenn Seele die Wirklichkeit des Leibes ist, heißt das also, daß sie zugleich auch die Wirklichkeit eines Dinges ist. Denn der Leib ist als wirklich existierender immer auch ein Ding unter Dingen.

Darin beruht die Möglichkeit, ihn als Ding zu sehen und zu behandeln, von ihm Abstand zu nehmen und seine Verknüpfung mit anderen Dingen im physikalischen und mechanischen Sinne zu betrachten. Diese Möglichkeit ist die Voraussetzung vieler Erfolge der modernen Medizin. Sie ist zugleich auch die Voraussetzung einer rein physiologischen Betrachtung des menschlichen Körpers. Doch ist diese Betrachtung des Leibes als Körper-Ding immer auch eine Einschränkung, weil dabei von der Identität von Da-Sein und Leib-Sein abgesehen wird, indem der Leib als etwas nur Gegenständliches, dem erkennenden Subjekt Gegenüberstehendes erscheint.

Diese Möglichkeit ist in der menschlichen Existenz angelegt, denn ebensosehr wie wir uns ständig der Identität unseres Seins mit unserem Leibe bewußt sind, können wir auch ständig zu uns selbst – nicht nur zu der Tatsache unserer Leiblichkeit, sondern

1107

zu der Tatsache unseres Seins und Existierens überhaupt – Stellung nehmen und uns gleichsam exzentrisch von uns selbst distanzieren. Darauf hat vor allem Helmuth Plessner hingewiesen, der in dieser Exzentrizität die Wesensbestimmung menschlichen Seins sieht.

Eine Betrachtung des Leibes als eines bloßen Gegenstandes löst aber gleichsam die eine Seite dieser dialektischen Beziehung aus dem Ganzen heraus, wenn sie davon absieht, daß dieser Gegenstand zugleich immer auch die Wirklichkeit unserer eigenen Existenz selbst ist, daß wir nicht nur einen Leib haben, sondern ganz und gar selbst dieser Leib sind. Sofern man aber von dieser Identität unserer Existenz mit dem Leib-Sein absieht, kann man das körperliche Geschehen als rein gegenständliches Naturgeschehen betrachten, das sich einem erkennenden Subjekt als unabhängige, nur physikalischen und naturwissenschaftlichen Gesetzen folgende Wirklichkeit präsentiert.

Jedoch bringt diese Betrachtung immer sofort die Schwierigkeit mit sich, daß dann die spezifisch seelische Wirklichkeit gleichsam als Zusätzliches erscheint, dessen Verbundenheit mit dem körperlichen Geschehen rätselhaft bleibt. Es entsteht dann die Frage, wo und auf welche Weise eigentlich sich physiologisches Geschehen im menschlichen Körper und Gehirn in das umsetzt, war wir Bewußtsein oder Seele nennen. Der Graben, der sich bei einer solchen Betrachtungsweise zwischen der physikalisch-physiologischen Wirklichkeit des Körpers, auf der einen Seite, und der innerlichen, gleichsam ganz anders gearteten seelischen Wirklichkeit auf der anderen Seite auftut, läßt sich nachträglich niemals überspringen.

Andererseits zeigt eine Fülle von Tatsachen der Tiefenpsychologie und der psychosomatischen Medizin, daß die Wirklichkeit seelischen und körperlichen Seins als eine Einheit gesehen werden muß.

Wenn es uns gelingt, einen Begriff des Seelischen zu finden, der nicht von vorneherein durch die Unterscheidung vom Körper bestimmt ist, und auf der anderen Seite die Leiblichkeit so zu denken, daß das Wesen des Lebendig-Seins und Existierens dabei schon mitgedacht ist, dann muß durch eine solche Betrachtungsweise sich auch die Perspektive auf das Leib-Seele-Problem verändern. Die Unterscheidung des naturwissenschaftlich erfaßbaren körperlichen Seins auf der einen, und des uns unmittelbar im Bewußtsein zugänglichen, aber ganz andersartigen seelischen Seins auf der anderen Seite ist nicht so selbstverständlich, wie sie im ersten Moment erscheinen mag. Vielmehr geht diese Unterscheidung im Grunde auf die methodische Einstellung der neuzeitlichen Naturwissenschaft zurück, die den Begriff der Natur vor allem durch Meßbarkeit und Quantifizierbarkeit bestimmt hat. Dieser Begriff der Natur, so erfolgreich er für die technische Beherrschung der Natur außer uns und in uns selbst geworden ist, darf jedoch nicht absolut gesetzt werden. Unser eigenes leibliches Existieren, die Tatsache der Identität von seelischer und leiblicher Wirklichkeit in uns selbst, erschließt uns vielmehr noch einen anderen Zugang zur Natur als solcher.

Dementsprechend muß die Grundlage der Psychologie in einem Rückgang auf die ursprüngliche Identität von Leib-Sein und Psychischem in unserer Existenz gesucht werden. Gegenüber dieser umfassenderen Grundlage ist dann sowohl die Betrachtung körperlichen Geschehens als eines nur physiologisch-physikalischen Vorganges als auch die Betrachtung psychischen Geschehens als eines nur innerlichen Vorganges gleichsam eine Einschränkung und Abblendung des größeren Zusammenhanges. Diese Einschränkungen und Abblendungen der Betrachtungsweise sind allerdings die Voraussetzung der Erfolge des neuzeitlichen naturwissenschaftlich-technischen und geisteswissenschaftlich-introspektiven Denkens.

Die Überwindung der Gegensätze von Natur- und Geisteswissenschaften, wie sie verständlicherweise in der Psychologie besonders aktuell sind, liegt aber nicht im Absolutsetzen einer dieser beiden Seiten, sie liegt weder in der Zurückführung alles Psychischen auf physikalisches Geschehen, noch in der Ignorierung der leiblichen und körperlichen Wirklichkeit unserer Existenz, die uns bis in die feinsten Verästelungen unseres Denkens hinein prägt; sondern die Überwindung dieses Gegensatzes liegt gerade in einer Begründung der Psychologie auf die ursprüngliche Identität von Psyché und Leib-Sein. Es geht also darum, immer neue Zugänge zum Erfassen dieser Identität zu finden.

Besonders deutlich wird diese Identität, wie wir gesehen haben, im Bereich der Begegnung. So können wir sie unmittelbar erfassen, wenn wir einem Menschen in die Augen blicken. Ähnlich evident wird die ursprüngliche Leiblichkeit des Seelischen auch im Bereich der Kunst. Musik etwa ist nicht nur ein Ausdruck von Gefühlen, sondern die Wirklichkeit des Tönens selbst, die wir durch unser Hören zu unserer eigenen Wirklichkeit machen und

1109

die zugleich unser leibliches Sein im Raum, unsere Haltung und unseren Bewegungsstil prägt. Architektur andererseits gestaltet einen Spielraum für unsere leibliche Gegenwärtigkeit und ist selbst eine Gestaltung der Räumlichkeit leiblichen Daseins. Architekturraum ist Daseins- und Bewegungsraum für leibliche Lebewesen; und das, was diesen Raum zu einem Kunstwerk macht, ist gerade, daß er uns in ihm eine Präsenz ermöglicht, in der wir gleichsam ganz da sind, in der wir auch leiblich unsere Existenz ganz ausfüllen.

Ebenso elementar ist aber die Leiblichkeit in der Sprache und im sprachlichen Kunstwerk. Das Wort ist nicht nur ein sekundärer Ausdruck des Begriffes, sondern in seiner klingenden Wirklichkeit repräsentiert es die Wirklichkeit der Welt und läßt zugleich uns einander gegenwärtig sein. Das Wesen der Sprache ist Gespräch. Im Miteinander-Sprechen vollziehen wir unsere gemeinsame leibliche Präsenz in einer wirklichen Welt. Leiblichkeit bedeutet überhaupt nicht nur die Gegenwart oder Vorhandenheit eines Körpers, sondern zugleich den ganzen Horizont seines Verhaltens, den Stil seines Sich-Gebens und seiner Art und Weise, da zu sein. Das Handeln, Verstehen und Sprechen des Menschen, die Art und Weise, wie er die Welt verwandelt und gestaltet, sein Stil, sich zu bewegen und zu sein, sind gleichsam insgesamt Manifestationen seiner leiblichen Präsenz und Wirklichkeit.

Leiblichkeit und Weltlichkeit sind darum Komplementär-Begriffe. Die Welt erschließt sich uns in bezug auf unseren Leib. So nehmen wir den Raum perspektivisch wahr, bezogen auf unseren leiblichen Ort in ihm. Die Dinge zeigen sich uns gemäß der Struktur unserer Sinnesorgane. Im Sitzen, Stehen und Liegen erschließt sich uns zugleich die tragende Kraft des Bodens, auf dem wir ruhen. Im Sprung und in der Bewegung teilt sich uns das Wesen der Schwerkraft mit. Wir sind organisch mit der Welt verbunden, sie präsentiert sich uns durch unseren Körper; und wir sind zugleich in unserem Verhalten und Handeln in die Welt verwoben, die wir uns dabei durch Sprechen und Denken repräsentieren. In diesem Sinne ist seelisches Sein die Wirklichkeit unseres leiblichen, zeitlichen und gemeinsamen Auf-der-Welt-Seins.

Wir teilen aber diese Welt nicht nur miteinander, sondern zugleich mit den Dingen und mit den Tieren. Wir haben die Leiblichkeit und das organische Eingelassen-Sein in die Welt mit den Tieren gemeinsam, ja wir sind selbst als diese leiblichen Lebewesen eine bestimmte Art von Tieren, die in der Fülle der Mani-

1110

festationen tierischen Seins ihren ganz bestimmten Ort haben, der uns andere Tiere verwandt oder fremd sein läßt. In den Säugetieren etwa erkennen wir noch unsere eigene Leiblichkeit unmittelbar wieder. Die Schlange aber oder das Insekt vermitteln uns eher das Gefühl der unheimlichen Fremdheit. Beruht nicht diese Unheimlichkeit auch darauf, daß wir hier eine Möglichkeit des Ganz-anders-Seins vor Augen geführt bekommen, welche zugleich die Zufälligkeit und Merkwürdigkeit unserer eigenen leiblichen Form und Gestalt zum Vorschein kommen läßt? Die Unheimlichkeit des Tieres liegt gerade darin, daß es mir gleich ist und doch undurchschaubar anders. Ich erkenne mich selbst und den menschlichen Leib in seiner Andersartigkeit zugleich als etwas Fremdes. Diese Doppeldeutigkeit und Unheimlichkeit der tierischen Leiblichkeit ist vielleicht mit ein Grund dafür, daß die Tiere den Menschen immer wieder als Gestalt der Götter erscheinen konnten und daß man durch Jahrtausende hindurch die Götter als Verbindungen von Tier- und Menschengestalt darstellen konnte.

Die Vorstellung, daß wir als Menschen Tiere sind, bedeutet nicht eine Erniedrigung des Mensch-Seins, sondern vielmehr eine Ausweitung des Begriffs des Tieres. Die Tatsache, daß dieses „zoon logon echon", wie Aristoteles es genannt hat, das Tier, das der Sprache und des Denkens fähig ist, existiert, zeigt gerade, daß in der Tiefe des Tier-Seins ungeahnte Möglichkeiten schlummern.

Wenn man Seele als Wirklichkeit des Leibes auffaßt, ergibt sich daraus die Konsequenz, daß wir uns nicht nur als ein bestimmtes Tier unter Tieren, sondern auch als ein bestimmtes Ding unter Dingen auffassen müssen. Das bedeutet aber umgekehrt, daß wir in uns selbst, in unserem eigenen Sein, einen Zugang zum Sein der Natur haben, der anders geartet ist als der Zugang einer vergegenständlichenden Naturwissenschaft. Es bedeutet letztlich, daß wir im Sinne Heideggers in unserem eigenen Da-Sein eine Möglichkeit haben, zu erahnen, was Sein ist. Dieses unser eigenes Da-Sein ist ja nichts anderes als die Wirklichkeit unseres Leib-Seins.

Die Zeitlichkeit des Psychischen

D.v.Uslar

Alle psychischen Phänomene sind zeitlich. Seelisches Sein ist von Zeitlichkeit durchzogen. Ein Beispiel dafür ist die Zukünftigkeit von Hoffnung, Erwartung und Planung; ein anderes der Vergangenheitsbezug des Gedächtnisses. Gedächtnis und Erinnerung sind, wenn sie wahre Erinnerung sind, ein Bezug zum Sein der Vergangenheit selbst. Es genügt nicht, das Erinnern als Vermögen in der Gegenwart zu verstehen, weil Erinnerung das, was sie ist, nur durch die Beziehung zur echten Wirklichkeit und Wahrheit des Vergangenen ist. In ähnlicher Weise ist auch das Vergessen durch diesen Bezug zur Vergangenheit bestimmt. Neben diesem Gewesensein und Zukünftigsein ist alles Psychische bestimmt durch das Jetzt und Hier der Gegenwart. Diese kann sich in ihrer Unausweichlichkeit zeigen im Zwang zur Entscheidung in einer bestimmten Situation. Ebenso intensiv ist der Gegenwartsbezug aber auch in der Haltung des Geniessens, die sich ganz dem Augenblick öffnet. Dies alles sind nur Beispiele für die ganz allgemeine Bestimmtheit des Seelischen durch die Zeit. Wir wollen im folgenden verschiedene Aspekte und Momente der Zeitlichkeit des Psychischen deutlich machen.

Ein schon oft gesehenes Problem ist das der Polarität von erlebter und beobachteter Zeit, wie sie z.B. Minkowski dargestellt hat. Während die Uhrzeit immer gleichförmig abläuft, kann sich im Erleben die Zeit gleichsam ausdehnen und lang erscheinen. Andererseits kann sie auch wie im Fluge vergehen, so dass wir, erfüllt von einer Sache, gar nicht merken, wie spät es schon geworden ist. Als Menschen der Neuzeit sind wir meist geneigt, die gemessene Zeit für die eigentlich wirkliche zu halten, der gegenüber die erlebte Zeit dann etwas nur Subjektives, nur Psychisches ist. Aber die seelische Zeit ist in einer anderen Weise nicht weniger wirklich als die Naturzeit. Es gibt ja Zeit als Zeit nur für ein Wesen, das sie erleben kann. Auch das Messen ist eine Grenzform des Erlebens. Vielleicht liegt das eigentliche Wesen der Zeit hier gerade in jener geheimnisvollen

Diskrepanz von gemessener und erlebter Zeit, die uns zum Verwundern anregt.

Es wäre aber auch nicht zureichend, die Zeit nur als Ablauf zu betrachten, sei dieser gleichförmig oder im Erleben verlangsamt und beschleunigt. Die Zeit ist für uns nicht nur ein Ablauf, sondern sie ist auch ständig bestimmt durch die Perspektive in Vergangenheit und Zukunft. Aus jedem Augenblick erschliesst sich uns diese Perspektive anders. Indem das Jetzt durch die Zeit wandert, kommt es zu einer ständigen Verschiebung der Perspektiven in die Vergangenheit und in die Zukunft. Jeder Augenblick ist durch diese Perspektivität der Zeit gekennzeichnet. Auch die Vergangenheit ist uns in der Erinnerung in dieser perspektivischen Struktur gegenwärtig. Wenn wir uns intensiv in der Erinnerung in einen bestimmten Zeitpunkt der Vergangenheit versetzen, dann steht dieser nicht für sich allein, sondern zu ihm gehört seine eigene damalige Vergangenheit, die schon hinter uns lag, und seine eigene damalige Zukunft, die noch unbestimmt und offen war, obwohl sie inzwischen längst auch Vergangenheit geworden ist. Ebenso verhält es sich mit der Antizipation. Wir können einen zukünftigen Augenblick in Gedanken so vorweg nehmen, dass uns dabei deutlich wird, dass er seine eigene Vergangenheit haben wird, obwohl diese jetzt für uns noch eine unbekannte Zukunft ist. Erinnerung und Antizipation sind also immer auch Erinnerung und Antizipation vergangener und zukünftiger Perspektivität der Zeit.

Diese hochkomplexe Struktur ist uns aber ganz selbstverständlich und geläufig und verfügbar, weil uns die Sprache Formen liefert, sie auszudrücken und zu artikulieren. So handelt das Plusquamperfekt von der Vergangenheit der Vergangenheit und das Futurum secundum von künftiger Vergangenheit, in welche wir einstmals zurückblicken werden. Das Aufdecken solcher Strukturen ist also nicht erst das Werk wissenschaftlicher Besinnung, sondern die Sprache gibt dem Menschen in der Entwicklung ihrer Formen immer schon die Möglichkeit zur Durchdringung der Zeiten.

Ein anderer Aspekt unserer Zeitlichkeit ist die ständige Fluktuation des Zeithorizontes. Es gibt Momente, in denen die Zeit, die uns bewusst ist und die wir überblicken, sehr eng erscheint und manchmal nur auf wenige Sekunden beschränkt ist. Alles andere liegt im Dunkel des Vergessens oder Nichtbeachtetseins. In anderen Momenten aber scheinen wir grosse Zeitstrecken zu überblicken. Der Augenblick ist für uns eingebunden in lange Zusammenhänge, die Jahre und Jahrzehnte zurückreichen.

Dieses stetige Fluktuieren des Zeithorizontes zwischen Enge und Weite verbindet sich mit einem anderen interessanten und geheimnisvollen Phänomen: Immer wieder erleben wir, dass bestimmte Strecken unserer Vergangenheit uns schwer zugänglich sind und scheinbar weit zurückliegen, während anderes, in Wirklichkeit noch früher Geschehenes uns nah und vertraut sein kann. Durch eine Veränderung unserer inneren oder äusseren Situation kann sich das plötzlich ändern. Eine Zeit, die uns vor kurzem noch wenig zugänglich war, taucht plötzlich in vielen Einzelheiten wieder auf und verbindet sich mit dem Erleben der Gegenwart. Dafür verschwinden allmählich andere Epochen unseres Lebens aus dem Gesichtskreis. Dieses Auftauchen und Verschwinden von Lebensepochen gleicht einem unterirdischen Strom, aus dem Einzelnes plötzlich in Erscheinung tritt, während anderes auf geheimnisvolle Weise versinkt.

Die Zeitlichkeit des Psychischen erweist sich durch unsere bisherigen Betrachtungen als ein ungeheur feines und vielfältiges Gewebe. Daneben muss man zugleich einen anderen Aspekt der Zeit betrachten, den man mit Nicolai Hartmann die "Härte der Zeit" nennen könnte. Dazu gehört zum Beispiel die Unumkehrbarkeit des Geschehens: Daß etwas, was eben noch wirklich war, unrettbar in die Vergangenheit wandert. Die Zeit ist irreversibel. Wir können sie weder aufhalten noch beschleunigen. Die Zukunft kann den Charakter von etwas unerbittlich Herannahendem bekommen, zum Beispiel, wenn wir uns vor einem bevorstehenden Ereignis fürchten. Ebenso deutlich kann aber die Erfahrung sein, dass sich die Zeit nicht beschleunigen lässt. Sie scheint sich endlos auszudehnen, wenn wir sehnlich auf ein Ereignis warten, das nicht eintreffen will, zum Beispiel auf die

Ankunft eines geliebten Menschen. Zugleich mit ihrer Dehnung kann sich die Zeit dabei entleeren. Alles wird unwesentlich und erscheint nur noch als Hindernis der erhofften Zukunft. Die Härte der Zeit bedeutet also, dass sie unerbittlich langsam sein kann. Auch wo wir die Zeit einteilen müssen, um bestimmte Pläne zu verwirklichen, können wir diese Härte erfahren. Unser Handeln kann zu einem Wettlauf mit der Zeit werden, den wir gewinnen oder verlieren können.

Neben dieser Strenge im Vorrücken oder Zögern der Zeit, durch die besonders ihr Ablaufcharakter betont wird, gilt es aber einen andern Aspekt zu beachten, den man als den qualitativen Unterschied der Zeithorizonte bezeichnen kann. Zukunft, Gegenwart und Vergangenheit zeigen in sich ein völlig verschiedenes Wesen. Zur Vergangenheit gehört in gewisser Weise ihr Feststehen, das mit ihrer Unwiederbringlichkeit zusammenhängt. Die Zukunft ist aber als Zukunft durch Offenheit und Unbestimmtheit gekennzeichnet. Diese Offenheit der Zukunft darf nicht als etwas "nur" Psychisches, nur Subjektives gesehen werden, denn sie gehört zur Natur der Zeit selbst. Das Wesen der Zukunft ist, dass sie noch aussteht, dass sie noch nicht ist und darum einen offenen Horizont von Möglichkeiten bildet. Wenn man ihr diese Offenheit nimmt, beseitigt man die Zeitlichkeit der Zeit selbst. Darin liegt die Grenze eines jeden <u>Determinismus</u>. Das deterministische Denken verlängert im Grunde die Wesensbestimmtheit der Vergangenheit über den gegenwärtigen Moment hinaus in die Zukunft. Es <u>behandelt die Zukunft so, als ob sie schon geschehen sei und deshalb festliege. Es nimmt ihr den Charakter der Zukünftigkeit.</u> Die Zukunft wird nicht mehr als Zukunft erfahren, wenn sie ganz auf Vorausberechenbarkeit reduziert wird.

Durch die Kausalität wird ein gegenwärtiges Ereignis auf ein vergangenes zurückgeführt. Aber das Prinzip der Kausalität erklärt das Wesen der Zeit nicht. Es ist nicht einzusehen, warum das Folgen der Wirkung auf eine Ursache Zeit braucht, warum nicht mit der ersten Ursache zugleich alle Folgen gesetzt sind. <u>Zeit als Zeit ist etwas anderes und mehr als Kausalität.</u> Sie ist gekennzeichnet durch das Noch-nicht-sein der Zukunft, durch ihr geheimnisvolles und letzten Endes unausdenkbares Ausstehen und Offensein. Gerade weil der Mensch in dieser Weise ein zukünftiges Wesen ist, kann er auch auf die feststehende Vergangenheit so zurückkommen, dass sie dabei in einem tieferen Sinne wiederholbar wird. Er hat neben dem Schicksal, das aus der Vergangenheit kommt, immer auch die Freiheit der Zukunft.

Solche Überlegungen über den qualitativen Unterschied der Zeithorizonte bringen uns zugleich zu einem Nachdenken über das Verhältnis von Zeit, Sein und Nichts überhaupt. Wenn man über das Verhältnis von Zeit und Sein nachdenkt, so stösst man zuerst auf die Nichtigkeit der Zeit, wie sie zum Beispiel Augustinus in seinen Kapiteln über die Zeit in den "Confessiones" dargestellt hat: Das Vergangene ist als vergangenes nicht mehr wirklich, das Zukünftige existiert als zukünftiges gerade noch nicht. Die Gegenwart ist also das Einzige, was wirklich existiert. Aber was ist die Gegenwart? Sie ist im Grunde nur eine unendliche schmale Grenze zwischen Vergangenheit und Zukunft. Denn jede Zeitstrecke, die wir uns als Gegenwart vorstellen mögen, ist selbst wieder aufteilbar in Vergangenheit, Gegenwart und Zukunft. Die Gegenwart ist in diesem Sinne etwas total Unausgedehntes. Sie ist ein flüchtiger Übergang vom "noch nicht" zum "nicht mehr". Auch der Moment der Gegenwart hat durch diese Flüchtigkeit also teil an der Nichtigkeit der Zeit. Ein Nachdenken über das Wesen der Zeit verstrickt uns auf diesem Wege in den Gedanken an das Nichts. Alles Seiende scheint sich vor dieser Betrachtung aufzulösen.

Ist dies aber die wahre Gegenwart? - so kann man fragen. Die Gegenwart als solche hört eigentlich niemals auf. Sie ist ja das, was immer da ist. Sein ist in diesem Sinne Gegenwart schlechthin. Es ist das ewige Jetzt im Sinne des Parmenides. Diese Art von Gegenwart erschliesst sich einem Denken, das in gleichsam meditativer Weise durch die scheinbare Flüchtigkeit der Zeit hindurchschaut auf die ewige Präsenz des Seins. So betrachtet hat die Gegenwart kein Ende. Sie ist das, was immer ist. Diese Absolutheit des Augenblicks drückt sich aus in Goethes Satz "Der Augenblick ist Ewigkeit". Man muss sich klar machen, dass es sich bei diesem Gedanken nicht um eine abstrakte Spekulation handelt, sondern um ein Hindurch-Schauen auf das Wesen der Gegenwärigkeit selbst, die ja als solche immer da bleibt und niemals aufhört.

Neben diesen beiden Aspekten der Nichtigkeit der Zeit und ihrer ewigen Gegenwart zeigt sich noch ein drittes, wenn man über das Verhältnis von Zeit und Sein nachdenkt. Die Zeit ist das Ereignis, in dem sich alles fügt. Das Sein spricht sich uns zu, ereignet sich uns, indem wir zeitlich da sind. Das Wunder des Seins geschieht in der Zeit. Es ist stets unausschöpfbar und unerklärbar. Der Mensch ist der Zeuge dieses Ereignisses. Darum kann man ihn im Sinne der Philosophie Heideggers als den Zeugen des Seins verstehen. Die Zeit ist hier nicht als eine subjektive Dimension des Erlebens gedacht, sondern als das Ereignis schlechthin, welches auch uns ein Dasein in unserer Zeit ermöglicht.

Ein Beispiel für diesen Ereignischarakter der Zeit ist das Phänomen der Begegnung. Das Kennzeichen einer eigentlichen und echten Begegnung ist ihre Unberechenbarkeit. Sie überfällt uns gleichsam und reisst uns aus allen bisherigen Lebenszusammenhängen heraus. Dadurch ist sie zugleich ein absolut neuer Anfang. Das Du ist uns in der Begegnung, wie Martin Buber gezeigt hat, nicht verfügbar. Wir können es nicht objektivieren, sondern wir sind unmittelbar von seinem Sein angesprochen. Wir verhalten uns in der Begegnung nicht nur zum Du als diesem bestimmten und umrissenen Seienden, sondern wir verhalten uns unmittelbar zu seinem Sein selbst, in einer Weise, wie wir sonst vielleicht nur unserem eigenen Sein konfrontiert sind. In diesem Sinne ist die Begegnung ein Ereignis des Seins, ein unerhörtes Geschenk, das von uns Antwort erfordert. Diese Antwort kann nur durch das eigene Sein gegeben werden.

Die Begegnung erschliesst uns unsere Existenz in ihrer ganzen ausgefüllten Augenblicklichkeit. Aber diese Augenblicklichkeit ist eine gemeinsame, die wir mit dem Du teilen. Das Du ist dabei etwas Ganzes und Absolutes. In diesem Sinne konnte Martin Buber sagen, dass wir in jeder Begegnung dem absoluten Du begegnen. Damit ist zugleich jede Begegnung auch eine Wiederholung dieses Absoluten, das sich in der Geschichte unserer Begegnungen forterbt. Hier zeigt sich auf einer ganz anderen

Ebene das Phänomen, welches Freud die Übertragung genannt hat. Aber nicht einzelne Ähnlichkeiten und Eigenschaften, die uns an früheres erinnern, sind hier das Wesentliche, sondern das Sich-Übertragen der Absolutheit früherer Begegnungen. Lebensgeschichte ist in diesem Sinne Begegnungsgeschichte, wobei diese Geschichte der Begegnungen zugleich eine Geschichte der Art und Weise ist, wie sich uns das Sein zuspricht.

Zur Zeitlichkeit des Menschen gehört seine Geschichtlichkeit, das Bezogensein auf das Sein und Existieren früherer Menschen, das sich auch darin zeigt, dass wir die Zeugnisse der Vergangenheit verstehen und wiederaufnehmen können. In diesem Sinne hat Hans-Georg Gadamer in seinem Buch "Wahrheit und Methode" gezeigt, dass wir in den Zeugnissen der Vergangenheit, zum Beispiel in Kunstwerken oder Werken der Dichtung, die uns unmittelbar angehen, mit dem in Berührung kommen, was damals im Spiel war, als das Werk geschaffen wurde. Dieses Im-Spiel-sein ist das Wesen der Zeit. Das Kunstwerk fängt etwas von der absoluten Gegenwart ein und gibt es anderen Zeiten weiter. Es spielt sich uns das Selbe zu, was damals schon die Menschen dieser vergangenen Zeit angesprochen hat. Und es spielt sich uns so zu, dass es dabei als unsere Zukunft erscheint. Ein echtes Wiederholen der Vergangenheit hat darum immer den Charakter des Zukünftigen, absolut Neuen, dessen, was an der Zeit ist und auf uns zukommt. Für jede psychologische Betrachtung ist es von entscheidender Bedeutung, dass sie diese Geschichtlichkeit menschlicher Zeit und menschlichen Seins nicht übersieht. Der Mensch muss auch in der Psychologie als geschichtliches Wesen gedacht werden.

Die Relativität der Lebensgeschichte zur geschichtlichen Zeit und zur Geschichte der Menschheit führt uns zugleich noch eine andere Relativität vor Augen, die wir nicht übersehen dürfen: die Relativität aller seelischen Zeit zur kosmischen Zeit. Gemessen an den ungeheuren Zeiträumen der Entstehung von Sternen, Planetensystemen und kosmischen Welten ist die Lebensgeschichte eines einzelnen Menschen unendlich klein. In ähnlicher Weise wird aber auch der Zeitraum menschlicher Geschichte, den wir überblicken können, in ungeahnter Weise relativiert, wenn wir ihn in Beziehung setzen zu jenen Zeiten, in

82

denen sich das Leben auf der Erde entwickelt hat. Es gilt, den Blick nicht zu verlieren für die Andersartigkeit der Massverhältnisse von Lebensgeschichte, Geschichte, Phylogenese und kosmischer Zeit.

Eine solche Vertiefung in die Verschiedenartigkeit der Zeitmasse lässt das menschliche Leben unglaublich klein und flüchtig erscheinen. Aber der Mensch ist zugleich das Wesen, das an Anfang und Ende denken kann. Der Mensch verhält sich zu seinem eigenen Geborensein und zu seinem eigenen Ende. Aber der Mensch denkt zugleich weit über den Anfang und das Ende seiner Existenz hinaus. In der Philosophie und in den Religionen beschäftigt er sich immer wieder mit dem Gedanken des Anfangs und des Endes der Zeit überhaupt. Der erste Tag ist für uns genau so unvorstellbar und unausdenkbar wie der letzte Tag. Aber auch die Unendlichkeit der Zeit vor allem Anfang und nach allem Ende führt uns in ein Labyrinth der Zeit, das sich vielfältig in Mythen, Märchen und Träumen spiegelt. Gerade weil das Rätsel der Zeit unausschöpfbar ist, spielt es eine grosse Rolle im Hintergrund unserer Träume.

Besonders wichtig ist die Besinnung auf die Zeitlichkeit des Psychischen aber auch für die psychologische Praxis. Alles psychologische Tun und Handeln ist verknüpft in Zeit und Situation. Wir sind mit den Menschen, die wir untersuchen und behandeln und beraten, in einer gemeinsamen Situation, die durch eine gemeinsame Augenblicklichkeit gekennzeichnet ist, in der sich verschiedene Vorgeschichten und verschiedene Lebensläufe miteinander verbinden. Alles psychologische Tun ist geprägt durch die Offenheit der Zukunft, in die wir hineinleben. Auch das Deuten und Analysieren der Vergangenheit muss letztlich dieser Zukunft dienen. Die Situation praktischen psychologischen Handelns ist eine Situation gemeinsamer Zeitlichkeit.

Literatur

Augustinus, Aurelius, Confessiones/Bekenntnisse, Buch IX, 14-28 (tempus/Zeit) - Übersetzung: Reclam, Nr. 2791-4.
Buber, Martin, Ich und Du, 10.Aufl., Schneider/Lambert, Heidelberg 1979.
Freud, Sigmund, Vorlesungen zur Einführung in die Psychoanalyse (1916), Ges.Werke Bd.11, 7.Aufl., Fischer, Frankfurt 1979.
Gadamer, Hans-Georg, Wahrheit und Methode, 4.Aufl., Mohr, Tübingen, 1975; Nachdruck Studienausgabe 1975.
v.Goethe, Johann Wolfgang, "Vermächtnis", in: Goethes Werke, Hamburger Ausgabe, Christian Wegner, Hamburg 1948, Bd.I, S.369
Hartmann, Nicolai, Der Aufbau der realen Welt (1940), 3.Aufl., De Gruyter, Berlin 1964.
Heidegger, Martin, Sein und Zeit (1927), 15.Aufl., Niemeyer, Tübingen 1979.
Heidegger, Martin, Zeit und Sein, in: Zur Sache des Denkens, Niemeyer, Tübingen 1969.
Minkowski, Eugene, Zum Problem der erlebten Zeit, Studium Generale, Jg.8, H.10, 1955, S.601-607.
Parmenides, Fragmente, in: Diels, Fragmente der Vorsokratiker, Bd.1 (1903), griechisch und deutsch, 17.Aufl., Weidmann, Dublin/Zürich 1974.
v.Uslar, Detlev, Die Wirklichkeit des Psychischen, Neske, Pfullingen 1969.

Weltlichkeit

Seele ist die Wirklichkeit unseres leiblichen, zeitlichen und gemeinsam Auf-der-Welt-Seins. Darum gehört Weltlichkeit integrierend zum psychischen Sein. Einerseits ist Welt immer der Horizont, in den sich unsere seelische Wirklichkeit erstreckt und auf den hin sie orientiert ist. Unser Sein ist selbst gleichsam dieser Horizont, in dem uns alles erscheint. Wir sind durch unsere Existenz ein Lichtkreis, in welchem die Dinge auftauchen, die uns begegnen.

Andererseits aber ist Welt der Grund unseres Existierens. Wir können nur auf der Welt sein, weil die Welt uns Grund zum Sein gibt, uns einen Ort zum Existieren einräumt. Welt ist die Bedingung der Möglichkeit unseres Daseins. Diese beiden Momente — Welt als Horizont und Welt als Grund — müssen zusammen gesehen werden, wenn Weltlichkeit als Prinzip psychischen Seins bestimmt werden soll. Als Grund unserer Wirklichkeit und als Horizont, in dem uns die Dinge erscheinen, ist die Welt zugleich immer auch die Bühne unseres Handelns, die Situation, die wir gestalten und die uns bestimmt. Unser Auf-der-Welt-Sein ist stets ein Sein in Situationen. Weltlichkeit bedeutet auch dieses Verstricktsein in die Wirklichkeit, ein Engagiertsein von der Welt. Welt ist nicht nur das, was uns bestimmt und für das wir selbst gleichsam ein Horizont sind. Sie ist nicht nur der Grund und die Bedingung der Möglichkeit unserer Existenz, sondern sie ist ebenso das, was uns an sich zieht, was uns verlockt und motiviert. In diesem Sinne konnte PAULUS die Welt auch als das verstehen, was uns in Versuchung führt, was uns in seinen Bann schlägt und unser ganzes Dasein bestimmt.

Soviel ist also deutlich: Welt bedeutet Wirklichkeit, und zwar die Wirklichkeit des Seienden im Ganzen. Welt ist dasjenige, was überhaupt den Dingen ihre Existenz ermöglicht. Darum ist Welt auch der Grund unseres Daseins. Der Begriff der Weltlichkeit ist hier also nicht subjektivistisch gemeint, sondern ontologisch.

Die verschiedenen Momente der Weltlichkeit, die sich jetzt herausgestellt haben, müssen in ihrer Einheit gedacht werden. Welt ist nicht nur der Horizont, in dem sich uns die Dinge zeigen und den wir durch unsere eigene Existenz stiften, sondern sie ist zugleich Grund und Bedingung der Möglichkeit unseres Daseins. Sie ist nicht nur der Lichtkreis, in dem die Wirklichkeit erscheinen kann, sondern zugleich die Bühne unseres Handelns. Unsere eigene Wirklichkeit ist mit der Wirklichkeit der Welt unlösbar verknüpft. Das Psychische bedeutet dabei immer auch das Ereignis, daß hier ein Seiendes existiert, in dem sich Welt als Welt zeigen kann. Auf-der-Welt-Sein bedeutet also, Zeuge der Welt zu sein. Zugleich ist diese Welt nicht nur das, was uns erscheint und was uns bedingt, sondern auch das, was uns verlockt und in seinen Strudel zieht. Gerade die Motivation unseres Handelns muß also aus der Weltlichkeit des Psychischen verstanden werden.

Insgesamt ergibt sich aus diesen Überlegungen die Konsequenz für die Psychologie, daß man einen Menschen nur aus seiner Welt heraus angemessen verstehen kann. Da unser In-der-Welt-Sein immer ein Sein in Situationen und ein Sichwandeln der Situation ist, erscheint Psychologie in dieser Perspektive konkret als Situationsforschung, als Situationsdiagnostik und auch als Situationsgestaltung. Welt ist niemals allgemein, sondern immer konkret. Sie ist immer diese bestimmte Welt. Unser Sein in ihr ist darum auch immer ein bestimmtes. Es ist das Sein in einer jeweils ganz konkreten Situation. Die Situation ist ja unsere jeweilige Lage in der Welt und die Konstellation, in der diese Welt sich uns bietet.

Situationen können sich wandeln und wechseln ständig. Nicht aufhören aber kann, solange wir sind, der Zwang zum Sein in Situationen überhaupt.

Wenn Seele die Wirklichkeit des Auf-der-Welt-Seins ist, dann ist sie eben darum die Wirklichkeit der Situation. Wesentlich an dieser ist, daß sie eine unlösbare Einheit subjektiver und objektiver Momente darstellt; daß sie immer zugleich Möglichkeit und Wirklichkeit, Aktualität und Potentialität ist, daß wir in ihr immer zugleich Handelnde und Leidende, aktive und passive Mitspieler sind und daß Situation aus dem Zusammenspiel mehrerer Menschen hervorgeht, so daß man den einzelnen nicht isoliert betrachten kann.

Sie ist nie nur der Zustand eines Subjekts, sondern immer das Zusammenkommen von Mensch und Welt. Seelisches Sein und Raum, die harte Wirklichkeit der Dinge und der Spielraum meiner Möglichkeiten bilden in ihr eine Einheit. Darum konkretisiert sich in der Situation, was In-der-Welt-Sein bedeutet. Situation ist Realität, Härte der Wirklichkeit und doch unendlich offen für die Zukunft.

Für jede Situation ist es charakteristisch, daß sie aus vergangenen Situationen hervorgegangen ist, daß sie aber andererseits das ist, was jetzt ist und dem wir nicht entfliehen können. Andererseits ist eine Situation gerade dadurch eine Situation, daß sie einen Horizont von Möglichkeiten für die Zukunft offen läßt. Dabei kann dieser Horizont weit oder aufs äußerste verengt sein, bis hin zur Grenzmöglichkeit der ausweglosen Situation.

Wenn man In-der-Welt-Sein als das Sein der Situation begreift, ist es nicht mehr möglich, Welt nur gleichsam als Gefäß oder statischen Rahmen des Daseins mißzuverstehen, denn zum Wesen der Situation gehört, daß sie ständig im Wandel begriffen ist. Sie kann überraschend sein, unerwartet und plötzlich. Wir können unversehens in sie hineingeraten; sie kann aber auch langsam sich entwickeln und schon lang vorhersehbar sein. Eine Situation kann sich zuspitzen und ihren Höhepunkt erreichen. Sie kann plötzlich umschlagen und sich in ihr Gegenteil verkehren. Sie kann unheilvoll und drohend sein oder verheißungsvoll und zukunftsträchtig. Stets ist sie einerseits unentrinnbare Realität, andererseits aber ein offener Horizont von Möglichkeiten, der sich niemals völlig festlegen läßt. Auf diese Weise bilden aktuale und potentielle Momente in ihr stets eine unlösbare Einheit. Meine Gefühle und Hoffnungen, meine Entschlüsse und Unterlassungen, Heiterkeit, Angst und Traurigkeit gehören ebenso zu ihr wie der Raum, in dem ich mich befinde, die Härte und das Gewicht der Gegenstände, mit denen ich umgehe, die Konstellation der Ereignisse, die mich bestimmen und in die ich eingreife. Vor allem aber ist meine Situation immer zugleich auch die Situation anderer Menschen. Auch wenn ich scheinbar vereinsamt bin, bin ich auf die potentielle Gegenwart der anderen bezogen.

Die Situation ist nie nur eine Ansammlung von Fakten, sondern immer zugleich auch bedeutsam. Ihre Bedeutung ist dabei nicht etwas Subjektives, das zur objektiven Realität noch hinzukommt, sondern sie ergibt sich aus der Offenheit des Horizonts von Möglichkeiten, in die hinein sich die Situation entwickeln kann. Sie ergibt sich aus meinem perspektivischen Standpunkt in der Welt, der sich mit der Situation ständig wandelt und darum die Dinge in einer ständig sich wandelnden Perspektive erscheinen läßt. Deutung aber ist nichts anderes als ein Wandel der Perspektive.

Schließlich gehört zur Situation auch, daß sie eine gemeinsame Situation mehrerer Menschen ist, so daß jedem von uns zugleich die Perspektive der anderen zumindest andeutungsweise gegeben ist. Die Bedeutsamkeit der Situation liegt auch darin, daß ich in die Perspektive des andern gleichsam hineinspringen, sie mir zu eigen machen und sie mit meiner eigenen Perspektive vergleichen kann. Gerade die Diskrepanz der Blickpunkte ist es, die die Welt hintergründig und bedeutsam erscheinen läßt. Es gibt darum im Sinne von LEIBNIZ gleichsam so viele Welten, wie es Standpunkte und Perspektiven in der Welt gibt.

Für diese Betrachtung muß nun die gesamte Psychologie als Situationsanalyse erscheinen. Was ist zum Beispiel Phantasie anderes als das Spiel mit Situationen, das Durchspielen von Möglichkeiten und Konstellationen unseres Seins in der Welt? Alles Denken, Fühlen und Wollen ist stets ein Verhältnis zu möglichen und wirklichen, vergangenen, gegenwärtigen und zukünftigen Situationen. Die Gesamtheit der psychischen Regungen erscheint hier nicht mehr als Äußerung eines Subjekts oder als seine Eigenschaft bzw. ein Vorgang in ihm, sondern vielmehr als Weisen des Bezogenseins auf die Situation, die selber zu dieser nicht sekundär hinzukommen, sondern ein integrierendes Moment von ihr sind. Unsere Gedanken und Hoffnungen, unsere Gefühle und Kalkulationen, unser Schmerz und unsere Verzweiflung gehören ebenso zur Wirklichkeit der Situation wie die Gegenwart oder Abwesenheit von Nahrungsmitteln, die Ankunft oder der Fortgang eines geliebten Menschen, die Wärme oder Kälte, die die Jahreszeit mit sich bringt. Psychisches Sein erweist sich hier wirklich konkret als In-der-Welt-Sein. Welt andererseits ist niemals nur eine Ansammlung von Fakten, sondern stets eine Konstellation mit ihrem Horizont von Möglichkeiten, eine in Bewegung und Wandlung begriffene Lage des Seins. Es ist gerade die Härte der Situation, daß sie offen ist und nicht endgültig festgelegt werden kann, daß sie sich in die Zukunft hinein entwickelt und jeden Moment umschlagen oder sich unerwartet verwandeln kann. Der Versuch, diese Offenheit festzulegen und von ihrer Unsicherheit zu befreien, kann darum bis zur Krankheit, zum zwanghaften Bewältigenwollen des Unbestimmten führen.

Andererseits ist es gerade die Verheißung der Situation, daß sie in ihrem Wandel neue und ungeahnte Perspektiven eröffnen kann, daß wir die Zukunft, die sie in sich trägt, zu einem großen Teil nicht kennen. Das gilt in besonderer Weise von ausgezeichneten Situationen wie denen der Begegnung oder der Übersiedlung an einen andern Ort, des Beginns einer neuen Tätigkeit.

In jeder Situation gibt es gleichsam eine Kulisse von Wirklichkeit, die mit der Gesamtwelt identisch ist. Im Hintergrund der Ereignisse, die im Scheinwerferlicht der Aufmerksamkeit und im Zentrum des Geschehens liegen, ist stets die Gesamtheit des Wirklichen gegenwärtig. Die Landschaft etwa, in der wir leben, die politische Situation, die unser Handeln indirekt bestimmt, die weltgeschichtliche Konstellation, von der eine Unzahl von Umständen abhängt, die unsere jeweilige Wirklichkeit ausmachen. So bildet unsere Lage in der Welt auch stets eine Mischung von relativ bleibenden und relativ wechselnden Faktoren. Die Situation mit ihrem Wandel ist eingebettet in die Konstellationen einer relativ beständigen Umwelt. Zu dem Beständigsten, das uns bestimmt, gehört etwa das Bild der Welt, das durch unsere biologische Konstitution vorbestimmt ist. Unsere Perspektive ist davon abhängig, daß wir uns auf dem Lande bewegen, aber von Natur nicht fliegen können; daß wir eine bestimmte Größe haben, zu der relativ die Größe der Dinge erscheint; daß wir das Licht wahrnehmen können, aber nicht radioaktive Wellen; daß wir bestimmte Strecken des Raumes nur in einer bestimmten Zeit bewältigen können usw. Wie alle Tiere haben wir auch als Menschen aufgrund unserer biologischen Konstitution ein bestimmtes Bild der Welt, d. h. die Welt zeigt sich uns als biologisch bestimmte Umwelt im Sinne Jakob von Uexkülls . Die Aufzählung dieser Beispiele zeigt andererseits, wie sehr die Technik unser Eingepaßtsein in die Umwelt verändert hat, etwa indem sie uns ermöglicht, zu fliegen oder radioaktive Strahlungen zu registrieren.

Sehr fest ist unsere Umwelt aber auch geprägt durch das Milieu und die gesellschaftlichen und sozialen Gegebenheiten, in denen wir uns vorfinden. Vor allem ist es der Schatz von Vorurteilen, den wir aufgrund unserer sozialen Prägung mit uns bringen und für den wir selbst in hohem Maße blind sind, der unser Bild von der Welt und unser Verhalten in ihr weitgehend festlegt.

Bei einer solchen Betrachtung erweist sich uns die Welt als Umwelt, die uns prägt und unseren Blick auf die Wirklichkeit einengt. Andererseits können wir ohne einen Schatz von Vorurteilen, die uns nicht als solche bewußt sind, und ohne die anpassende Einengung, die durch unsere biologische Konstitution gegeben ist, nicht leben.

Nach der Meinung von Uexkülls ist es eine Illusion, zu glauben, daß es neben diesen vielfältigen Umwelten biologischer und auch sozialer Art, in denen die Lebewesen gefangen sind, noch eine objektive Welt für sich gibt. Ist nicht die Wirklichkeit immer angewiesen auf die Perspektive, aus der wir sie sehen, ist sie nicht die Weise, wie sie sich uns zeigt, selbst? Sicher gibt es nicht eine Welt neben der Umwelt. Das Verhältnis von Welt und Umwelt ist vielmehr ein anderes, denn jede Umwelt ist nur eine Umwelt, weil und sofern *die* Welt in ihr verweilt. Welt ist ja nicht nur ein Gefäß für Gegenstände und Fakten, eine Summierung von Wirklichem, sondern mit dem Wort „Welt" meinen wir immer das Ganze der Wirklichkeit, und zwar *als* ein Ganzes. Dieses Ganze verweilt in allem, was wir im einzelnen eine Welt nennen, sei dies nun die Welt der Tiere, die Welt der Bücher, die Welt der Technik oder auch die Welt eines Traums .

Das Wort Welt enthält in unserer Sprache immer zugleich kosmische, geschichtliche und soziale Momente . Ein Mann von Welt ist ein Mann, der sich gesellschaftlich auskennt. Wir sprechen von Weltgeschichte und Weltpolitik, wenn wir das den Erdball umspannende Zusammensein der Menschen und ihrer Schicksale meinen. Welt ist aber auch der unermeßliche Raum, die Unzahl der Sternsysteme, die die Astronomie kennt. Ebenso ist Welt das, was wir wirklich sehen und was wir wirklich hören, der Raum, durch den wir uns wirklich bewegen, die Fülle der Erscheinungen in ihrer Farbigkeit, die Dinge in ihrer Tastbarkeit und ihrem Tönen. Wir wissen sehr wohl, daß wir nur einen bestimmten Aspekt der Wirklichkeit aufgrund der Konstitution unserer Sinnesorgane erfassen können und daß auch unser Denken an die funktionale Organisation unseres Gehirns gebunden ist. Aber wir wissen, daß dieses Sichzeigen der Welt die Wirklichkeit selbst ist.

Welt verweilt gerade in den unendlich vielfältigen Ausschnitten und Aspekten ihrer selbst, in denen sie sich uns zeigt. Sie ist als ganze immer und stets nur im einzelnen und Konkreten gegeben. Sie verweilt darum auch in jedem Ding, ist doch ein Ding nur ein Ding, sofern es seinen Ort in der Welt, seinen Platz in der Wirklichkeit hat. Alles Seiende ist einfach dadurch, daß es überhaupt ist, eine Verweisung auf die Einheit und Ganzheit allen Seins. Alles was ist, ist einfach dadurch, daß es ist, zu dieser Einheit zusammengeschlossen, indem es an dem Wunder der Wirklichkeit Anteil hat. Welt ist uns darum gerade in jedem einzelnen Ding, in jeder Situation, in jeder Wahrnehmung und jedem Gedanken gegeben. Alles, was uns begegnet, und alles, was wir tun und erleben, ist in sich selbst weltlich.

Auch in der Sprache ist dieses Ganze stets gegenwärtig. Wenn sie ein Ding nennt und bezeichnet, ordnet sie es allein durch diese Nennung in das Ganze des Ansprechbaren ein. Sie fügt es in die Welt und macht es dadurch erst zu einem Ding. So ist die Welt der Sprache stets *die* Welt, ebenso wie die Welt des Spiels oder die Welt der Kunst, die Welt eines Romans oder die Welt des Theaters. Jeder von uns ist der geheimnisvolle Mittelpunkt und Bezugspunkt seiner Welt, der Ort, von dem aus sich der Raum erschließt und auf den sich die Perspektive bezieht.

Diese Welt, die jedem von uns gleichsam in einem anderen Winkel gegenwärtig ist, ist aber nicht nur die Gesamtheit des Sichtbaren und Sichzeigenden, sondern immer zugleich auch der Raum des Verdeckten und Verborgenen, dessen, was sich noch nicht oder nicht mehr oder niemals zeigt. Was der Tiefenpsychologie als das im Unbewußten Verborgene erscheint, ist oft auch das in der Welt Verborgene, der zu diesem Lichtkreis gehörende Schatten. Verborgen in diesem Sinne ist alle vergessene Vergangenheit, die wir erst im Erinnern momentan dem Dunkeln entreißen. Verborgen ist ebenso aber alles, was wir gerade aufgrund unserer Perspektive nicht sehen. Zu jeder Situation unseres In-der-Welt-Seins gehört darum nicht nur das Sichzeigen der Dinge, sondern ebenso auch ein Sichentziehen und Verborgenbleiben. Indem die Änderung der Situation immer auch eine Änderung der Perspektive ist, läßt sie anderes in die Verborgenheit zurückgleiten und Neues unverborgen und sichtbar werden.

Dieses ständig sich verschiebende Zusammenspiel von Sichtbarkeit und Verborgenheit, von Helligkeit und Dunkel bestimmt nicht nur das Bild der Welt überhaupt, sondern auch das der anderen Menschen, mit denen wir zusammen auf der Welt sind. Jedes Gespräch enthüllt und verbirgt uns einander. Das Sein des anderen und seine Perspektive in die Welt enthüllen und verbergen sich für uns jeweils zugleich in seinem Verhalten .

Auch die Psychologie kann den Menschen nicht isoliert von seiner Welt betrachten. Sie darf nicht übersehen, daß der Psychologe selbst ein Mitspieler in der Situation ist, daß er selbst in der Welt ist und durch seine eigenen Perspektiven bestimmt wird. Die Vorstellung einer Objektivität, die von der Wirklichkeit des Betrachters gleichsam absehen kann, entspricht nicht der Realität. Objektivität bedeutet in der Psychologie vielmehr, daß man sich bewußt bleibt, dem anderen in einer Situation zu begegnen. Auch jeder Test stellt eine künstliche Situation her. Alle psychologische Diagnostik ist im Grunde Situationsdiagnostik. Der andere kann nicht als isoliertes Subjekt erfaßt werden, sondern er ist, was er ist, stets in Situationen und wandelt sich in und mit diesen. Die psychologische Technik ist selbst ein Spiel mit Situationen. Wir bringen den anderen künstlich in Situationen, in denen er sich uns zeigen soll. Die Psychologie muß sich dieser situativen Bestimmtheit ihres Tuns und Beobachtens ständig bewußt bleiben. Darin liegt zugleich ihre Stärke, denn wenn sie sich als ein Mitspiel in der Situation auffaßt, erhält sie neben der Möglichkeit der Situationsdiagnostik die Möglichkeit der Situationsbeeinflussung und -gestaltung. Jedes psychologische Urteil, jedes Gutachten und jede Beratung sind im Grunde ein solches Mitspielen in der Situation.

Jede psychologische Deutung verändert die Perspektive und verwandelt allein dadurch schon die Situation, in der sich der Betreffende befindet.

Für eine Betrachtung des Psychischen als Weltlichkeit zeigt sich seelisches Sein stets als ein Sein in Situationen und als

Horizont der Wirklichkeit. Ebenso wie in den Horizont des Raums, erstreckt sich aber die psychische Wirklichkeit stets auch in den Horizont der Zeit.

KENNZEICHEN DES MENSCHEN

Die Sprache in der Sicht einer anthropologischen Psychologie

Detlev v. Uslar

Zuerst möchte ich kurz sagen, wie ich hier die Worte ‹Sprache› und ‹anthropologische Psychologie› verstehe. Mit Sprache meine ich hier nicht nur die Wirklichkeit der grammatischen Regeln und des Wortschatzes, sondern zugleich die lebendige Wirklichkeit des Sprechens, das Geschehen und Sich-Ereignen von Rede und Gegenrede, das Gespräch der Menschen untereinander.

Der Ausdruck ‹Anthropologische Psychologie› soll eine Sichtweise bezeichnen, die vom Sein des Menschen als ganzem ausgeht. Deswegen der Name ‹anthropologische› Psychologie, denn Anthropos ist ja das griechische Wort für Mensch. Hiermit verbindet sich eine bestimmte Auffassung davon, was das Psychische ist. Seele ist eigentlich nicht nur ‹Innerlichkeit› und Bewußtsein. Sie kann als die Wirklichkeit unseres Existierens aufgefaßt werden, als die Art und Weise, wie wir als leibliche Lebewesen auf der Welt sind. So gesehen ist Seele die lebendige Wirklichkeit unseres leiblichen, zeitlichen und gemeinsamen Auf-der-Welt-Seins. Deshalb gehören zum Begriff des Seelischen auch die Aspekte der Leiblichkeit des Menschen und seiner Weltlichkeit.

1. Vier Aspekte der anthropologischen Psychologie

Die Aspekte, unter denen ich die Sprache hier betrachten möchte, ergeben sich aus dieser Auffassung des Seelischen.

Es ist zunächst der Aspekt der *Gemeinsamkeit* des Psychischen, der Beziehung und Begegnung. Denn die Sprache ist ja eines der wesentlichen Medien, in denen sich unsere Beziehungen ereignen. Das Seelische ist nicht nur die Wirklichkeit eines einzelnen und isolierten Individuums, sondern seelische Wirklichkeit ist immer auch die Wirklichkeit der zwischenmenschlichen Beziehungen.

Neben diesem Aspekt der Gemeinsamkeit ist vor allem der Aspekt der *Weltlichkeit* des Psychischen wichtig. Wir werden sehen, daß auch dieser Aspekt eine bestimmte Perspektive auf die Sprache erschließt, weil Sprache die Beziehung des Menschen zur Welt ist und nicht nur der Ausdruck seines Inneren. Dabei wird sich zeigen, daß die Sprache die via regia zum Verständnis der Weltlichkeit des Seelischen ist. In analoger Weise, wie Freud den Traum als via regia zum Unbewußten gesehen hat, kann man die Sprache als den Königsweg zum Verständnis der *Weltlichkeit* seelischen Seins betrachten.

Der dritte Aspekt einer anthropologischen Betrachtungsweise ist der der *Leiblichkeit* des Seelischen. Wenn Seele die lebendige Wirklichkeit unseres Existierens auf der Welt und nicht nur die Wirklichkeit des Bewußtseins ist, dann gehört der Aspekt unseres

Leib-Seins zum Verständnis des Psychischen. Damit ist nicht nur die Bindung seelischer Vorgänge an physiologisch erfaßbare Prozesse gemeint, sondern es geht um die grundlegende Tatsache, daß seelisches Sein nicht nur das ist, was im Menschen vorgeht, sondern auch die Art und Weise, wie er als leibliches Lebewesen uns gegenübersteht und in der Welt existiert.

Ein vierter Aspekt schließlich, der ebenfalls für die Sprache wesentlich ist, ist der der *Zeitlichkeit* alles Psychischen. Unser Existieren ist ja vom ersten bis zum letzten Moment in allen seinen Äußerungen und Wesensformen durch die Zeitlichkeit bestimmt.

Die Sprache, die ich jetzt unter diesen vier Aspekten betrachten möchte, bildet als solche einen wichtigen Zugang zum Verständnis des Menschen und seiner Psyche. Eine Psychologie, die sich auf das bloße Messen und Registrieren des beobachtbaren Verhaltens beschränkt, wie es der Behaviorismus wollte, verbaut sich einen der wichtigsten Zugänge zum seelischen Sein. Was der Mensch ist, erfahren wir, indem wir mit ihm sprechen und indem wir das, was er spricht, wirklich zu verstehen suchen.

2. Die Gemeinsamkeit der Sprache

Wir betrachten nun das Phänomen der Sprache zuerst unter dem Aspekt der *Gemeinsamkeit* des Psychischen. Das Wesen der Sprache erschließt sich im Gespräch. Sprache ist nicht nur die Aussage eines Menschen über etwas. Sie ist nicht nur die Äußerung eines Inneren, sondern Sprache ist als solche Rede und Gegenrede. Sie ist Frage und Antwort, Frage und Gegenfrage.

Die Wirklichkeit der Sprache kann man nur erfassen, wenn man sie von vornherein aus dem Miteinander des Sprechens zu verstehen sucht. Sprache wäre sinnlos für ein Wesen, das nur für sich allein existiert. Sie lebt vom Miteinandersein. Deswegen kann man das, was die Sprache ist, nicht allein vom Aussagesatz her verstehen. Der Satz hat seine Bedeutung, den Sinnzusammenhang, aus dem heraus man ihn verstehen kann, oft nur als Antwort auf eine Frage. Wenn ich zum Beispiel sage: «Kommst Du mit?», und jemand antwortet: «Nein, ich habe jetzt keine Zeit, ich muß noch dieses oder jenes erledigen», so kann schon dieser einfache Redezusammenhang nur aus dem Spiel von Frage und Antwort verstanden werden. Ganz allgemein kann man sagen, daß ein wesentlicher Teil der menschlichen Beziehungen und Begegnungen sich unser ganzes Leben hindurch in der Sprache vollzieht: in der Fülle der Gespräche, die wir miteinander führen. Für das Denken des Menschen ist das Fragen-Können wohl noch entscheidender als die Tatsache, daß er Aussagen machen kann. Der Mensch ist das Wesen, das andere und sich selbst fragen und das sein eigenes Sein sowie das Sein der Welt in Frage stellen kann. Oft sind gar nicht die Antworten das Wesentliche, sondern die Fragen. Auch die Intelligenz eines Menschen zeigt sich nicht nur an der Art seiner Aussagen, sondern ebenso an der Art seiner Fragen und auch daran, wie weit er in der Lage ist, eine Frage überhaupt *als* Frage zu hören und sie in ihrer Fraglichkeit zu verstehen.

Die Sprache ist nicht nur ein Objektivieren und Vergegenständlichen der Welt, sondern sie ist ganz wesentlich ein In-Frage-Stellen des Wirklichen. Im Hin und Her von Frage und Antwort, von Rede und Gegenrede, ist sie zugleich ein Vollzug der Begegnung und des Miteinanderseins. – Man kann sich diese Zusammenhänge am Beispiel des Versprechens und Gelobens deutlich machen: Wenn ein Mensch dem anderen Treue oder

Liebe verspricht, dann ist das eigentlich nicht eine Aussage, sondern ein Sich-Zusprechen. Dieses Sich-Zusprechen liegt auch überall dort in unserer Sprache, wo wir das Wort ‹Du› in dem eigentlichen Sinne gebrauchen, den Martin Buber meint, wenn er zwei Grundverhältnisse unterscheidet, die man durch die Wortpaare Ich-Es und Ich-Du bezeichnen kann. Die Ich-Es-Beziehung ist überall dort im Spiel, wo wir die Welt als ein Es, als ein Ding sehen, das wir objektivieren können. Eine echte Ich-Du-Beziehung geschieht dort, wo wir angesprochen sind vom Sein des Du, und dieses selbst ansprechen, wo wir nicht mehr objektivieren können, so daß wir, wie Buber sagt, unter Umständen nicht einmal wissen, welche Farbe die Augen des andern haben, obwohl wir doch in diesem Grundwort «Du» unmittelbar das Sein des andern berühren.

Das alles ist mitgemeint bei dem Satz: «Das Wesen der Sprache ist Gespräch». Im Gespräch schwingt immer eine Fülle von Unter- und Obertönen mit. In dem, was wir miteinander reden, ist viel mehr gegenwärtig als der eindeutig festlegbare Sinn der Sätze, die der eine und der andere Partner des Gespräches äußert. Durch die Wahl der Worte, durch die Art, wie wir die Sätze fügen, wie wir die Fragen des andern verstehen und aufnehmen und sie dabei verwandeln, klingt stets unendlich vieles an, das weder dem Sprechenden noch dem Hörenden ganz bewußt wird. Soviel zu dem ersten Aspekt, unter dem ich die Sprache hier in einer anthropologischen Sicht betrachten wollte, nämlich dem Aspekt der Gemeinsamkeit des Psychischen.

3. Die Weltlichkeit der Sprache

Der zweite Aspekt, den ich genannt habe, ist der der Weltlichkeit. Seelisches Sein ist die Wirklichkeit unseres Auf-der-Welt-Seins; möge es sich dabei nun um Bewußtsein und Unbewußtes handeln, oder um Verhalten. Es geht immer um die Art und Weise, wie wir in der Welt sind und wie sich uns in dieser Existenz der Horizont der Welt erschließt. Die Sprache ist ein Medium, in dem die Weltlichkeit des Psychischen in besonderer Weise deutlich wird. Sprache ist nicht nur ein sekundärer Ausdruck von Begriffen, die dann in ihr nur unscharf abgebildet wären. Sie ist überhaupt nicht nur der Ausdruck von etwas Innerem, das in der Psyche des Sprechenden vor sich geht; sondern Sprache ist überall dort, wo sie vollzogen oder auch nur gedacht wird, ein Beschwören der Welt, in der das Angesprochene ist. Die Worte repräsentieren nicht nur die Gedanken dessen, der diese Worte ausspricht. Wenn sie überhaupt etwas sagen, repräsentieren sie immer auch das Angesprochene selbst, die Welt.

Das Ding selbst verweilt in der Sprache. Es ist in der Sprache gegenwärtig. Wenn wir ein Ding benennen, wenn wir ihm einen Namen geben, wenn wir einen Satz darüber aussprechen, so fügen wir eben dadurch dieses Ding in den Gesamtzusammenhang der Welt und des Wirklichen ein – oder auch in den Gesamtzusammenhang des Möglichen, denn auch das Mögliche gehört ja zu dem, was wir Welt nennen.

Das hier Gemeinte kann man sich an ganz einfachen Beispielen klar machen. Wenn wir etwa sagen: «Es wird jetzt Abend», oder: «Draußen beginnt bald die Dämmerung» – dann sprechen wir nicht nur einen Gedanken aus, den wir haben, sondern wir beschwören damit die Wirklichkeit der Welt und der Natur, die Wirklichkeit einer ganz bestimmten Situation, eines ganz bestimmten Augenblicks. Die Nennung einer Sache fügt auf diese Weise die benannte Sache in den Weltzusammenhang ein, in die Gesamtheit alles

3

möglichen und wirklichen Seienden. Das wird vor allem da deutlich, wo wir das Wort ‹ist› benutzen. Wenn ich sage: «Dies *ist* eine Uhr», dann ist in diesem ganz einfachen Satz das Ding, das ich hier mit dem Wort ‹Uhr› bezeichnet habe, in einen größeren Zusammenhang eingefügt, den wir alle sofort bei der Aussprache dieses Satzes verstehen. In dem ‹ist› liegt einmal die *Wirklichkeit* dieses Gegenstandes. Er ist als wirklich existierender bezeichnet und er wird gleichzeitig in einen großen Zusammenhang, nämlich den der Zeitmessung, einer gewissen Technik, eines gewissen Handwerks, eingefügt, in den Zusammenhang der Zeit überhaupt, auch der Zeit, die gerade hier abläuft. Das heißt also: Die Sprache fügt, indem wir sie sprechen, die Dinge in einen größeren Zusammenhang, in einen größeren Horizont ein. Sie fügt sie zugleich in einen Verweisungszusammenhang (Heidegger). Wir sind ja in der Welt nicht so, daß wir es mit neutralen und isolierbaren Objekten zu tun hätten; sondern wir sind ständig eingewoben in ein Netz von Dingen und Zusammenhängen des praktischen Gebrauchs. Wir haben es zu tun mit den Bewandtniszusammenhängen des alltäglichen Umgangs. Wenn ich sage: «Das ist eine Uhr», so ist diese hier zunächst nicht als ein physikalisches Objekt, als eine Ansammlung von Molekülen und Atomen angesprochen, sondern als ein Ding, das in einem Funktionszusammenhang steht, der mich auf anderes verweist: vordergründig auf die Zeit, die jetzt gerade gemessen werden muß, etwa als die Zeit der Dauer eines Vortrages, hintergründig auf das Wesen der Zeit überhaupt. Die Sprache und das Nennen eines Dinges fügen dieses Ding in einen Weltzusammenhang, in das Ganze des Wirklichen, in einen Verweisungszusammenhang, der immer weiter und weiter weist. Wir messen z.B. hier die Zeit, um sie einzuteilen. Aber das tun wir nur, um über eine bestimmte Sache zu sprechen. Und das tun wir wieder zu einem anderen Zweck, etwa zum Zweck einer Tagung über die Psychologie der Sprache.

Die Sprache fügt immer wieder, wo wir durch sie die Dinge artikulieren, diese Dinge in den Verweisungszusammenhang unseres In-der-Welt-Seins ein. Darüber hinaus legt sie oft erst fest, was wir überhaupt als ein Ding erfassen. Häufig bestimmt erst die Sprache, was als Gegenstandseinheit zu gelten hat. Der amerikanische Linguist B. L. Whorf, der vor allem Sprachen anderer Herkunft mit dem indoeuropäischen Sprachen verglichen hat, konnte besonders deutlich zeigen, daß verschiedene Sprachen in ganz verschiedener Weise Dingeinheiten aus der Wirklichkeit herausschneiden. So haben zum Beispiel die Eskimos eine größere Zahl von Wörtern für das, was wir nur mit den beiden Wörtern ‹Schnee› und ‹Eis› bezeichnen, weil die verschiedenen Formen von Schnee und Eis für sie und ihren Weltzusammenhang besonders wichtig sind. Whorf hat aus solchen Überlegungen ein Prinzip abgeleitet, das er das sprachliche Relativitätsprinzip nennt: Die Art, wie sich die Welt uns zeigt, und wie wir die Wirklichkeit erfassen, ist abhängig von dem Netz, das durch die Sprache, die wir sprechen, über diese Wirklichkeit ausgeworfen wird. Jeder, der einmal einen Text aus einer Sprache in die andere übersetzen mußte, kennt die Schwierigkeiten, die entstehen, wenn die Bedeutungseinheiten der Wörter sich nicht völlig decken.

Die Sprache fügt das, was wir wahrnehmen und uns vorstellen, was wir denken und erleben und was wir in der Wirklichkeit antreffen, in die Einheit der Welt zusammen, wie sie sich dem Menschen zeigt. So ist also die Sprache ihrem Wesen nach ebenso durch Weltlichkeit bestimmt, wie sie durch das Miteinander-Sein bestimmt ist.

Bei diesem Eingefügt-Sein in das Weltganze ist nun ein Moment der Sprache besonders wichtig, über das ich vorhin schon kurz gesprochen habe, nämlich die Vieldeutigkeit des Wortes und der Sprache überhaupt. Wenn wir miteinander sprechen, eine Sache benennen, uns etwas mitteilen, uns Fragen stellen oder darauf antworten, dann schwingt bei jedem Wort, das wir sagen, eine Fülle von Ober-, Unter- und Nebentönen mit. Das Wort und der Gesamtzusammenhang der Rede sind ihrem Wesen nach immer vieldeutig. Entscheidend ist nun aber die Einsicht, daß dieses Mitschwingen von Unter-, Ober- und Nebentönen, daß die Vieldeutigkeit der Sprache nicht ein Nachteil ist oder ein Mangel, sondern etwas für die Sprache und für die ganze Art, wie wir als Menschen in der Welt sind, Wesentliches. Durch die Nebenbedeutungen, die immer mitschwingen, wenn wir eine Sache ansprechen, sehen wir zugleich bewußt und unbewußt die Fülle der Beziehungen, in denen dieses Ding steht. Ich habe das vorhin bei dem Beispiel ‹Uhr› schon angedeutet. Wenn ich diesen Gegenstand hochhebe und sage: «Das ist eine Uhr», dann schwingt dabei eine Fülle von Nebenbedeutungen mit, bis hin zum Wesen der Zeit und ihrer Vergänglichkeit. Normalerweise denkt man nicht daran, wenn man etwa sagt: «Ich will schauen, wieviel Uhr es ist». Aber man *kann* daran denken. Es ist sozusagen jedesmal und jederzeit abrufbar.

Der Horizont von Bedeutungsfülle und Bedeutungsvielfalt, in den die Dinge geraten, und in den wir selber geraten, wenn wir über Dinge und Situationen sprechen, ist im Hintergrund der Rede gegenwärtig. Ich möchte das an einem weiteren Beispiel verdeutlichen: Was erleben wir, wenn wir das einfache Wort ‹Haus› aussprechen? Bei diesem Wort haben wir alle sofort irgendeine Vorstellung. Jeder von uns weiß, was dieses Wort bedeutet. Aber es ist sicher außerordentlich schwierig, das genau zu definieren und festzulegen. Wenn man es tut – und die Wissenschaft versucht ja immer wieder, Wörter zu definieren –, dann wird sofort eine Fülle von mitschwingenden Unter- und Obertönen abgeschnitten. Bei einem Wort wie «Haus» ist zum Beispiel so etwas mitgedacht wie: ‹Innen und Außen›. Ein Haus ist für uns alle etwas, worin man sein kann. Anderseits ist es für den, der durch die Straßen geht, etwas, was man von außen sieht. Bei einem Wort wie «Haus» stellen wir uns unklar oder auch bewußt so etwas vor wie: Räume, Zimmer, Gänge, Treppen, Fenster, Türen, Tore. Aber ebenso schwingt dabei mit, daß es die Behausung von *Menschen* ist, daß Menschen darin leben, darin wohnen können, darin schlafen, essen, lieben und sterben können. Zu dem Wort «Haus» gehört es auch, daß es alte und neue, uralte oder eben gebaute Häuser gibt. Es können Paläste oder kleine Hütten sein. Man denkt, wenn man das Wort «Haus» hört, auch an bestimmte Häuser, aber oft denkt man das gar nicht bewußt, sondern es klingt nur an. Jeder von uns hat einen Schatz von Erfahrungen, aus dem dieses Wort sich bestimmt. Man denkt an die Lage von Häusern, an Städte, an Landschaften, Wege und Straßen.

Jedes Wort und jeder Satz, in dem Wörter zusammengefügt sind, setzt ein Ding in einen Hintergrund, in ein Umfeld von Dingzusammenhängen und Bedeutungen und gibt dem Ding dadurch seine Plastizität. Man kann es gleichsam stereoskopisch sehen. Es gibt ihm eigentlich erst Seins- und Lebensfülle.

Gerade diese Eigenschaft der Sprache läßt sich nicht durch irgendeine eindeutige Zeichenzuordnung ersetzen. Deswegen kann man Sprache nicht in ein mathematisches Zeichensystem übertragen – und zwar wesenhaft nicht. Das ist nicht ein Mangel der Sprache, sondern es gehört zu ihrer eigentlichen Leistung, daß sie vieldeutig ist und sein kann; wobei man aus dieser Vieldeutigkeit durch die Art, wie man das Wort in die Rede und ihren Zusammenhang fügt, ein gewisses Maß an Eindeutigkeit herausholen kann.

Die Fülle dessen, was in jedem Sprechen mitschwingt, bleibt weitgehend unbewußt. Gerade dieses unbewußte Mitschwingen in der Sprache, im Reden und Hören, gehört zum psychologisch und anthropologisch Wesentlichen der Sprache. Sie ist nicht nur ein Lichtkreis, in dem die Dinge sichtbar werden und in dem deutlich wird, was sie sind, sondern sie ist zugleich als gesprochene, gehörte und in ihrer Bedeutung erfaßte Sprache ein unbewußter Horizont. Sie erfaßt etwas von der Hintergründigkeit der Welt. Es gibt ein unbewußtes Leben der Sprache, das in ihrer Bedeutungsvielfalt ständig lebendig ist. Am eindringlichsten wird diese Vielfalt der Sprache wohl in der Dichtung, zum Beispiel in einem Gedicht von Goethe, in einem Satz wie:

> «Ueber allen Gipfeln
> Ist Ruh,
> In allen Wipfeln
> Spürest du
> Kaum einen Hauch;» ...

Da schwingt unendlich viel von der Hintergründigkeit und den Nebenbedeutungen der Sprache mit. Eine Konsequenz aus diesen Überlegungen wäre die, daß man eine Psychologie der Sprache eigentlich nicht in erster Linie an den primitivsten und einfachsten Äußerungen betreiben sollte, sondern daß gerade die Dichtung und die Literatur ein besonders geeigneter Zugang zum Verständnis der Sprache sind, weil sie die Vieldeutigkeit und das Mitschwingen von Bedeutungen unmittelbar präsent werden lassen. Diese Hintergründigkeit der Sprache, das Mitschwingen von Unter- und Obertönen, ist besonders wesentlich für das Gespräch. Wo wir wirklich ein Gespräch miteinander führen, da reagieren wir ständig auf diese Unter- und Obertöne und auf die vielen Nebenbedeutungen, die in unserer Rede mitschwingen. Das ist auch ein Grund dafür, daß man ein echtes Gespräch nicht vorweg planen kann. Ein zu sehr vorweg geplantes Gespräch ist schon deshalb kein echtes Gespräch mehr, weil zum Wesen des Gesprächs nicht nur das Reden, sondern auch das Hören gehört, weil man die Antwort des andern nicht wirklich vorwegnehmen kann. Man kann wohl versuchen, die Reaktion des andern zu antizipieren. Das tut man natürlich immer wieder, indem man sich auf seine möglichen Antworten einstellt. Aber zum *Wesen* des Gesprächs gehört doch vor allem, daß man offen ist, für das, was der andere antworten wird und daß man sich auch überraschen lassen kann. Die Hintergründigkeit der Sprache ist wichtig für die Dynamik und den Fortgang des Gesprächs, für die Dialektik, in der sich im Gespräch eine Situation entfaltet.

In dem, was jeder einzelne Partner im Gespräch sagt, teilt sich auch seine Perspektive auf die Welt mit: bewußt durch das, was er uns sagen will, und unbewußt durch das, was in seinem Reden mitschwingt. Durch die Sprache ist es den Menschen möglich, die Perspektiven auszutauschen und einander anzugleichen, in denen ihnen die Welt erscheint.

Jeder Mensch ist in gewisser Weise ja der Mittelpunkt einer je eigenen Welt. Das ist nicht im Sinne von Egoismus oder Egozentrizität gemeint, sondern in dem Sinne, daß da, wo ein Mensch ‹Ich› sagen kann, eben dadurch für ihn eine Welt auf dieses Ich bezogen ist. Die Sprache nun ist es vor allem, die es uns ermöglicht, aus dem Kreis des je eigenen Seins herauszukommen. Sie hat uns von vornherein, indem wir sie als Kinder lernten, in die Gemeinsamkeit einer gemeinsamen Welt gebracht.

Die Gemeinsamkeit der Welt, die sich im Gespräch erschließt, ist die Gemeinsamkeit eines Lichtkreises, in dem die Dinge stehen. Doch ebenso ist sie die gemeinsame Hintergründigkeit und Verborgenheit der Welt. Alles, was in der Psychologie mit Deutung und Bedeutsamkeit zu tun hat, hängt zusammen mit dieser Unausschöpfbarkeit der Sprache. Das gilt auch von der Traumdeutung, weil auch die Träume noch weitgehend aus dem Stoff der Sprache gewoben sind. – Soviel zum zweiten Aspekt, dem der Weltlichkeit der Sprache.

4. Die Leiblichkeit der Sprache

Ein dritter Aspekt, der sich aus der anthropologischen Betrachtung des Psychischen ergibt, ist der der Leiblichkeit allen seelischen Seins. Wenn Seele die lebendige Wirklichkeit des Auf-der-Welt-Seins ist, dann ist das Psychische eigentlich die Art und Weise, wie wir leiblich da sind.

Seele ist, so gesehen, die Art und Weise der leiblichen Präsenz eines Lebewesens auf der Welt. Auch dieser Aspekt ist für das psychologische und anthropologische Verständnis der Sprache wichtig. Sprache ist nicht nur Gedachtes und Begriff, sondern auch der Vollzug der Rede. Sie ist die Wirklichkeit des Erklingens und Ertönens von Worten und zugleich die Wirklichkeit des Hörens. Hören und Sprechen gehören zu der Art und Weise, wie wir als leibliche Lebewesen da sind.

Der hier verwendete Begriff der Leiblichkeit hat eine enge Beziehung zum aristotelischen Seelenbegriff. Für Aristoteles ist Seele die lebendige Wirklichkeit des Leibes als Vollzugs- und Funktionswirklichkeit seiner Organe. So läge die Seele des Auges gleichsam im Erblicken und die Funktionswirklichkeit der Sprachorgane im Vollzug der Rede und ihrer Bedeutung.

Eine Betrachtung, der die Sprache als leibliche Präsenz des Menschen erscheint, wird auch die Ausdruckspsychologie im Zusammenhang mit der Sprache sehen. Unser Mienenspiel, unser Gesichtsausdruck, während wir sprechen, die Handbewegungen, die wir machen, sind nicht nur Begleiterscheinungen des Sprechens. Sie leben selbst im Element der Sprache. Darum sollte man die Bedeutung der Ausdruckserscheinungen nicht zu sehr losgelöst vom sprachlichen Sinnzusammenhang sehen.

5. Die Zeitlichkeit der Sprache

Nun zum letzten Aspekt, unter dem wir die Sprache hier betrachten wollen, nämlich dem der Zeitlichkeit alles Seelischen. Die Sprache ist eine der wesentlichen Möglichkeiten des Menschen, die Zeitlichkeit seines In-der-Welt-Seins zu artikulieren: den zerfließenden Strom von Vergangenheit, Gegenwart und Zukunft – den stets mit ihm durch die Zeit wandernden Augenblick wechselnder Perspektiven, in denen das, was eben noch Zukunft und dann Gegenwart war, jetzt schon Vergangenheit ist. Diese Möglichkeit ist in den Zeitformen der Sprache enthalten. Durch sie ist die Sprache hineingewoben in die Psychologie des Erinnerns und Erwartens. Außerdem ist die Sprache selbst ein zeitlicher Vorgang. Man braucht Zeit, um zu sprechen. Das kann man leicht übersehen, wenn man nur vom gedruckten Satz ausgeht, wo Subjekt, Prädikat und Objekt nebeneinander stehen. Im Vollzug ist Sprache immer zeitlich. Man muß etwas behalten und antizipieren können, um überhaupt sprechen und Gesprochenes verstehen zu können. Darüber hinaus geht die Zeitlichkeit der Sprache in das Wesen der Rede und des Gesprächs ein, die ja ständig im Fluß sind. Zum Sprechen gehört die Offenheit der Zukunft. Der Anfang eines Satzes, einer Rede, eines Gesprächs läßt immer verschiedene Möglichkeiten des Zu-Ende-Führens offen. Wo man sich wirklich in ein Gespräch losläßt, weiß man oft nicht, wie der Satz und die Rede zu Ende gehen werden. Das Offenbleiben des Möglichkeitshorizonts der Zukunft ist für die menschliche Existenz charakteristisch.

7

Und hier noch ein weiterer Aspekt der Zeitlichkeit: Es geht im Grunde ein Strom von Gesprächen, solange die Menschen existieren, durch die Zeiten und durch die Jahrhunderte hindurch, in dem sich das Leben des Geistes vollzieht und in dem alles menschliche Handeln lebt; und schließlich, um noch dieses zu sagen: die Sprache selber hat ja eine Geschichte, die unendlich viel länger dauert als die Lebensgeschichte eines einzelnen Menschen.

Literatur

Aristoteles: Ueber die Seele. Darmstadt 1973.
Buber, M.: Ich und Du. Heidelberg ^{8} 1974.
Freud, S.: Die Traumdeutung. GW Bd. 2/3. Frankfurt ^{6} 1976.
Gadamer, H. G.: Wahrheit und Methode. Tübingen ^{4} 1975.
Heidegger, M.: Sein und Zeit. Tübingen ^{13} 1976.
Saussure, F. de: Grundfragen der allgemeinen Sprachwissenschaft. Berlin ^{2} 1967.
Whorf, B. L.: Sprache – Denken – Wirklichkeit. Hamburg ^{12} 1976.

KUNST ALS ZUGANG ZUM WESEN DES MENSCHEN

von Detlev von Uslar

Sprache, Kunst, Religion und Geschichte kennzeichnen das Wesen des Menschen. In der Psychologie müssen diese Phänomene darum eine zentrale Stellung einnehmen. Sie dürfen nicht als bloße Randgebiete betrachtet werden. Was ist die Aufgabe einer Psychologie der Kunst? Die Antwort auf diese Frage hängt von dem Bild des Menschen ab, das wir haben, und von der Auffassung seelischer Wirklichkeit überhaupt. So könnte man zum Beispiel die Frage stellen: Wie ist der Zusammenhang des Objektiven im Kunstwerk – der Farbe, des Steins, des Tons, der Leinwand – mit dem Psychischen oder Subjektiven in ihm? Diese Frage trifft etwas Wesentliches am Kunstwerk. Es geht um den geheimnisvollen Zusammenhang von Sinn und Materie, greifbarer Wirklichkeit und Bedeutung. Leicht ist man geneigt, die Bedeutung als das nur Psychische zu betrachten. Der Sinn ist dann etwas, das wir der materiellen Wirklichkeit gleichsam nachträglich hinzufügen, wofür die Gestaltungen und Konfigurationen des Kunstwerks uns den Anlaß geben. Die Welt wird bei einer solchen Betrachtung aufgeteilt in das Materielle und Räumliche auf der einen, das Psychische und Sinnhafte auf der anderen Seite. Diese Aufteilung entspringt dem Denken der cartesianischen Philosophie, der Unterscheidung von Cogitatio und Extensio, Denken und Ausdehnung. Hier wäre das Künstlerische am Kunstwerk eigentlich das Psychische. Es läge in der Psyche des Künstlers, die sich im Werk ausdrückt, und in der Seele des Betrachters, der das Werk in seinem Erleben wieder lebendig macht. Aber auch für eine solche Betrachtung liegt das Wesen des Kunstwerks erst im Zusammenkommen von Seelischem und Dinghaftem. Ihre Verbindung ist dann das Rätselhafte, das Hintergründige und Faszinierende.

Ist aber diese Trennung, ist die cartesianische Aufteilung der Welt richtig? Lehrt nicht gerade das Kunstwerk uns etwas anderes? Ist nicht das Seelische selber räumlich? Gehört nicht Leiblichkeit zum Wesen des Psychischen? Ebenso wie man Seele als Innerlichkeit und Subjektivität auffassen kann, kann man sie auch sehen als die Art und Weise der leiblichen Präsenz eines lebendigen Lebewesens auf der Welt. Seele ist dann die Wirklichkeit unseres Im-Raum-Seins, die Wirklichkeit unseres leiblichen Gegenwärtigseins selbst. Wir fassen Seele hier auf als die Wirklichkeit unseres leiblichen, zeitlichen und gemeinsamen Auf-der-Welt-Seins. Das Psychische ist dann die Lebendigkeit des Daseins, die Augenblicklichkeit seiner Präsenz, die von den Erinnerungen der Vergangenheit und den Ahnungen der Zukunft durchzogen ist. Seelisches Sein ist Gegenwärtigsein, Gewesensein und Zukünftigsein. Es ist vor allem nicht nur Innerlichkeit, sondern die einmalige Wirklichkeit unseres Existierens im Raum. Es ist nicht körperlos, sondern die Gegenwärtigkeit unseres leiblichen Daseins selbst.

Was sich im Kunstwerk gestaltet und verwirklicht, ist gerade der Raum selbst, das Ereignis der Zeit, die Präsenz des Materiellen, Leiblichen und Wirklichen. Psyche und Geist sind der Glanz dieser Wirklichkeit, ihr Aufscheinen, ein Lichtkreis, in dem sich die Dinge zeigen und in ihrer Farbigkeit und Greifbarkeit aufleuchten. Eine Psychologie der Kunst darf also nicht zwischen dem Psychischen und dem Materiellen scheiden, sondern sie bietet gerade einen Weg des unmittelbaren Zugangs zum Verständnis der Räumlichkeit und Leiblichkeit seelischen Seins. Die Leitbegriffe, die sich aus diesen Überlegungen für eine Psychologie ergeben, sind darum: die Räumlichkeit des Daseins, Seele als Wirklichkeit des Leibes, der Ereignischarakter des Augenblicks im Glanz seiner Einmaligkeit und im Horizont der Zeit, der Stil des Daseins, in den sich unsere Gemeinsamkeit fügt. Das menschliche Dasein ist sich selbst gegenwärtig, es vollzieht sich in einem Stil, zu sein, und erkennt sich selbst über die Zeiten hinweg im Lebensstil vergangener Epochen wieder. Die Augenblicklichkeit der Gegenwart, das, was jetzt fällig ist, das absolut Aktuelle, verdichtet sich im Kunstwerk, es spricht uns in faszinierender Weise als Welt- und Daseinsdeutung an. Wir finden es in geheimnisvoller Weise beantwortet in dem, was uns aus vergangenen Zeiten im Stil ihrer Kunstwerke so entgegenkommt, daß uns diese Menschen begegnen, als ob sie jetzt wären, ja mehr noch, als ob sie uns aus unserer eigenen Zukunft entgegenkämen.

RAUM

Wenn Seele die Wirklichkeit unseres Auf-der-Welt-Seins ist, so ist sie auch die Wirklichkeit unseres Im-Raum-Seins; die Art und Weise, wie uns der Raum präsent ist, wie uns die Welt einen Platz zum Da-Sein einräumt. Seelische Wirklichkeit ist dann bestimmt durch Räumlichkeit, und sie ist zugleich ein Ort, wo sich der Raum als Raum zeigen kann. Das Erscheinen des Raums und das Dasein des Menschen gehören hier zusammen. In der Kunst gestaltet sich Raum in vielfältiger Weise. Es ist vor allem das architektonische Kunstwerk, das durch Räumlichkeit bestimmt ist. Die Verschränkung von Außenraum und Innenraum verbindet sich in ihm mit der Materialität der Mauern. Man kann diesen Raum nicht unabhängig von unserem Darinsein erfassen. Die räumliche Struktur des Gebäudes erschließt sich, indem wir es durchschreiten und uns darin aufhalten, indem wir es von außen betreten oder aus ihm herausgehen. Seine plastische Gestalt in der Umgebung zeigt sich von verschiedenen Blickpunkten je verschieden; es entfaltet sich, indem wir in ihm verweilen oder es umschreiten. So ist das Werk auf die Zeugen angewiesen. Es lebt in dem, was sich in ihm abspielt. Das bedeutet aber zugleich, daß das Werk uns einen Platz zum Da-Sein einräumt, es gibt uns einen Ort, zu existieren und in ihm präsent zu sein.

Verschiedene architektonische Räume konstellieren eine je verschiedene Art des Darinseins. So zieht uns der Zentralbau gleichsam in seine konzentrische

Mitte. In ihm verdichtet sich der Raum und damit zugleich unsere Gegenwart. Dabei kann sich diese menschliche Gegenwart mit der göttlichen verbinden, wenn dieser Raum zugleich als eine Wohnung der Götter oder des Göttlichen erfahren wird, wie in Rundtempeln und manchen Rundkirchen. Es ist aber die Zentralität des Raumes überhaupt, das Sich-Gestalten eines Mittelpunktes, von dem her sich die Welt ordnet, was diese Rundbauten auszeichnet. Sie haben ihre Magie durch die Identität von Innen und Außen, weil auch die Außengestalt eines Zentralbaus den umgebenden Raum auf sich ausrichtet, ihm einen Mittelpunkt verschafft und zum Beispiel einem Platz, auf dem ein solches Gebäude steht, eine eigentümliche Weihe und Feierlichkeit gibt.

Man mag in diesem Zusammenhang an Einsichten der Tiefenpsychologie von Carl Gustav Jung denken, der in Rundbauten und kreisförmigen Gebilden, im biblischen Bild des himmlischen Jerusalem und im tibetanischen Mandala mit seiner Betonung der Mitte ein Symbol sah für das Suchen und das Finden der Mitte in der eigenen Existenz. Aber was ist ein Symbol? Das Geheimnis dieser Mandala-Figuren, in die man sich in der Meditation versenkt, das Geheimnis der Zentralbauten und Rundtempel ist gerade dies, daß sie sowohl der Mittelpunkt des eigenen Lebens und der Existenz dessen sein können, der in ihnen verweilt, wie auch der Mittelpunkt, der Bezugsort der Welt selbst. Es ist ja nicht nur das Geheimnis der Psyche und des Selbst, das sich hier ausdrückt, sondern eben zugleich das Geheimnis des Raums und der Welt überhaupt. Der Raum, mag er auch unendlich und unausschöpfbar sein, ist doch als solcher ein einer und einziger, in dem alles, was ist, zu einer faszinierenden Einheit zusammengeschlossen ist.

Ganz anders erfahren wir den Raum, wenn wir lange Gänge durchschreiten, Zimmerfluchten, in denen sich Räume hinter Räumen erschließen, wenn wir Fassaden abschreiten, die durch die Reihung von Säulen zu einer uns weiterleitenden Flucht werden. Auch die Tiefenwirkung vieler christlicher Kirchen gehört hierher, die durch ihre Ausrichtung auf den Altar den, der in ihnen weilt, auf dieses Ziel hin in Bewegung setzen. Raum ist hier Tiefe und Bewegung, dynamischer Bezug und Perspektive. Diese Magie der Raumtiefe gestaltet sich aber nicht nur in der Architektur, sondern vor allem auch in der perspektivischen Malerei der Neuzeit. Ihr Zauber liegt darin, daß die räumliche Tiefe in der Fläche der Leinwand eingefangen ist. Während wir im architektonischen Raum in die Tiefe, die er eröffnet, eintreten können, lockt uns das perspektivische Bild mit dem Auge in diese Tiefe hinein, ohne daß wir sie leiblich betreten können. Es ist eine Anweisung auf Bewegung, eine Verheißung für den Betrachtenden. Im perspektivischen Bild erhalten die Dinge ihre eigene räumliche Ordnung, in der sie zugleich auf den Standpunkt des Betrachters bezogen sind. Der Raum erweist sich hier als eine Einheit aus dem Akt des Betrachtens und der Tiefe, die den Blick in sich hineinzieht. Im perspektivischen Bild ist die Ordnung der Dinge auf unseren eigenen Standpunkt bezogen. Zugleich aber wird unser eigener geistiger und seelischer Standort durch die Anordnung der Dinge bestimmt, die wir anschauen und auf uns beziehen. Die Perspektive, in der wir schauen, und der Aspekt, in dem die Dinge sich zeigen, entsprechen einander. Diese Einsicht bildet den Leitgedanken in Carl Friedrich Graumanns »Phänomenologie und Psychologie der Perspektivität« (1960). Seelische Wirklichkeit ist immer auch die Wirklichkeit unseres Standorts in der Welt. Die Situation erschließt sich jedem je anders, gemäß seiner Perspektive.

Unser gemeinsames In-der-Welt-Sein beruht aber gerade auch in der Möglichkeit des Austauschens der Perspektiven. Daß man in die Perspektive des anderen eintreten, die Welt mit seinen Augen sehen kann, zeigt gerade die perspektivische Malerei der Neuzeit. In jedem perspektivischen Bild ist der Anblick des Wirklichen in einem ganz bestimmten Zeitpunkt und an einem ganz bestimmten Ort festgehalten – sei dieser nun real oder erfunden –, der dadurch zum absoluten Zeitpunkt und zum absoluten Ort wird. Das Bild erschließt uns eine neue Sicht auf die Wirklichkeit und gibt damit dem Sein eine neue Deutung. Denn Deuten besteht ja gerade darin, die Dinge in einer veränderten Perspektive erscheinen zu lassen. Alle Deutung ist Perspektivenverschiebung. Insofern ist jedes perspektivische Gemälde ein Akt der Weltdeutung, die zugleich unser Dasein deutet, wenn wir es betrachten und uns damit auf diese Welt beziehen.

Die Perspektive geht im Prinzip ins Unendliche des Horizontes, ob nun geschlossene Innenräume in ihr dargestellt sind oder die verdämmernde Atmosphäre einer Landschaft. Das Bild verweist uns auch auf das, was jenseits des Horizontes liegt. Es stellt immer die Welt als ganze dar, indem es einen Ausschnitt aus ihr liefert, der im Wesen der Perspektivität auf weiteres und immer weiteres verweist. Die Vielfalt der Verweisungen und Beziehungen, die im System der Perspektive eingefangen ist, tendiert immer zum Ganzen des Seins und der Welt. Im Perspektivischen Bild zeigt sich darum die Struktur des Bedeutens überhaupt. In vielen Barockkirchen weiten perspektivische Deckengemälde den Raum ins Transzendente und Metaphysische aus. Wirklichkeit und Bedeutung, Endliches und Absolutes werden hier zu einer Einheit. Die Realität des Geistigen und Transzendenten zeigt sich dabei als die Realität des Wirklichen überhaupt. Seelisches Sein ist nicht nur der Bezug zum Raum und zur Welt, sondern gerade, weil Raum und Welt unausschöpfbar, rätselhaft und geheimnisvoll sind, zugleich der Bezug zu ihrer Hintergründigkeit, zum Transzendenten und Numinosen. Gerade dies zeigt sich in der perspektivischen Malerei der Neuzeit, wenn man etwa an die Bilder Tintorettos oder Tiepolos und an die perspektivische Deckenmalerei in ungezählten Barockkirchen denkt. Es ist der Glanz und die Präsenz des Metaphysischen und Numinosen im wirklichen Raum, in der wirklichen Welt und im wirklichen Dasein, die sich hier darstellen und deren Geheimnis ebenso zur Wirklichkeit des Psychischen gehört wie das Rätsel der Innerlichkeit oder des Bewußtseins.

Die Hintergründigkeit und das Transzendieren des Raumes sind überhaupt für die barocke Architektur charakteristisch. Immer wieder vereint sich in ihr mit Perspektivität und Raumtiefe die Doppelpoligkeit der elliptischen und ovalen Raumform, die in sich eine ungeheure dynamische Spannung enthält. Durch den Aufenthalt in diesem Raum wird der Mensch in einen Bezug zum Transzendenten hineingenommen, das sich darin aber gerade als die Vertiefung und Ausschöpfung der realen Wirklichkeit erweist. Es geschieht uns in solchen Räumen ähnliches wie in der barocken Musik, die zugleich ungeheuer diesseitig ist und das Gegenwärtige zum Absoluten ausweitet. Man kann hier Seelisches und Räumliches, Inneres und Äußeres nicht wirklich trennen. Der Sprung, den es zu machen gilt, ist gerade der in das Erfassen dieser Einheit, die als solche die eigentliche Wirklichkeit des Psychischen ist. Ludwig Binswanger hat in seinem Aufsatz »Traum und Existenz« (^{2}1961), wie überhaupt in seiner Daseinsanalyse, etwas von dieser Einheit einzufangen versucht, wenn er darauf hinweist, daß die aufsteigende Bedeutungsrichtung im Psychischen, etwa die Heiterkeit eines aufsteigenden Gefühls, und das jubilierende Aufsteigen eines Vogels im Traum ein und dasselbe sind; so wie ja auch die Heiterkeit des blauen Himmels und die Heiterkeit des Gemütes sprachlich ursprünglich dasselbe sind.

Man könnte diese Beispiele der Räumlichkeit des Psychischen noch endlos fortsetzen und würde dabei zugleich in den Geist der Zeiten hineinkommen, die sich in diesen Räumen manifestieren. Die Kunstwerke würden einem auch als Spuren der seelischen Wirklichkeit vergangener Menschen erscheinen, die uns unmittelbar angehen und dabei unser eigenes räumliches Dasein in neuer Weise konstellieren. Je mehr man sich in die Räumlichkeit des Kunstwerkes vertieft, um so mehr muß einem zum Bewußtsein kommen, wie seelisches Dasein räumlich ist, weil unsere Wirklichkeit die Wirklichkeit des Seins im Raume ist. Dabei bilden das Sich-Erschließen des Raumes und seine Bedeutsamkeit stets eine Einheit. Bedeutung ist ja die Beziehung der Welt in ihrer Vielfalt auf den Punkt unserer Existenz im Raum, in der Zeit und im Sein überhaupt. Zugleich aber ist Deutung immer auch ein Sich-Zeigen des Seins und des Wirklichen, seelisches Sein ist ein Ort, wo die Welt als solche in ihrem Sein aufleuchten kann. Um dies zu erfassen, muß man sich nicht nur auf die räumlichen Strukturen der Architektur und Malerei einlassen, sondern auch dem Urphänomen der Farbe nachgehen, das alle Malerei bestimmt.

Was ist Farbe? Aristoteles hat in dem Verhältnis von Farbe und Licht in seiner Schrift »Über die Seele« (III,5) ein Gleichnis gesehen für das Verhältnis der Wirklichkeit und des sie erkennenden Geistes. So wie die Farben, um aufleuchten zu können, des Lichtes bedürfen, das auf sie fällt, so bedürfen die Dinge, welche der erkennende Geist berührt, des ursprünglichen Lichts des Geistes, in das sie dabei eintreten. Der schöpferische Geist ist die Helligkeit, in der alles erscheint, das Licht, in dem das Wirkliche sich als Wirkliches zeigen kann. In ähnlicher Weise hat in unserem Jahrhundert Edmund Husserl das elementare Erscheinen der Farbe, das Aufleuchten eines Rot schlechthin zum Beispiel, zum Urbild des Erscheinens gemacht, in welchem sich die Wirklichkeit des Wirklichen und das Sich-selbst-gegenwärtig-sein des Bewußtseins so berühren, daß das Sich-Zeigen des Seins und der Horizont der Psyche dabei letztlich ein und das Selbe werden. Im Kunstwerk kann die Farbe in einer Leuchtkraft eingefangen sein, die uns überwältigt. Ein strahlendes Blau, ein leuchtendes Rot und feine Nuancen und Schattierungen können so absolut gegenwärtig sein, daß ihre Wirklichkeit wirklicher ist als die alles anderen. Aber eben dadurch kommt die Farbigkeit der Welt überhaupt zum Vorschein. Das Kunstwerk gibt der Welt als ganzer einen neuen Glanz und damit unserem Dasein in dieser Welt einen neuen Sinn. Ähnliches gilt von dem Erklingen der Töne im musikalischen Kunstwerk. Hier ist reinste Gegenwart und Wirklichkeit, die in einem vielleicht noch höheren Maße als die Farbe zugleich seelische und weltliche Wirklichkeit ist, in der die Unterscheidung von Innen und Außen sich aufhebt (s. die Beiträge von P. M. Hamel in diesem Bd.).

LEIB

Da-Sein ist als solches Leib-Sein. Wir sind als Leib da, wir existieren leiblich. Der Leib ist nicht nur ein Instrument der Seele, sondern seelisches Sein ist die lebendige Wirklichkeit und Präsenz des leiblichen Lebewesens. Wir haben nicht nur einen Leib, sondern wir sind dieser Leib. Leiblichkeit ist darum ein wesentlicher Aspekt des Psychischen. Dieser Satz verlangt von uns ein Umdenken gegenüber der cartesianisch geprägten Psychologie, welche das Psychische gerade durch seine Unterschiedenheit vom Leibe, durch seine Andersartigkeit definiert. Was es bedeutet, daß Dasein Leib-Sein ist, das kann uns wiederum in besonders evidenter Weise am Kunstwerk sichtbar werden. Hier sind es vor allem Plastik und Bildhauerei, aber auch der Tanz, die diese Identität unseres Wirklichseins mit dem Leibe deutlich machen.

Plastik und Malerei haben durch die Jahrhunderte hindurch immer wieder den menschlichen Körper dargestellt. Es sind elementare Grundhaltungen des Daseins, wie Stehen, Liegen oder Bewegung, die sich darin verwirklichen. Im ruhigen Dastehen archaischer Plastiken ist der Leib dem Sein und der Welt in anderer Weise ausgesetzt als in der ausgewogenen Haltung der griechischen Klassik, die das Gewicht auf Stand- und Spielbein verteilt und durch die Harmonie des Eingefügtseins in den umgebenden Raum gekennzeichnet ist. Wieder anders gestaltet sich das Verhältnis des Leibseins zur Welt in der Figura serpentinata des Manierismus und des Barockzeitalters, jenem geheimnisvollen in den Raum Hineingedrehtsein, in welchem die Achsen der Füße, der Hüften und der Schultern und die Blickrichtung des Kopfes so zueinander verschoben sind, daß sie je verschiedenen Richtungen des Raumes frontal entgegenstehen. Man braucht nur diese Haltung nachzuvollziehen, um zu erleben, in welcher Weise hier der Leib in den Raum verwoben ist.

Jeder dieser Haltungen korrespondiert eine je anders sich zeigende Welt; Leib und Raum bilden eine Einheit. Der Figura serpentinata korrespondiert eine hintergründige Welt, die Gustav René Hocke mit dem Titel »Welt als Labyrinth« (^{12}1976) bezeichnet hat. Das aufgerichtete Dastehen archaischer Plastik ist der elementaren Welt des Numinosen ausgeliefert. Der Ausgewogenheit des Klassischen korrespondiert eine harmonische Welt. Was sich zugleich in allen diesen Haltungen zeigt, ist, daß Da-Sein Leib-Sein ist. Wir können unser eigenes Sein in diesen Gestalten konstelliert finden. Dabei verbindet sich menschliches Leibsein zugleich mit dem Göttlichen, wenn diese Bildwerke Göttergestalten darstellen. Es ist die Numinosität des Leibes, seine undurchschaubare und unausschöpfbare Einmaligkeit, die hier zum Sitz des Göttlichen wird. Besonders deutlich wird dies an dem elementaren Dasitzen ägyptischer Göttergestalten, die eine Welt um sich sammeln. Martin Heidegger hat in seinem Aufsatz über den »Ursprung des Kunstwerkes« (^{5}1972) gezeigt, wie sich durch die Errichtung des Werkes Welt erschließt und Göttliches mit Menschlichem verknüpft wird. Zugleich läßt das Werk die Verborgenheit und Dunkelheit des tragenden Grundes hervorkommen, auf dem es steht. In der wuchtigen Schwere des Da-Liegens der »Liegenden Figuren« von Henry Moore zeigt sich die tragende Kraft der Erde. Zugleich gestaltet sich in diesen Plastiken das Verhältnis von Innenraum und Außenraum, von Leibesinnerem und Gestalt. Leib und Landschaft gehen hier ineinander über, so wie wir in manchen Geburtsträumen aus geheimnisvollen und verborgenen Höhlen unter der Erde in das Licht der Welt hervorkriechen.

Der lastenden Schwere des Da-Liegens korrespondiert in manchen Gemälden von Tintoretto und Veronese und in der Deckenmalerei Tiepolos und des Barockzeitalters das geheimnisvolle Schweben des menschlichen Leibes, in welchem die Schwerkraft aufgehoben zu sein scheint, wodurch sie zugleich gerade in ihrem Wesen hervorkommt. Diese schwebenden Figuren, die auf der einen Seite so ganz Leib sind und auf der anderen Seite den Glanz und die Dämonie des Numinosen heraufbeschwören, offenbaren etwas vom Geheimnis der Leiblichkeit. Durch sein Leibsein ist der Mensch den Dingen und der Materie verbunden. Er ist selbst ein Stück der Welt und der Natur. Auch wo die Bildhauerei und Plastik nicht den menschlichen Leib, sondern ein Ding schlechthin gestalten, das nicht mehr etwas Gegenständliches darstellt, wie in vielen Werken der modernen Plastik, lebt doch in ihnen das Geheimnis des Leibseins fort, weil wir als leibliche Wesen an der Dinglichkeit alles Natürlichen teilhaben.

Neben der Plastik ist es vor allem der Tanz, in welchem sich die Leiblichkeit nicht nur darstellt, sondern selbst verwirklicht. Was erleben wir, wenn wir tanzen? Wir beschwören mit unseren Gesten und Bewegungen den Raum, wir vollziehen unser Dasein, wir sind in einer anderen und elementareren Weise da als sonst. Im Tanz zeigt sich, daß Dasein Vollzug ist. Unser Leibsein wird ganz zu sich selbst und zugleich in Bezug zu den Mittanzenden gebracht. Wir sind einander konfrontiert und unsere Bewegungen korrespondieren einander und beantworten sich. Im Tanz sind in einer schwer ausschöpfbaren Weise Sinn und Ausdeutung der Welt und des Wirklichen enthalten. Aber dieser Sinn liegt nicht in der Darstellung und Abbildung von etwas, sondern im Vollzug der Bewegung selbst, im spielenden Hin und Zurück, Miteinander und Gegeneinander. Er liegt in der Feierlichkeit und im Rituellen der Figuren. Der Tanz hat seinen Sinn in sich selbst, er ist eine Zelebrierung des Daseins. Im Tanz verbinden sich Leibsein und Gestaltung des Raumes, Bewegung und Musik miteinander, in ihm kommt zugleich das Wesen der Zeitlichkeit des Seins und des Menschen zum Ausdruck.

ZEIT

Alles Seelische ist zeitlich. Die Zeit ist ebenso wie die Leiblichkeit und Weltlichkeit eine Wesensdimension des Psychischen. Auch hier bildet die Kunst einen elementaren Zugang zum Wesen des Menschen, weil sie die Zeit in einer ursprünglicheren und unmittelbareren Weise da sein und sich ereignen läßt. Das gilt nicht nur vom Tanz, sondern vor allem von der Musik. Das musikalische Kunstwerk ist nur in der Zeit, im Nacheinander da. Aber es hält das jeweils schon Vergangene, die eben verklungenen Töne und Melodien, und das Zukünftige, in das es sich fortsetzt, im gegenwärtigen Augenblick seines Erklingens zusammen. Schon jeder einzelne Ton braucht, um zu erklingen, Zeit. Das musikalische Kunstwerk gestaltet die Zeit und läßt sie dabei als solche da sein. Es nimmt uns, indem wir es hören oder spielen, in seine eigene Zeit hinein und verbindet uns mit der Fülle der Zeiten, indem es zugleich über den Augenblick hinaushebt und gleichsam zeitlos ist. Das wird besonders deutlich, wo Werke aufgeführt werden, die aus vergangenen Epochen und Jahrhunderten stammen. Hier ist das jetzt gegenwärtig und aktuell, was vor Hunderten von Jahren die Menschen angesprochen hat und damals das Fällige war. In einer geheimnisvollen Weise wird der Abstand der Zeiten überbrückt und die Geschichtlichkeit des Menschseins kommt zum Vorschein. Diese Geschichtlichkeit besteht nicht in einer Rekonstruktion des Gewesenen, sondern in dem unmittelbaren Angesprochensein von dem Selben, das damals schon sich ereignet hat. Solches erleben wir zum Beispiel, wenn wir heute barocke Musik hören und sie uns in unserer Gegenwart anspricht.

An der Musik wird deutlich, daß Kunst Ereignis ist, und darin zeigt sich zugleich der Ereignischarakter menschlichen Lebens und menschlicher Geschichte überhaupt. Hans Georg Gadamer ist in seinem Buch »Wahrheit und Methode« (⁴1975) bei der Analyse des Kunstwerkes von derjenigen Art von Kunstwerken ausgegangen, die zu ihrem Sein der Aufführung bedürfen, wie der Musik, dem Schauspiel und dem Tanz. Es geht darum, zu begreifen, daß Sein überhaupt Vollzug ist, nicht nur das menschliche Dasein in seiner Endlichkeit, sondern die Wirklichkeit der Welt und der Natur und alles Seienden schlechthin. Der Sinn, der sich im Kunstwerk vollzieht und der in ihm wohnt, ist darum nicht nur symbolisch, sondern existentiell. Er liegt in der Teilhabe am Wunder des Seins.

Gadamer geht in seiner Analyse des Kunstwerkes vom Wesen des Spiels aus, denn Kunstwerke, die zu ihrem Sein der Aufführung bedürfen, müssen ja gespielt werden. Was ist das Wesen des Spiels? Es ist nicht nur Ausdruck von etwas Innerem, das in uns vorgeht, es ist überhaupt nicht nur eine Sache, die uns als Einzelne angeht, sondern das Spiel verbindet uns in seinem gemeinsamen Geschehen, es nimmt uns in seine Spielbewegung hinein und läßt uns darin ursprünglicher und elementarer da sein und gegenwärtig sein. Das Subjekt des Spiels ist nicht der einzelne Spielende, sondern das Spiel ist selbst das Subjekt des Spiels, es wird gespielt, es ereignet sich, es wird vollzogen und zelebriert. So wurzelt der Vollzug des Spiels letztlich im religiösen Kultspiel. Das Spiel spielt die Gegenwart des Göttlichen, es vollzieht seine Erscheinung und beschwört das Dasein der Götter, es ordnet die Welt in Bezug auf etwas Absolutes. Aber dieses Absolute, das sich in der Gestalt von immer anderen Göttern darstellt, ist eigentlich das Sein, die Wirklichkeit selbst, das Geheimnis des Augenblicks, welches verwoben ist mit dem Schleier der Vergangenheit und der dunklen Verheißung der Zukunft. Gerade in der Kunst, die gespielt wird, wird es offenbar, daß wir Zeugen sind eines größeren Ereignisses, daß wir einbezogen sind in einen größeren Zusammenhang, den Zusammenhang der Wirklichkeit, der sich für uns als Geschichte vollzieht.

Der Weg in eine Psychologie der Kunst, den wir hier zu beschreiben versuchen, ist nicht der Weg des Psychologismus, es geht nicht darum, Kunstwerke psychologisch oder biographisch zu erklären, sondern es geht eher umgekehrt darum, das Wesen des Psychischen vom Wesen der Kunst her zu verstehen. Kunst ist ein Zugang zum Wesen des Menschen, weil sie uns seine Räumlichkeit, sein Leibsein, seine Zeitlichkeit und Gemeinsamkeit in unmittelbarer Weise anschaulich werden läßt, weil sie uns deutlich macht, daß Seele die Wirklichkeit des Existierens ist. Kunst erschließt uns den Glanz und die Heiterkeit des Seins, die Evidenz des Wirklichen.

LITERATUR

ARISTOTELES: De anima. Oxford: Clarendon 1963. Deutsch: Über die Seele. Zürich: Artemis 1950

BINSWANGER, L.: Traum und Existenz. In: Ausgewählte Vorträge und Aufsätze, Bd. 1. Bern: Francke ²1961, 74–97

GADAMER, H. G.: Wahrheit und Methode. Tübingen: Mohr ⁴1975

GRAUMANN, C. F.: Grundlagen einer Phänomenologie und Psychologie der Perspektivität. Berlin: De Gruyter 1960

HEIDEGGER, M.: Sein und Zeit. Tübingen: Niemeyer ¹³1976

Der Ursprung des Kunstwerkes. In: Holzwege. Frankfurt: Klostermann ⁵1972, 7–68

HOCKE, G. R.: Die Welt als Labyrinth. Reinbek: Rowohlt ¹²1976

HUSSERL, E.: Die Idee der Phänomenologie. In: Ges. Werke 2. Haag: Nijhoff ²1973

JUNG, C. G.: Psychologie und Alchemie. Olten: Walter 1975

USLAR, D. v.: Die Wirklichkeit des Psychischen. Pfullingen: Neske 1969

Psychologie und Welt (1972). Zürich: W. Classen 1977

Die anthropologischen Quellen der Religion

Von Detlev v. Uslar, Zürich

Es geht in einer Psychologie der Religion darum, das Phänomen des Religiösen, das seit Jahrtausenden zum menschlichen Sein gehört, aus dem Wesen des Menschen heraus zu verstehen. Zur Natur des Menschen gehört es, daß in seinem eigenen Sein immer wieder etwas geschieht, wodurch er über sich selbst hinaus gebracht wird und in Beziehung gerät zu etwas unheimlich anderem und Überraschendem in ihm selbst und im Sein der Welt. Dieses andere, das wir als das Absolute, das Göttliche und Numinose erfahren, übt eine ungeheure Anziehungskraft auf uns aus, wie ein Strudel, der uns in sich hineinzieht. Es hat darum mit Lust und Faszination zu tun, zugleich aber ist es immer auch etwas Erschreckendes und Furchtbares, etwas Angsterregendes und Dämonisches. Das Geheimnis des Religiösen liegt vielleicht gerade in der unheimlichen Identität des Faszinierenden und Erschreckenden. Es liegt darin, daß das Göttliche oder die Mächte in der Tiefe der Welt und der menschlichen Psyche gleichzeitig uns in den Bann ziehen und Lust erregen, uns faszinieren, und auf der andern Seite uns erschrecken, ein furchtbares Antlitz zeigen und uns erzittern lassen. Rudolf Otto hat in diesem Sinne das Numinose als mysterium fascinosum und mysterium tremendum bezeichnet.

165

Es geht in dieser Betrachtung darum, Orte im menschlichen Sein aufzuzeigen, wo die Welt sich selbst transzendiert, wo das Absolute und Numinose in die menschliche Existenz einbricht oder aus dieser hervorbricht. Das geschieht vor allem immer wieder dort, wo gleichsam die Rechnung nicht aufgeht, wo etwas den Rahmen sprengt und die Situation unverfügbar macht. Ein Beispiel dafür ist das Ereignis der eigentlichen Begegnung, die uns aus dem Kreis des Berechenbaren herausreißt und in der wir vom Sein des Du unmittelbar angesprochen und herausgefordert werden. Auch in dem Absolutheits- und Totalitätsanspruch der Lust und der Libido, in der unser Sein zum Absoluten ausgeweitet wird, liegt eine der Quellen des Religiösen, die sich in dionysischen Kulten manifestieren kann. Daneben hat auch der Bereich des Aggressiven und Zerstörerischen im Menschen eine unheimliche und schwer entwirrbare Beziehung zum Absoluten. Das zeigt sich auch im Gegenbild der Aggression, der Schuld und dem Gewissen. Aber die anthropologischen Ursprünge des Religiösen liegen nicht nur in den Dingen, die gleichsam in der Tiefe unserer Seele geschehen, sondern ebensosehr in unserem Bezug zur Welt, die uns den Grund und Boden unseres Daseins einräumt. Darum können Boden und Raum heilig sein. Der Erdboden, den man nur mit nackten Füßen berühren darf, und die heiligen Räume, die in ihren geometrischen Urformen das Geheimnis des Numinosen umschließen. Auch Ding und Materie, die Mauern, die wir mit unseren Händen tasten, die Steine, die wir berühren können oder nicht berühren dürfen, werden zu einer Quelle des Religiösen im Menschen, der in seinem Sein die Materialität und Dinglichkeit mit allem anderen Seienden teilt. Damit zusammen hängt die Endlichkeit unseres Daseins und die Numinosität des Todes. Aber das Sein zum Tode, das Heidegger

166

in „Sein und Zeit" aufgezeigt hat, führt zugleich zu einer ungeheuren Betonung des Daseins und des Jetzt und Hier, weil im Nichts das Sein hervorkommt. Menschliches Sein ist ganz und gar in das Wesen der Zeit verwoben. Der Augenblick ist Ewigkeit, aber die unergründliche Herkunft und Zukunft der Zeit sind zugleich auch die Jahrtausende hindurch ein Eingang des Rätselhaften und Unerforschlichen in die menschliche Existenz gewesen. Eine der wesentlichen Quellen des Religiösen liegt darum in der Zeitlichkeit des Menschen und in seinem Angerührtsein vom unheimlichen Wesen der Zeit.

Seelisches Sein erschöpft sich nicht in Innerlichkeit und Bewußtsein und auch nicht im Unbewußten, sondern unser Dasein ist weltlich und zeitlich. Die Welt als der Ort, in dem wir sein können, und der in sich unendlich und nicht zu Ende zu denken ist, ist darum der Umkreis, aus dem das Numinose auf uns zukommt. In der Frage nach der Welt als ganzer und nach der Natur als Quelle alles Wirklichen, in Fragen also, die seit Jahrtausenden die Philosophie beschäftigt haben, liegt eine der wesentlichen Quellen des Religiösen, weil hier unser Geist sich selbst transzendiert und in eine Beziehung zum Unendlichen, Absoluten und Einen gerät. Dies hat vor allem die Philosophie Spinozas gezeigt. Aber dasselbe Absolute, das Spinoza in der göttlichen Natur fand, zeigt sich zugleich in der Einheit und unausschöpfbaren Tiefe des Ich, in welchem sich die Einheit des Seins und der Welt zeigen und offenbaren kann, indem sie zum Bewußtsein kommt. Die Frage nach dem unausschöpfbaren Grund des Ich, das Erstaunen vor dem Wesen des Selbstbewußtseins, das die Philosophie von Schelling belebt, sind darum in derselben Weise eine Quelle des Religiösen, wie das Erstaunen und Erschauern vor der Welt. Die Frage nach dem Grund des Ich, der Tiefe, aus der das Bewußtsein aufspringt, führte Schelling zum Gedanken des Unbewußten. Das Unbewußte als der geheimnisvolle und uns allen gemeinsame Grund des Seins hinter unserer Existenz war für C. G. Jung der eigentliche Quellpunkt des Numinosen. Aber weil wir dieses Unbewußte nicht kennen, zeigt es sich uns von außen, kommen uns die Götter aus der Tiefe der Welt entgegen. Es bleibt aber die Frage, wie die Tiefe des Seins im Hintergrund unserer eigenen Existenz und unseres Bewußtseins und die Tiefe des Seins im Hintergrund der Welt miteinander zusammenhängen, und ob sie nicht dasselbe sind.

Ich möchte jetzt den hier skizzierten Phänomenen im Einzelnen nachgehen, um darüber nachzudenken, wie sie zu Quellen des Religiösen in der menschlichen Existenz werden. Seelisches Sein ist nicht beschränkt auf die Innerlichkeit des Bewußtseins, auf das, was wir erfahren, wenn wir einsam in die Tiefe unseres eigenen Ich hineinhorchen. Zur eigentlichen Lebendigkeit des seelischen Geschehens gehören ebenso unsere Begegnungen und unser Miteinandersein. Seelische Wirklichkeit ist also auch die Wirklichkeit der Vielfalt und Fülle zwischenmenschlicher Beziehungen. Der Punkt aber, wo diese Beziehungen ihre höchste Intensität erreichen und aus dem sie zugleich sich eigentlich speisen, nämlich die ursprüngliche zwischenmenschliche Begegnung, ist gleichzeitig einer der wesentlichen Quellpunkte des Religiösen in uns. Wenn wir uns überlegen, was eigentlich geschieht, wo wir einem Menschen wirklich im eigentlichen Sinne begegnen, dann wird es deutlich, daß eine echte Begegnung etwas ist, was man nicht vorausberechnen und planen kann, obwohl man sich darauf vorbereiten oder es herbeisehnen kann. Man wird von diesem Ereignis überfallen, es verändert plötzlich unsere ganze Situation und reißt uns heraus aus dem Zusammenhang berechenbarer

Zwecke, aus dem Zusammenhang des Gewohnten, in dem wir leben. Wir werden von diesem Ereignis überfallen, und das Du, das uns begegnet, begegnet uns nicht als jemand, den wir berechnen oder über den wir verfügen können, überhaupt nicht als etwas, was man objektivieren und vergegenständlichen könnte, sondern es begegnet uns in einem faszinierenden und beschenkenden, zugleich aber unheimlichen und irgendwie dämonischen Glanz. Es geht aus dem Sein des Du ein Licht aus, das alles überstrahlt und unsere Situation verändert. Zugleich aber erscheint uns darin dieses Du als ein unheimlich anderer. Die Vertrautheit des Du steht in einer Beziehung zu seiner Unausschöpfbarkeit. Vom Du geht in der Begegnung ein Anspruch an uns aus, dem wir gerecht werden müssen, und dem wir im Grunde nicht gerecht werden können.

Was ist es eigentlich, dem wir hier begegnen? Ist es dieses bestimmte Du mit seinen bestimmten Eigenschaften, oder was in ihm ist es? Es ist eigentlich nicht dieses einzelne Du in seinen festgelegten Eigenschaften. Vielleicht gibt es die festgelegten Eigenschaften auch gar nicht, denn jeder Mensch ist ja unerschöpflich, es ist irgendwie dieses Du in seiner Existenz, in seinem Sein, das uns hier anspricht. Man muß noch einen Schritt weitergehen und sagen: Es ist eigentlich das Sein selbst, das uns hier in diesem Du aufleuchtet. Heidegger hat gezeigt, daß wir gerade da begreifen, was Sein ist, wo wir am entschiedensten auf unser eigenes Sein zurückgeworfen werden, nämlich in der Auseinandersetzung mit der Möglichkeit unseres eigenen Nichtseins, unseres Todes. Denn hier verhalten wir uns ganz zu unserem Sein selbst. In einer damit verwandten Weise verhalten wir uns in der eigentlichen Begegnung zur Wirklichkeit des Du, zu seinem Sein selbst, weil dieses uns so anspricht, daß dabei aufleuchtet, was überhaupt Sein ist. Mit den Worten Martin Bubers kann man sagen, daß wir in jeder Begegnung in dem einen Du, dem wir begegnen, einem oder dem absoluten Du begegnen, dem Du schlechthin, das uns hier anspricht und etwas von uns fordert. Hier besteht zugleich eine große Ähnlichkeit zu der Art und Weise, wie Paulus im Römerbrief die Beziehung des Menschen zu Gott schildert. Für Paulus ist Gott ein absolutes Du, das uns durch seine Existenz mit einem ungeheuren Glanz beschenkt und zugleich blendet, dessen Geschenk wir nicht gerecht werden können und vor dem wir nicht bestehen können. Es ist der Grundgedanke der Paulinischen Rechtfertigungslehre, daß der Mensch nicht jemand ist, der vor diesem absoluten Du bestehen kann. Dabei ist der Anspruch, der aus diesem göttlichen Du ausgeht, identisch mit dem Geschenk, daß er sich überhaupt dem Menschen zuwendet. Es bestehen hier Zusammenhänge zwischen der Paulinischen und der Jüdischen Theologie. Paulus war ja, ehe er der begründende Denker des Christentums wurde, ein jüdischer Theologe. Es handelt sich also hier letzten Endes um eine gemeinsame Tradition des Judentums und des Christentums.

Es gehört zur Natur des Menschen, daß er in seiner Existenz, in seinem Sein, immer wieder in jeder echten Begegnung im Du etwas Absolutem begegnet, das seine endliche Wirklichkeit überschreitet. Für eine Psychologie der Religion stellt sich hier folgende Frage: Ist das Göttliche, ist der Gott eigentlich noch etwas, das jenseits der Absolutheit liegt, die schon zum Wesen der Begegnung selbst gehört, oder ist das Bild eines Gottes, das sich die Menschen machen, in Wirklichkeit nur die Projektion jener Absolutheitserfahrung, die zum Wesen menschlicher Begegnungen gehört? Gibt es einen Gott jenseits des Du, oder ist das Absolute in jedem Du, das uns wahrhaft begegnet, dasjenige, worum es hier eigentlich geht? Für Thomas von Aquin ist das Göttliche nur nach der Analogie des Seienden zu begreifen. Aber in Gott sind die Eigenschaften, die wir am Seienden erfahren, in unendlich eminenter Weise wirklich. So wäre also die Begegnung nur eine Analogie, nur ein Symbol für das Göttliche, wir könnten das, was sie ist, nur aus dem Wesen des Göttlichen angemessen verstehen. Umgekehrt aber kann man auch sagen, daß die Vorstellung einer göttlichen Person, oder der Personalität Gottes, eben nur ein Versuch des Menschen ist, in seiner Form und in seinen Denkmöglichkeiten die Erfahrung des Absoluten auszudrücken, die sich in der Begegnung ereignet. Es ist aber die Begegnung mit diesem konkreten Menschen, in der in Wahrheit das Absolute wohnt. In psychologischer Terminologie würde man sagen, daß das Bild des Gottes nur eine Projektion ist, in der wir versuchen, der unbewußten und unausschöpfbaren Begegnung Herr zu werden. Die Frage lautet also: Ist die Begegnung nur eine Analogie des Göttlichen oder ist das Göttliche nur eine Projektion aus der Erfahrung der Begegnung? Ich glaube aber, daß der Unterschied zwischen beiden Antworten nicht so groß ist, wie es scheint, denn was ist eine Projektion, und was ist Analogie? Das Gemeinsame in beiden Antworten ist die Erfahrung eines Absoluten, das sich nicht wirklich fassen läßt. In der einen Antwort ist dieses Absolute das Wesen der Begegnung, das Götterbild nur ein Versuch, diesem Absoluten gerecht zu werden. In der anderen Antwort ist das Absolute das Göttliche, die Begegnung nur sein Gleichnis. Aber eben dies, ein Gleichnis zu sein, ist wiederum das Gemeinsame. Die Götter ein Gleichnis der Begegnung, die Begegnung ein Gleichnis der Götter. Gerade die Erfahrung von etwas, das eminent alle Endlichkeit übersteigt, ist die Urerfahrung der Begegnung. Es ist die Erfahrung der Grenzenlosigkeit.

Ganz ähnliche Beziehungen zeigen sich, wenn wir uns anderen Quellen des Religiösen im Menschen zuwenden. Auch im Bereich der geschlechtlichen Lust, der Libido und der Triebhaftigkeit, erfährt der Mensch, daß in seiner Existenz etwas ist und sich ereignet, das den Rahmen der Situation sprengt, das mit einem Absolutheitsanspruch auftritt und in sich selbst einen Bezug zum Absoluten, einen Drang zum Ganzen und Totalen hat. Sigmund Freud hat in der Erfahrung der Lust eines der Grundprinzipien allen seelischen Geschehens gesehen. Die Erfahrung der leiblichen Lust ist durch eine Art von absoluter Evidenz gekennzeichnet. Sie ist etwas, das den Menschen als ganzen ergreift, sie ist durch und durch leiblich und doch immer zugleich auch eine geistige Erfahrung, nicht eine gedankliche oder rationale, sondern ein absolutes Überzeugtwerden von dem, was uns hier ausfüllt. Das Leibsein transzendiert sich selbst in der Lust und weitet sich zur Erfahrung von etwas Absolutem aus, das, wenn es da ist, alles ist und alles sein will und gleichsam immer sein will. Friedrich Nietzsche hat das in seinem Zarathustra ausgedrückt mit den Worten: „Denn alle Lust will Ewigkeit, will tiefe, tiefe Ewigkeit." In der Absolutheitserfahrung der Lust liegt eine der wesentlichen Quellen des Religiösen im Menschen. Es ist ein Bezug zum Totalen und zum Ganzen und Unberechenbaren, ein Ort, wo sich in unserer Existenz etwas ereignet, das das einzelne Individuum überschreitet. Das Leben der Art lebt ja von der Libido, wenn es sie nicht gäbe, würde keiner von uns existieren, es würde keine Menschen auf dieser Welt geben. Die Libido ernstnehmen, heißt also, eine wesentliche Seite der menschlichen Existenz und der Natur alles Lebendigen auf der Erde überhaupt ernstzunehmen. Im Denken Sigmund Freuds, der hinter allen Äußerungsformen menschlichen Lebens die Kraft der Libido im Spiel gesehen hat, ist der Trieb im Grunde etwas Heiliges und keineswegs eine banale Sache, mit der man alle Dinge wegerklären kann. Es ist gerade der Zug zum Absoluten und Ganzen in der Triebhaftigkeit menschlicher Existenz, den Freud gesehen hat. Auch im Bereich der Libido zeigt sich die Zweiseitigkeit des Numinosen, das Rudolf Otto als Einheit des Faszinierenden und des Dämonisch-Angsterregenden bezeichnet hat. Zum Wesen der Libido gehört es ja, daß sie ganz und gar erfüllt ist von Faszination. Eben das ist es, was man mit dem Ausdruck ‚Lust' bezeichnet. Ebensosehr gehört es aber zu ihr, daß sie abgründig, dämonisch und unheimlich ist. Sie wirft uns aus der Bahn und läßt uns über alle unausschöpfbaren Tiefen schweben, sie überfällt uns mit furchtbarer Gewalt und ist gerade als fascinosum von der Unheimlichkeit des tremendum, des Furchtbaren und Erzitternlassenden durchzogen, und umgekehrt, gerade als Furchtbares ist sie faszinierend. Diese Quelle des Religiösen manifestiert sich vor allem in dionysischen Religionen.

So wie die Libido in sich selbst zweigesichtig ist, ein fascinosum und tremendum zugleich, so ist das Triebleben überhaupt zweigesichtig. Dies hat Freud in der späteren Entwicklung seines Denkens zum Ausdruck zu bringen versucht, indem er neben dem Lustprinzip den Todestrieb im menschlichen Handeln und Leben im Spiel sah. Auch die menschliche Aggressivität zeigt eine oft erschreckende Beziehung zum Religiösen. Die Geschichte der Opfer in ungezählten Religionen ist durchzogen von einem Hang zum Zerstörerischen, der sich auch in der Heftigkeit von Religionskriegen auswirkt. Es wohnen ungeheure Kräfte in der Tiefe des Menschen, die wir immer nur erahnen können und die immer wieder unsere Existenz aufzusprengen drohen. Auch in der Aggression erfahren wir etwas, das uns selbst transzendiert. Es ist ein Reich, in dem der Mensch dem Furchtbaren begegnet, das doch zugleich eine dunkle Faszination auf ihn ausübt. Dies spiegelt sich in der Einheit des Furchtbaren und des Faszinierenden im Göttlichen, die im christlichen Glauben als Einheit des verborgenen Gottes, des deus absconditus, des furchtbaren Richters, der am letzten Tag die Menschen zum Gericht aufruft, mit dem gnädigen und beschenkenden Gott lebendig ist. Auch die Fürchterlichkeit der Schuld, die der Mensch dem Göttlichen gegenüber empfindet, steht in einer geheimen Verbindung zu der wütenden Kraft der Aggressionen gegen eben dieses Göttliche. Sigmund Freud hat gezeigt, daß in der Tiefe des Menschlichen und seiner Triebhaftigkeit das Furchtbare und Zerstörerische, das er mit dem Wort ‚Todestrieb' benannte, in einer unergründlichen Weise mit dem Verlockenden und Schönen verknüpft ist, das er mit den Worten ‚Libido' und ‚Lust' bezeichnete. Die Gefahr der menschlichen Aggression ist gerade dann am größten, wenn sie sich von dieser Verbindung mit der Libido löst. Haß und Aggression können nur durch Libido und Liebe überwunden werden. Nur die Urbeziehung zum Sein kann stärker sein als diejenige zum Nichts. Auch Spinoza hat in seiner Ethik gesehen, daß Haß vor allem durch Liebe überwunden werden kann, und daß diese Liebe eine besonders intensive und große werden kann.

Die Gewalt der Triebe gehört zu jenen Quellen des Religiösen, die gleichsam ganz in unserer Tiefe zu liegen scheinen. Aber seelisches Sein ist nicht nur Innerlichkeit, ist nicht nur das, was in uns vorgeht, sondern es ist immer zugleich ein Sein im Horizont der Welt und der Zeit. Dasein ist Auf-der-Welt-Sein. Die Welt ist immer das, was uns Boden und Raum zur Existenz gibt. Die Erde, auf der wir stehen, ist wie eine absolute Bedingung des Existieren-Könnens überhaupt. Von da her kann man die Heiligkeit des Bodens verstehen, den unser Fuß berührt, die Erscheinung von heiligen Bezirken und Orten in so vielen Religionen überhaupt. Besonders deutlich wird die Heiligkeit des Bodens in der Geschichte von Moses am Dornbusch, wo es heißt: „Ziehe Deine Schuhe aus, denn der Boden, auf dem Du stehst, ist heilig." In einer Fülle von Religionen gibt es heilige Bezirke, Tempelbezirke, heilige Haine, in denen das Göttliche oder die Götter wohnen. In manchen Religionen sind ganze Landschaften in diesem Sinne heilig. Es gibt Götter der Quellen und Flüsse und der Berge. In der chinesischen Religion ist die Erde als ganze heilig, und China als das Reich der Mitte gleichsam das Zentrum dieses heiligen Bereichs. In dem allem spiegelt sich etwas von der Göttlichkeit der Welt als Grund der Existenz. Es spiegelt sich darin auch die Tatsache, daß in unserem Dasein die Wirklichkeit der Erde, auf der wir stehen, absolut vorausgesetzt ist. Man kann natürlich so etwas wie den Erdboden oder die Erde naturwissenschaftlich erforschen, man kann sie geologisch oder physikalisch analysieren, man kann sie astronomisch verstehen, aber damit ist das Phänomen, um das es hier geht, noch nicht erfaßt. Für uns ist die Erde, die unser Fuß berührt, das, worauf wir existieren, worauf wir zu existieren das Glück haben. Es ist dasjenige, was uns überhaupt einen Platz zum Sein einräumt und eben dadurch heilig ist. Diese Heiligkeit des Bodens ist nicht etwas, das man nur gedanklich erfaßt, sondern man spürt es, indem man ihn betritt. Die anthropologische Quelle des Religiösen liegt hier also in dem, woraufhin unsere Existenz sich transzendiert, in

175

dem, was Heidegger die Geworfenheit des Daseins genannt hat, es ist dieser bestimmte Ort im Raum und in der Zeit, der uns einen Aufenthalt gewährt und der darum unendlich liebenswert und zugleich unheimlich ist. Es ist die Verborgenheit der Erde, auf der wir stehen, ihre unfaßbare materielle Wirklichkeit, die wir durch das Aufruhen unseres Gewichtes und durch die Berührung unserer Füße spüren. Sie ist gleichsam mit Sein und Wirklichkeit und mit dem Geheimnis des Jetzt und Hier aufgeladen. Nicht ihre Vorfindbarkeit oder Gegenständlichkeit sind hier das Entscheidende, sondern all dem zuvor das Rätsel des Seins überhaupt. Denn dieses Rätsel ist zugleich das Rätsel des tragenden Bodens der Wirklichkeit, des Raumes, in dem wir selbst und die Dinge sein können, und in dem wir einander begegnen, der Zeit, die sich uns auftut und uns eine Spanne des Existierens zumißt.

Dieselbe Heiligkeit wohnt auch in den Räumen, die die Menschen den Göttern gestalten, und in denen die Götter anwesend sind. In Tempeln, Kirchen und Kultstätten gestalten wir immer wieder Urformen des Raumes, in denen sich unser Im-Raum-Sein selbst und zugleich die Rätselhaftigkeit und Numinosität des Raumes als solchen konstellieren kann. Das wird besonders deutlich, wenn solche Gebäude geometrische Urformen darstellen. Wohl niemand kann der Magie und der Faszination des Raumes ausweichen oder widerstehen, die sich ereignet, wenn man einen in sich vollkommen geschlossenen Rundbau betritt. Hier konstelliert sich gleichsam die Konzentration auf einen Mittelpunkt, auf ein Zentrum. Dieses Zentrum kann man in sehr verschiedener Weise sehen und betrachten. In der Sicht der Tiefenpsychologie von C. G. Jung zum Beispiel könnte man sagen, daß sich in einem solchen Rundbau die Suche nach der

Mitte symbolisiert, welche sich eigentlich im Prozeß der menschlichen Individuation vollzieht. Der Rundbau wäre also ein Symbol jener Mitte, die Jung das Selbst nennt, eine Mitte zwischen dem Ich und dem Unbewußten, aus der heraus wir leben können. Aber man kann ebensosehr sagen, im Rundbau verwirklicht sich etwas vom Wesen des Raumes selbst. Denn in ihm ist ein Mittelpunkt des Raums überhaupt geschaffen, wir erfahren in ihm, was Raum ist, indem wir in diesen Mittelpunkt hineingezogen werden. So konstelliert sich im Rundbau auch die Räumlichkeit unseres In-der-Welt-Seins. Schließlich aber kann man drittens sagen, daß er ein Zentrum ist, in dem der Gott oder das Göttliche wohnt. Dies ist der religiöse Sinn des Tempels. Aber zu diesem Sinn hin transzendiert sich auch die Suche nach der Mitte der eigenen Existenz und die Erfahrung der Zentralität des Raumes und der Räumlichkeit des Daseins. Auch hier stellt sich wieder die Frage: Ist die Idee des Gottes, der im Tempel wohnt, nur eine Projektion des Unbewußten, der Suche nach der Mitte und dem Selbst des eigenen Seins, ist sie nur eine Projektion der Räumlichkeit unseres Daseins, die wir im Rundbau gestalten und zu sich selbst bringen? Oder ist es umgekehrt: Ist das menschliche Bewußtsein und Existieren nichts anderes als ein Raum, in dem sich die Welt, in dem sich das Göttliche zeigen kann? Es scheint mir, daß auch hier die beiden polar entgegengesetzten Möglichkeiten sich im Grunde berühren, sie sind nur die Endpole einer gemeinsamen Dimension. Psyche ist Im-Raum-Sein und der Raum ist als Raum in sich etwas absolut Unausschöpfbares, ein Rätsel, das man nicht zu Ende denken kann, sondern das unserer Existenz von vorne herein anhaftet, das uns mitgegeben ist. Auch im Rätsel des Raumes bricht die Beziehung zum Absoluten auf. Ob man nun dieses Absolute als Gott bezeichnet, der im Raum und im Tempel wohnt, oder ob man den Raum selbst und die Räumlichkeit unseres Daseins durch etwas aufgesprengt sieht, in dem es sich selbst transzendiert, in beiden Fällen ist es in Wahrheit das Ereignis des Absoluten im Raum, um das es hier geht. Gerade an diesem Beispiel zeigt es sich, daß das Unfaßbare und Hintergründige in unserer eigenen Existenz, die Tiefe des Unbewußten, mit dem wir im Raum verankert sind, und das Unfaßbare und Hintergründige der Welt, das Geheimnis der Räumlichkeit alles Seienden auf dieser Erde, eigentlich dasselbe sind. Was Raum ist, blitzt auf, indem wir sind und Raum erfahren; es konstelliert sich und wird zur Gestalt, wo Menschen räumliche Tempel bauen. Was wir sind, kann man nur verstehen, wenn man sich vom Geheimnis des Raumes anrühren läßt, wenn man vor dem Rätsel unserer leiblichen und örtlichen Existenz in diesem Raum der Welt erschauern kann. Die Tempel, Kirchen und Stätten, die der Mensch in einer Fülle von Religionen gestaltet hat, sind immer gleichzeitig ein Sich-Ereignen der Numinosität des Raumes und eine Wohnstätte der Götter und des Göttlichen. Zu dieser Numinosität des Raumes gehört dabei nicht nur die räumliche Form, sondern immer auch die Materie, aus der er gebildet ist. Der alte steinerne Boden, die undurchdringliche Materialität der Säulen, die erschließende und verschließende Wirklichkeit der Mauer. Wie in der Beziehung zum Raum, liegt auch in der Beziehung zur Dinghaftigkeit und zum Materiellen überhaupt eine der Quellen des Religiösen im Menschen. Auch in dem, was wir Ding oder Materie nennen, und das uns etwa im steinernen Charakter einer Wand, aber auch im Erz eines Götterbildes gegenwärtig ist, liegt etwas Unausschöpfbares. Kein Mensch kann sagen, was eigentlich Materie, was eigentlich ein Ding ist. In dem Wort

‚Materie' drückt sich aus, daß allem Seienden etwas undurchdringbar Wirkliches, ein Substrat der Wirklichkeit schlechthin zugrunde liegt, etwas, was in sich rätselhaft ist und mit dem Wunder des Seins zusammenhängt. Darum ist die Materie etwas Hintergründiges und Undurchschaubares, dem ein numinoser Charakter anhaftet, der gegenwärtig ist in Götterbildern und in heiligen Steinen, wie dem schwarzen Stein des Islam. Auch in der katholischen Transsubstantiationslehre von der Verwandlung von Brot und Wein in die leibhaftige Gegenwart Gottes ist etwas davon gegenwärtig.

Die Materialität alles Seienden ist zugleich etwas, das wir als leibliche Lebewesen mit allen anderen Dingen teilen. Wir haben einen Zugang zur Materie durch unsere Sinne, und diese spielen als Wahrnehmungsorgane eine große Rolle in vielen religiösen Kulten. Es besteht auch ein Zusammenhang zwischen der Materialität unseres Leibes und der Endlichkeit der menschlichen Existenz. Die Numinosität des Todes und der Sterblichkeit ist eine der wesentlichen Quellen des Religiösen im Menschen. Die Religionen haben immer wieder die Götter als die Unsterblichen den Menschen als den Sterblichen gegenübergestellt. Auch hier kann man sich wieder die Frage stellen: Ist die Unsterblichkeit der Götter nur eine Projektion aus der Erfahrung der Endlichkeit und Sterblichkeit des Menschen in deren Gegenbild, oder ist die befristete menschliche Existenz nur ein Abglanz der unsterblichen Gegenwart des Göttlichen? Auch hier aber löst sich die Alternative der beiden möglichen Antworten auf, wenn man bedenkt, daß gerade die Endlichkeit des Lebens und die Abhängigkeit und Materialität der leiblichen Existenz dieser als unwiederholbarer und einmaliger eine Absolutheit gibt, die als solche den Rahmen der Zeit aufsprengt. Die Idee der Unsterblichkeit ist nur

179

sinnvoll auf dem Hintergrund der Sterblichkeit, so wie die Idee der Ewigkeit nur sinnvoll ist auf dem Hintergrund der Zeit und wie die wahre Ewigkeit im Augenblick liegt. Endlichkeit und Unendlichkeit, Sterblichkeit und Unsterblichkeit, die Flüchtigkeit des Augenblicks und seine Ewigkeit korrespondieren einander. Das Endliche transzendiert sich als Endliches durch sich selbst zum Unendlichen, es wirft sich über sich selbst hinaus. Es liegt im Wesen der Zeit selbst, daß der Augenblick als der absolut erfüllte gleichsam alles ist und eine Unendlichkeit in sich birgt. Die Idee der Ewigkeit ist das, was diese Unendlichkeit des Augenblicks aus sich herauswirft. Es ist die Transzendenz des Augenblicks selbst. Ob man nun dies eine Projektion nennt, eine unbewußte Befriedigung des Wunsches, der Flüchtigkeit des Augenblicks entgegenzutreten, oder ob man umgekehrt das Wesen des Augenblicks aus seiner Ewigkeit her zu verstehen sucht, in beiden Fällen handelt es sich in Wahrheit um ein Eingewobenwerden in die Rätsel der Zeit, die sich nicht entwirren lassen. Durch seine Zeitlichkeit ist der Mensch mit der Numinosität der Zeit überhaupt verbunden, die in sich unausschöpfbar ist. Die Absolutheit des Augenblicks verbindet sich mit der unheimlichen Offenheit der Zukunft. Diese trägt in sich eine Fülle von Möglichkeiten und Verheißungen. Sie verlangt vom Menschen, sich ihr entgegenzuwerfen und sich ihr anheim zu geben. Zukunft ist das, was noch nicht ist und doch das künftige Sein in sich birgt. Das Wirkliche kommt aus ihr auf uns zu, wir selbst sind immer unsere eigene Zukünftigkeit. In der zugleich unfaßbaren und beschenkenden Offenheit der Zukunft, in die sich die Hoffnung und der Glaube an das Kommende entwirft, liegt etwas Numinoses. Einer deterministischen Betrachtungsweise mögen zwar alle Dinge festgelegt erscheinen. Zum Wesen der

Zukunft gehört es aber, daß sie als das noch nicht Seiende nicht festgelegt ist, sondern eine Vielzahl von Möglichkeiten enthält, von denen einige wirklich werden, andere nicht. Das Mögliche hat seine eigene Seinsweise, mit der es uns anspricht, gerade die Unbestimmtheit seiner Verwirklichung macht die Numinosität des Zukünftigen aus. Es zieht uns als Verheißung oder Gefahr in seinen Bann, es sprengt immer wieder den Rahmen unserer Rechnungen und Planungen. Es vermag den Menschen aus der Bahn zu werfen und bewahrt ihm ebendadurch seine Offenheit und Unabgeschlossenheit. Es ist eigentlich diese Offenheit der Zukunft, die unser Sein transzendiert und es in die Beziehung zu etwas Absolutem, eben zum Anspruch des Kommenden bringt. Heidegger hat dies durch die Ankünftigkeit des Seins auszudrücken versucht, die der Zukünftigkeit des Daseins korrespondiert. Prophetie und Weissagung aller Zeiten beziehen sich auf dieses Noch-Nicht des Kommenden, sie sind Versuche, der unheimlichen Offenheit des Ankünftigen Herr zu werden. Es ist die Zeitlichkeit des menschlichen Daseins selbst, die dieses ständig transzendiert, die ständig den Rahmen sprengt und etwas in unserem Sein geschehen läßt, das über uns selbst hinausgeht.

Nicht minder geheimnisvoll ist aber die Vergangenheit, die in unserer Erinnerung bewahrt oder in unserem Vergessen verschüttet ist, und die aus der Tiefe des Gedächtnisses wiederauftauchen kann. Wo ist das Gewesene? Es existiert nicht mehr und gehört doch in seinem Gewesensein unauslöschbar zum Sein. Wenn wir uns erinnern, stellen wir eine Beziehung zu ihm selber her, die mehr ist als nur ein Reflex in unserem Bewußtsein. Sonst könnte es nicht Wahrheit und Unwahrheit der Erinnerung geben. Das Gewesene ist nicht und es ist doch. Durch die Zeit wird das Sein in einer Weise mit

181

dem Nichts verwoben, die man nicht zu Ende denken kann. Aber das Vergangene ist nicht nur das Ausgelöschte und dabei doch als solches Aufgehobene, sondern zugleich das, was weiterwirkt, es kann einen Seinsanspruch an uns stellen, der stärker zu sein scheint als der der Gegenwart, es kann auf Wiederholung drängen und sich in seiner eigenen Leuchtkraft durchsetzen. So wie der Augenblick für die Zukunft offen ist, wiederholt er auch in sich das Gewesene. Dies hat Heidegger in ‚Sein und Zeit' gezeigt. Am wahrsten und eigentlichsten ist diese Wiederholung des Gewesenen, wenn sie ganz in das absolut Neue des Augenblicks der Gegenwart eingeht. Das geschieht zum Beispiel in unseren Begegnungen, wo der Funke aus einer früheren Begegnung in die gegenwärtige überspringt, so daß es dasselbe absolute Du ist, das uns heute wie damals begegnet und das zugleich in sich stets zukünftig ist. So ist es in besonderem Maße die Zeit, die das menschliche Dasein stets mit etwas Unausschöpfbarem, Unberechenbarem verbindet, auf das es zugleich angewiesen ist, und aus dem es sich eigentlich in seinem Sein speist. Darum sind Vergangenheit und Zukunft heilig, sie sind etwas Numinoses und Verehrungswürdiges. Eine Fülle von Religionen feiern vergangene Augenblicke und wiederholen sie in ihren Festen. Es ist das Selbe, um welches es eigentlich geht, das sich in allen diesen Augenblicken, Kulten und Riten wiederholt und das stets neu sich ereignet. Das Wesen des Ereignisses faßt Vergangenheit, Zukunft und Augenblick zusammen, das Ereignis aber ist etwas, das durch uns hindurchgeht, auf uns zukommt, uns trifft und überschreitet, etwas, in dem wir uns selbst transzendieren, wobei wir eben dadurch überhaupt erst wir selbst werden. Der Mensch ist darum nicht nur ein Spiegel der Welt, sondern auch ein Spiegel der Geschichte. Geschichte ereignet sich durch ihn, sie ist als ganze, die das Einzelleben überschreitet, unberechenbar, unverfügbar und doch dasjenige, wovon wir alle abhängen. Sie hat ihre eigene Macht und Wirklichkeit, ihre Hintergründigkeit und Unausschöpfbarkeit. Darum ist auch die Geschichte in vielen Religionen ein Sitz des Numinosen, in ihr walten Mächte, die wir nicht durchschauen und ergründen können und von deren Entscheidungen wir abhängig sind. Die Geschichte kann dabei als Heilsgeschichte oder als Geschichte des Abfalls und des Unterganges erscheinen, sie kann aus einem goldenen Zeitalter entspringen oder einer Weltvollendung entgegengehen. In allen diesen Vorstellungen manifestiert sich etwas von der Absolutheit und Rätselhaftigkeit der Vergangenheit, Gegenwart und Zukunft. Das Reich der Geschichte ist darum auch ein ausgezeichneter Ort des Wirkens der Götter, sie sind es, die eigentlich im menschlichen Tun und Leiden handeln. Auch hier stellt sich wieder die Frage: Sind nun die Götter in der Geschichte Projektionen aus dem Bewußtsein der Angewiesenheit und Unausschöpfbarkeit des Geschehens, an dem wir teilhaben, oder ist die Geschichte selbst nur eine Analogie und ein Symbol des Göttlichen? Auch hier aber löst sich diese Frage in sich selbst auf. Es ist eben die Geschichte, die ständig den Rahmen sprengt, die ständig Unerwartetes zuschickt und Vergangenes wiederholt, die den Augenblick fügt und unser Sein bestimmt. Weil wir ein Teil von ihr sind, ist sie nicht berechenbar, auch wenn sie als vergangene determiniert und kausal festgelegt erscheinen mag. Sie transzendiert uns, weil sie durch uns selbst hindurchgeht, weil sie das Absolute ist in unserer eigenen Existenz. Die Absolutheit und das Numinose gehören zum Wesen des Geschehens und zum Rätsel des Ereignisses selbst. Alle deterministische Betrachtung der

Geschichte setzt ja das Wesen des Ereignisses immer schon voraus, und dieses selbst enthält in sich das Transzendierende und Unberechenbare. Die Fragen nach dem Ziel und Ursprung der Geschichte lassen sich nicht beantworten und doch ist das Ursprüngliche und Zielhafte stets in das Geschehen selbst verwoben. Es fordert uns zur Deutung auf und ist bedeutsam, weil wir zu ihm gehören. Sinnhaftigkeit und Rätselhaftigkeit der Geschichte sind einander komplementär. Die Numinosität der Geschichte kann sich darin zeigen, daß sie als zielhaft gesehen oder als Entfaltung eines ewigen Ursprungs begriffen oder als unbegreiflicher Kreislauf erfaßt wird. Nicht die äußere Formulierung der Bestimmung ist hier entscheidend, sondern das Hören der Frage, die aus der Geschichtlichkeit des Menschen selbst uns anruft.

Wie in der Tiefe der Geschichte liegt die Rätselhaftigkeit der Zeit auch in der Tiefe der Natur verborgen. Gibt es einen Anfang der Welt und hat sie ein Ende? Gibt es einen Anfang und ein Ende der Zeit? Wir können uns weder vorstellen, daß irgendwann nichts war und daß es keine Zeit gab, noch können wir zu Ende denken, daß immer schon etwas war und die Welt keinen Anfang hat. Der erste Tag, der Tag der Schöpfung, müßte ein Tag sein, vor dem es kein Gestern gab, so wie der jüngste Tag kein Morgen hätte. In diesem Anheben und Abbrechen der Zeit aber liegt etwas absolut Unvorstellbares, in der Idee des ersten und letzten Tages manifestiert sich die absolute Unverständlichkeit der Zeit. Die Zeit ist das Anheben und Enden schlechthin, aber ebenso ist sie das absolute Immer-Schon und die Ewigkeit der Zukunft.

Der Gedanke an die unendliche Strecke der Zeit ist ebenso unheimlich und erschreckend wie der Gedanke an ihr Ende oder ihren plötzlichen Anfang. Anfang und Anfangslosigkeit, Ende und Endlosigkeit sind in den

Ideen des ersten und des letzten Tages unauflösbar ineinander verschlungen, es ist die Transzendenz der Zeit selbst, die hier das Numinose birgt.

Zeitlichkeit und Räumlichkeit durchziehen das menschliche Dasein als selbstverständliche Grundlage und sind doch zugleich stets das, was seine Existenz überschreitet und ihn in einem Ganzen und Unendlichen verwurzelt. Ebenso rätselhaft wie die Zeit als ganze ist der Raum als ganzer. Ist er endlich oder unendlich, hat er eine Grenze oder ist er grenzenlos? Auch hier können wir uns beides nicht wirklich vorstellen, der Gedanke an eine Grenze des Raums erzeugt sofort die Frage nach dem, was jenseits dieser Grenze liegt. Die Vorstellung der Unendlichkeit des Raums aber ist wie ein unendlicher Sog und Strudel, etwas Faszinierendes und zugleich Erzittern-lassendes, im Wesen des Raums liegt die Einheit des mysterium tremendum und fascinosum ebenso wie im Wesen der Zeit. Die Welt als ganze ist darum ein Sitz des Numinosen, ebenso wie die Zeit als ganze. Was ist Welt? Mit diesem Wort bezeichnen wir die Einheit, Einzigkeit, Allheit und Unendlichkeit alles dessen, was überhaupt ist, war und sein wird. Alles, was ist, ist allein dadurch, daß es ist, zusammengeschlossen zu dieser unendlichen Einheit und Einzigkeit des Seins, die Parmenides, Heraklit und Spinoza als hen kai pan, Eins und Alles, gedacht haben. Kann es noch einen Gott jenseits dieses Einen und Ganzen geben, das Alles ist? Spinozas Antwort lautet: Nein, es gibt nur die eine einzige unendliche und ganze Natur, die zugleich die Quelle und der Grund ihrer selbst ist. Die Natur ist selbst Gott, deus sive natura. Das Göttliche muß in der Welt selbst wohnen, muß das absolute Wesen der Natur selbst sein. Wir meinen mit dem Wort ‚Natur' nicht nur die unendliche Vielfalt alles dessen, was existiert, sondern zugleich die

185

Quelle und den Grund alles Seienden, aus dem es in die Wirklichkeit hervorkommt, um eine bestimmte Zeitspanne zu existieren. Die Natur ist als hervorbringende Kraft, als Quelle und Ursprung des Seins, selbst das Göttliche und das Heilige. Als solche hat sie nicht nur Spinoza in seiner Philosophie, sondern auch Hölderlin in seiner Dichtung gedacht, wenn er sagt:

„Jetzt aber tags und was ich sah, das Heilige sei mein Wort, denn sie, sie selbst, die älter denn die Zeiten und über die Götter des Abends und Orients ist, die Natur ist jetzt mit Waffenklang erwacht."

Diese Natur ist das ewig Anhebende und Ursprüngliche, die Quelle des Seins, aus der alles hervorkommt und zugleich das Ganze und Unendliche, in dessen Einheit alles versammelt ist. Das Gefühl für diese Einheit und Unendlichkeit des Ganzen war auch für Friedrich Schleiermacher die eigentliche Quelle der Religion. Aber wo ist und ereignet sich dieses Eine, Ganze und Unendliche? Es ist das Wesen der Natur und leuchtet doch zugleich in uns selbst auf, wo unser Bewußtsein dieses Ganze umfaßt, indem es stets ein unendlicher Horizont ist, in welchem alles Seiende, das uns bewußt wird, erscheinen kann. Alles, was uns begegnet, begegnet uns im Bewußtsein. Dieses muß also immer schon ein unendliches Ganzes sein, das allem begegnenden Seienden voraus ist. Dies ist der philosophische Gedanke von Schelling, für den die Einheit und Unendlichkeit des Absoluten, welche Spinoza im Wesen der Natur erschaut hatte, eigentlich im Geheimnis des Bewußtseins und des Ich aufleuchtet. Was ist das Ich? Es ist einerseits der Ausdruck für die Einheit des Bewußtseins, für die Tatsache, daß die unendliche Vielfalt dessen, was uns begegnet und was in diesem Bewußtsein enthalten ist, untereinander zusammenhängt als die Einheit meines Bewußtseins.

Ist es also nicht eigentlich das Bewußtsein selbst, in dem die unendliche und absolute Einheit aufleuchtet, so fragt sich Schelling, die Spinoza in der Natur gesucht hat? Zudem ist aber das Ich das geheimnisvolle Bewußtsein meiner selbst, die Tatsache, daß ich mir selbst gegenwärtig bin, daß ich um mein Sein weiß, das Wunder des Selbstbewußtseins. Ich bin und ich weiß, daß ich bin, ich weiß um mein Sein und meine Wirklichkeit. Aber wer bin ich? Auch das Erstaunen vor dem eigenen Sein gehört zu den Erlebnissen, in denen wir in uns selbst in Beziehung zu etwas Absolutem gebracht werden. Wenn ich ‚Ich' sage, sehe ich mich selbst im Spiegel meines Bewußtseins, aber ich weiß, daß die geheimnisvolle Identität meiner selbst das ist, was der Aufspaltung in mich als Erkennenden und mich als Erkannten zu Grunde liegt. Diese Einheit selbst kann ich nie ganz erfassen. Sie ist etwas Absolutes in mir, das ich nur anrühren kann. Wo kommt dieses Ich her, wie ist es entstanden? Die Quelle, aus der das Bewußtsein aufspringt, ist ebenso unauslotbar in ihrer Tiefe, wie die Quelle der Natur. Die Frage nach dem Grund des Bewußtseins führt in einen unermeßlichen Abgrund, diesen nennt Schelling das ewig Unbewußte. Das Unbewußte als der Ort der Herkunft des Bewußtseins transzendiert dieses selbst. Wir kennen den Anfang und den Quellort des Bewußtseins nicht. Es ist ein unerklärliches Aufspringen, das man durch die Rückführung auf hirnphysiologische Vorgänge niemals erklären kann, vielmehr ist bei solchen immer schon vorausgesetzt, daß man weiß, was Bewußtsein ist. Die Tiefe des Ich ist ein unerforschlicher Abgrund. Unser Sein und Bewußtsein schwebt über diesem Grund, dessen Tiefe kein Ende hat.

Der unbewußte Hintergrund des Bewußtseins ist ebenso ein Ort des Numinosen, wie der dunkle und unerforschliche Hintergrund der Welt und der Natur. Auch das Fragen der Tiefenpsychologie führt in diesen verborgenen Hintergrund unseres Seins, aus dem sich, wie das Wachen, so auch die Träume und die geheimnisvollen Phantasien mit ihrer symbolischen Kraft speisen. Es gibt eine Fülle von Dingen, die wie Sprache in uns wirken, uns etwas sagen und eine ordnende oder verwandelnde Kraft haben, ohne doch uns bewußt zu sein. Dies ist die Entdeckung von Freud und Jung. Die Tiefe des Unbewußten ist von leiblicher Sehnsucht und leiblichen Wünschen durchzogen, in ihr wohnt der Absolutheitsanspruch der Triebe, der ewige Lust will und stets einen Drang zum Ganzen und Vollkommenen hat. In der Tiefe des Unbewußten wohnen aber auch Grundformen der Ordnung des Seienden, die C. G. Jung Archetypen genannt hat. Ehe Sinn und Evidenz im Bewußtsein sein können, müssen sie in dieser Tiefe wachsen. Das Unbewußte weiß oft mehr über die Zukunft als das wache Bewußtsein, es birgt in sich Schätze der Vergangenheit, es verbindet uns mit dem allgemein Menschlichen, mit dem, was wir alle gemeinsam haben und aufgrund dessen wir uns überhaupt verstehen können, es muß in sich gleichsam die Quellen der Wahrheit enthalten. Das Unbewußte reicht irgendwie zurück in unsere Verwurzelung im Sein überhaupt. Es ist darum in ganz besonderer Weise ein Sitz des Numinosen. Das Bewußtsein leuchtet nicht in diese Tiefe zurück, aber ihre Inhalte und Strukturen, die archetypischen Gestalten, erscheinen uns in geheimnisvoller Abspiegelung als Projektionen im Hintergrund der Welt und des Wirklichen. So können wir zum Beispiel dem anderen Geschlecht nur begegnen, weil jeder von uns in der Tiefe seines Unbewußten selbst diese Möglichkeit enthält. Deshalb begegnet der Mann in seiner Partnerin der Anima seines eigenen Unbewußten und diese dem Animus. Das Urbild des Männlichen und Weiblichen im eigenen Sein muß sich dem Partner entgegenwerfen, um diesen zur wahren Ergänzung der eigenen Existenz zu machen. Animus und Anima im Sinne C. G. Jungs, das Urbild des Weiblichen und des Männlichen, sind darum auch die anthropologische Quelle unzähliger männlicher und weiblicher Gottheiten. Auch das Böse und Abgründige in uns, das wir ablehnen, tritt uns in den schattenhaften und dunklen Gestalten der Dämonen und des Bösen entgegen. Aber auch die unendlichen Götter mit ihrer strahlenden und erzittern-lassenden Gewalt entleihen ihre Kraft dieser Tiefe des Unbewußten, das sie aus sich heraus projiziert. Für diese tiefenpsychologische Erklärung der Religion sind also die Bilder und Schicksale der Götter und des Gottes gleichsam ein großer kollektiver Traum der Menschheit, in dem sich das bebildert, was eigentlich in der archetypischen Tiefe des kollektiven Unbewußten wohnt. Ist aber durch diese Erklärung die Religion aufgelöst? Wir gelangen auch hier wieder zu der Frage: Ist die Religion nur eine Projektion aus der Tiefe des Unbewußten, oder ist vielleicht das Unbewußte nur ein Symbol des Absoluten, eine Analogie des Göttlichen? Auch hier aber zeigt sich, daß in beiden Perspektiven das Gemeinsame im Einbruch eines Absoluten liegt, ob dieses nun im unbekannten Hintergrund der Welt und des Wirklichen gesehen wird oder im unbekannten Hintergrund des Bewußtseins. Muß nicht die Tiefe des Seins hinter dem Ich und dem Unbewußten dieselbe sein, wie die Tiefe des Seins hinter der Welt und dem Kosmos? Ist es nicht in beiden Fällen das unerforschliche Rätsel des Seins und seines Sich-Ereignens, das als das Absolute erscheint? Das Sein selbst ist das, was sich stets selbst transzendiert, es ist das strahlende Licht der Wirklichkeit und des Sich-Ereignens und der dunkle und unheimliche Grund seiner un-

189

erforschbaren Herkunft. Es spricht in seiner Absolutheit sich uns zu in der Begegnung und in der Natur, in den Rätseln der Zeit und der Welt, in der Kraft der Triebe und in der Tiefe des Unbewußten, in den Geheimnissen der Geschichte und der Rätselhaftigkeit der Zukunft. Es ereignet sich immer wieder in der Identität des mysterium tremendum und fascinosum, eines strahlenden Glanzes, der uns in seinen Bann zieht. Es hat seinen Sitz im Jetzt und Hier, in der Ewigkeit des Augenblicks.

Literaturauswahl

(Ausführlichere Darstellung des hier skizzierten Gedankenganges in: D. v. *Uslar*, Psychologie der Religion, Werner Classen, Zürich 1978.)
M. *Buber*, Ich und Du (Hegner Bücherei [8]1974).
H. *Diels*, Fragmente der Vorsokratiker, Bd. 1 (Weidmann: Dublin/Zürich [12]1966).
S. *Freud*, Vorlesungen zur Einführung in die Psychoanalyse, Ges. Werke Bd. 2 (Fischer: Frankfurt [6]1973); und: Jenseits des Lustprinzips, Ges. Werke Bd. 13 (Fischer: Frankfurt [8]1976).
F. *Gogarten*, Der Mensch zwischen Gott und Welt (Lambert Schneider: Heidelberg 1952; Stuttgart [4]1967).
M. *Heidegger*, Sein und Zeit (1927) (Niemeyer: Tübingen [13]1976).
F. *Hölderlin*, „Wie wenn am Feiertage...", in: Gedichte (Reclam: Stuttgart 1971) 128–130.
C. G. *Jung*, Psychologie und Religion, Ges. Werke Bd. 11 (Walter: Olten [2]1973); und: Psychologie und Alchemie, Ges. Werke Bd. 12 (Walter: Olten [2]1976).
G. *Lanczkowski*, Geschichte der Religionen (Fischer: Frankfurt 1972).
F. *Nietzsche*, Also sprach Zarathustra.
R. *Otto*, Das Heilige, 36.–40. Tsd. (Beck: München 1971).
F. W. J. *Schelling*, Vom Ich als Prinzip der Philosophie (1795), in: Schriften 1794–1798 (Wissenschaftliche Buchgesellschaft: Darmstadt 1967); und: System des transzendentalen Idealismus, Philosophische Bibliothek 254 (Neudruck Meiner: Hamburg 1962).
F. *Schleiermacher*, Über die Religion (1799) (Vandenhoeck: Göttingen [6]1967).
B. *Spinoza*, Ethik, in: Werke/opera II (Wissenschaftliche Buchgesellschaft: Darmstadt 1967).
Th. v. *Aquin*, Summa theologica.

PHILOSOPHISCHE VORAUSSETZUNGEN
DER PSYCHOLOGIE

Detlev von Uslar

Konzepte des Psychischen in der Geschichte des abendländischen Denkens

Übersicht: In der Geschichte der *philosophischen Psychologie* hat sich die Vielfalt der Aspekte gebildet, in der uns seelisches Sein heute erscheint. Als Beispiele dafür werden unter anderem behandelt: Der Mensch als Zeuge des Seins (Vorsokratiker) – Seele und Idee (Platon) – Seele als Wirklichkeit des Leibes (Aristoteles) – Seele als innere Welt (Augustinus) – Die Seele als das Unräumliche (Descartes) – Trieb als Wesen des Menschen (Spinoza) – Der Mensch als Spiegel der Welt (Leibniz) – Die Bedeutung der Erfahrung (Locke und Hume) – Strukturformen des Bewußtseins (Kant) – Das Unbewußte als Identität von Subjekt und Objekt (Schelling) – Die Geschichtlichkeit des Menschen (Hegel) – Phänomenologie als Lehre von den Erscheinungen (Husserl) – Die Stellung des Menschen im Aufbau der realen Welt (Nicolai Hartmann) – Dasein als In-der-Welt-Sein (Heidegger). Diese Konzepte des Psychischen und seiner Beziehung zur Welt und zum Sein interessieren uns aber nicht nur historisch, sondern in ihrer Gültigkeit für uns heute und in ihrer Fähigkeit, uns neue Perspektiven für die Psychologie der Zukunft zu erschließen.

Hinter allem psychologischen Denken und Forschen steht ausgesprochen oder unausgesprochen eine Konzeption davon, was eigentlich Seele ist, was eigentlich psychische Wirklichkeit ausmacht. Die Frage »Was ist Seele?« hat im Laufe des abendländischen Denkens immer wieder andere Antworten gefunden. Die Fülle dieser Antworten geht in unseren Begriff vom Seelischen ein. Eine psychologische Anthropologie muß auf diese Antworten zurückgehen, wenn sie ihrem Gegenstand gerecht werden will. Die Frage »Was ist Seele?« versetzt uns zugleich unmittelbar in das Fragen der Philosophie. Philosophie lebt von dem Erstaunen vor dem Sein. Es ist nicht selbstverständlich, daß es überhaupt eine Welt und eine Natur gibt, und es ist ebensowenig selbstverständlich, daß ich bin und daß seelische Wirklichkeit existiert. Die Fragen »Was ist Seele?« und »Was ist die Welt oder die Natur?« sind gleich ursprünglich.

Der Beginn der abendländischen Philosophie im sechsten Jahrhundert vor Christus ist dadurch gekennzeichnet, daß die Frage nach dem Sein der Welt nicht mehr durch eine Erzählung ihrer Entstehung, durch eine Schöpfungsgeschichte also, beantwortet wird, sondern daß die Frage als Frage ausgehalten wird. Die unglaubliche Verwunderung darüber, daß es Sein gibt und nicht Nichts, daß eine Welt existiert, daß die Dinge als Natur aufgehen, wachsen und verschwinden, diese ungeheure Verwunderung durchherrscht das philosophische Denken. Die ersten griechischen Philosophen fragten nach dem Wesen der Natur. Aber mit Natur ist hier nicht nur die Summe aller vorhandenen Gegenstände gemeint, sondern zugleich das Geheimnis ihrer Herkunft. Sie kommen aus dem Nichtsein ins Sein, sie wachsen und gehen auf, sie stehen im Licht des Tages und der Sichtbarkeit und verschwinden wieder in die Verborgenheit des Nicht-mehr-Seins. Der Mensch ist der Zeuge dieses Aufgehens und Erscheinens der Natur. Er ist der Zeuge des Seins.

Anaximander

Der erste schriftliche Satz der Philosophiegeschichte, der uns überliefert ist, der Spruch des Anaximander von Milet aus dem sechsten vorchristlichen Jahrhundert, spricht von diesem Aufgehen und Verschwinden der Dinge, ihrem Hineinkommen in das Sein und die Wirklichkeit und ihrem rätselhaften Zugrundegehen. Alles Seiende, das in seiner umgrenzten und erfaßbaren Form und Gestalt im Lichte der Wirklichkeit steht, ist aus dem Unbegrenzten und Gestaltlosen, aus dem verborgenen Grund seiner Herkunft hervorgetreten, und in diesen muß es nach der ihm zugemessenen Zeit wieder zurück. »Woraus den Dingen ihr Entstehen ist«, so sagt Anaximander, »da hinein geschieht auch ihr Vergehen nach der Schuldigkeit, denn sie zahlen einander Strafe und Buße für ihre Ungerechtigkeit nach der Zeit Ordnung« (Fragment 1). In diesem geheimnisvollen Spruch ist die Weltordnung als eine Fügung gesehen, die in Analogie steht zu der menschlichen Erfahrung von Recht und Unrecht. Das Wesen dieser Ordnung und des Entstehens und Vergehens, der Heraufkunft ins Sein und des Verschwindens ins Nichts, ist aber die Zeit. Damit sind bereits in diesem ersten schriftlichen Satz der Philosophiegeschichte, der uns überliefert ist, die wesentlichen Themen des Denkens, nämlich Sein und Nichts, Entstehen und Vergehen, Ordnung und Chaos, genannt. Die Natur erscheint als eine ungeheure Dynamik, an der auch der Mensch mit seinen Ordnungen und seinen geschichtlichen Gebilden Anteil hat. Der Mensch ist ein Teilhaber der Natur. Er teilt mit ihr die Unheimlichkeit des Entstehens und Vergehens, die Nähe zum Sein und zum Nichts, das Beherrschtsein vom Wesen der Zeit.

Diese Nähe des Menschen zum Wesen der Welt und der Natur wird eigens zum Thema in der Philosophie des Heraklit von Ephesos.

Heraklit

Heraklit denkt und erfährt die Natur als das, was immer im Fluß ist. Wir sind die Zeugen dieses ewigen Wandels. Damit ist aber zugleich auch unser eigenes Sein durch Wandlung bestimmt. Dies drückt Heraklit durch ein sehr anschauliches Gleichnis aus: »In dieselben Flüsse steigen wir und steigen wir nicht, wir sind und wir sind nicht« (fr 49a), oder wie es an anderer Stelle heißt: »Denen, die in dieselben Flüsse hineinsteigen, strömen andere und wieder andere Wasserfluten zu« (fr 12). Was ist eigentlich hier gemeint? Daß wir uns selbst wandeln und nach kurzer Zeit schon nicht mehr dieselben sind, oder daß die Natur sich wandelt, die Welt wie ein reißender Strom an uns vorbeifließt, wobei wir die Selben bleiben? Es ist das Faszinierende am Denken Heraklits, daß er unser Im-Fluß-sein und das stets sich wandelnde Sein der Natur nicht auseinanderreißt, sondern als eine Einheit sieht. Wir haben am ewigen Wandel Anteil und sind gerade darin dieselben. Was wir eben waren, sind wir jetzt schon nicht mehr, und was uns eben begegnete, ist jetzt schon ein anderes geworden. Es strömen uns immer andere und andere Wassermassen zu. Wir sind, und sind das Selbe schon nicht mehr. Mit diesem ständigen Fließen ist eine der grundlegenden Eigenheiten seelischen Seins erfaßt, das, was uns alle heute nach zweieinhalb Jahrtausenden noch ebenso anrührt, dieser unheimliche Wandel unserer eigenen Existenz, das Fortfließen dessen, was jetzt noch Gegenwart ist, in die Erinnerung, das ständige Heranströmen und Heranfluten neuer Ereignisse und Erlebnisse, neuer Wirklichkeiten. Aber diese Grundeigenschaften seelischen Seins sind nicht als etwas bloß Subjektives aufgefaßt, sondern sie werden erfahren als das, was wir mit der Natur schlechthin, mit dem Sein teilen. Alles fließt. Sein ist Wandel schlechthin. Natur besteht in dieser ständigen Veränderung.

Wenn Heraklit in einem anderen Fragment sagt: »Man kann nicht zweimal in denselben Fluß steigen« (fr 91), so scheint er damit etwas auszusprechen, was man als das Wesen der Biographie und des Lebenslaufes überhaupt bezeichnen könnte. Kein Augenblick ist wiederbringbar. Die Zukunft ist unausweichlich. Man kann den Fluß des Lebens nicht anhalten. Die Wirklichkeit seelischen Seins besteht gerade darin, sich diesem Fluß anheimzugeben, ihn zu genießen. Existieren ist Wandlung. Aber dieser Satz, »Man kann nicht zweimal in denselben Fluß steigen«, ist nicht nur als ein psychologischer Satz gemeint, er ist zugleich eine Aussage über die Natur. Sie ist es, deren Wesen darin besteht, sich zu wandeln. Wir sind nur die Teilhabenden an diesem Geschehen. Weil das Wesen der Wirklichkeit Wandlung ist, besteht sie aus der Einheit von Gegensätzen. Auch das drückt Heraklit in sehr eindringlichen Worten aus, zum Beispiel wenn er sagt: »Gott ist Tag, Nacht, Winter, Sommer, Krieg, Frieden, Sattheit, Hunger« (fr 67). Der Gott, also das Prinzip der Einheit und des Seins des Wirklichen, ist nicht nur Licht, sondern auch Finsternis, nicht nur Kälte, sondern auch Hitze, nicht nur Frieden, sondern auch Krieg. Er ist die lebendige Wirklichkeit der Gegensätze. Aber das gilt ebenso auch von uns selbst und von unserem seelischen Sein. Es ist auch das, was ständig in uns wohnt. So sagt Heraklit an einer anderen Stelle: »Und es ist immer dasselbe, was in uns wohnt: Lebendes und Totes und Wachendes und Schlafendes und Junges und Altes« (fr 88). Auch dieser Satz führt ganz tief in die Psychologie hinein. Denn was ist Leben? Alles Lebendigsein trägt in sich die Beziehung zur Möglichkeit des Todes. Die Auseinandersetzung mit ihm als dem Schatten unseres Daseins durchzieht unsere Existenz. Was ist Wachsein und Handeln und Bewußtsein des Tages, wenn man es nicht auf dem Hintergrund des Schlafes und der unheimlichen Dunkelheit der Nacht sieht? Was Jugend ist, kann man nur in Beziehung zum Altsein erfassen. Der Satz des Heraklit sagt aber mehr. Er spricht von der Einheit aller dieser polaren Gegensätze, er spricht von der Einheit dessen, was in den Fluß der Zeit auseinandergerissen ist. Die Identität des Menschen, seine seelische Wirklichkeit, liegt gerade in dem Zusammengehören dieser Gegensätze von Schlafen und Wachen, von Jugend und Alter, von Lebendigsein und Dem-Tode-Entgegengehen. Es ist die Einheit, die Goethe als die Einheit von Stirb und Werde, und die Sigmund Freud als die Identität von Eros und Thanatos, Liebestrieb und Todestrieb, erfaßt haben. Es ist jene ständige Wandlung, die C. G. Jung als Wesen der Menschwerdung betrachtet. Auch in unseren Träumen kann der Schlaf ein Gleichnis des Todes, ebenso der Tod ein Gleichnis der Wandlung sein. Seelisches Sein ist eigentlich die zusammenfassende Einheit aller dieser Gegensätze.

Der Einheit dieser Gegensätze und dem, was sie gemeinsam durchwaltet und zusammenhält, ist das Denken Heraklits gewidmet. Er nennt diese Einheit den Logos. Der Logos meint den Sinn und die Wahrheit des Ganzen. Der Mensch teilt mit der Natur nicht nur den ewigen Fluß und die Vielfalt der Gegensätze und ihrer Spannungen, sondern er wohnt zugleich in einer faszinierenden Nähe zu der Einheit der Welt und der Natur, die in all diesen Gegensätzen die selbe bleibt. Der Mensch ist mit seiner Seele im Prinzip des Ganzen, in der Einheit von allem verwurzelt. Darum hat seine Seele einen tiefen Zugang zu diesem Wesen des Ganzen. Auch das drückt Heraklit in einem außerordentlich lebendigen Gleichnis aus, wenn er sagt: »Der Seele Grenzen kannst du im Gehen nicht erreichen und wenn du jeglichen Weg zu Ende gehen würdest, einen so tiefen Logos hat sie« (fr 45). Dieser Logos, dieser Sinn des Seelischen, ist also die Beziehung zum Einen und Ganzen des Seins und der Natur. Der Horizont der Seele ist weiter als die Fülle aller Wege, die der Mensch im Raum gehen könnte, auch wenn es ihm erlaubt wäre, bis ans Ende der Welt zu gehen. Hier taucht ein Thema auf, das seitdem die abendländische Psychologie nicht mehr verlassen hat. Seele ist immer die Beziehung zum Ganzen der Welt und der Wirklichkeit. Die Welt als ganze spiegelt sich in unserem Sein. Geist ist das Erwachen zum Erfassen dieses Einen und Ganzen.

In seinem berühmten Fragment über den Traum heißt es dementsprechend: »Die Wachenden haben eine einzige und gemeinsame Welt, von den Schlafenden aber ist jeder in seine eigene abgewandt« (fr 89). Dieser Satz enthält zugleich eine außerordentlich tiefgehende Einsicht in das Wesen des Traums. Für den, der schläft und träumt, ist das, was er träumt, die wirkliche Welt. Träume sind nicht nur Bilder und Vorstellungen, sondern das Geträumte ist, solange wir schlafen, das Wirkliche. Nur wenn man so die Wirklichkeit des Traums ernst nimmt, kann man die ganze Tragweite und Bedeutsamkeit des Erwachens erfassen. In ihm wird der Mensch aus der Welt seines Traums herausgerissen und in eine gemeinsame Welt hineingeworfen, die er mit anderen Menschen teilt, über die er sich mit anderen verständigen kann. Das Wort Logos, mit dem Heraklit den Sinn und Zusammenhang des Ganzen, das Wesen seiner Einheit und Wahrheit bezeichnet, bedeutet zugleich soviel wie Sprache.

Seit Heraklits Denken sind das Wachsein und die Klarheit und Gemeinsamkeit des Geistes und der Vernunft zum Leitbild der abendländischen Philosophie geworden. Was diese bedeuten, kann vor allem erfassen, wer dem Geheimnis des

Schlafes und des Traums, des Versinkens in die Bewußtlosigkeit, nachgedacht hat. Davon zeugen Heraklits tiefsinnige Worte über den Schlaf: »Der Mensch zündet sich in der Nacht ein Licht an, wenn sein Augenlicht erloschen ist. Lebend rührt er an den Toten im Schlaf; im Wachen rührt er an den Schlafenden« (fr 26). Entsprechend heißt es in einer antiken Schrift: »Die Schlafenden nennt, glaube ich, Heraklit Werker und Mitwirker an den Geschehnissen der Welt« (fr 75). So sind hier Wachen und Schlafen, oder, in der Sprache unseres Jahrhunderts gesprochen, auch Bewußtsein und Unbewußtes, im Anfang des philosophischen Denkens zueinander in Beziehung gebracht. Die Faszination des Traums, der gleichsam ein Wachen im Schlafen und dabei doch ein Existieren in einer anderen Welt ist, bestimmt noch heute im Gefolge von Freud und Jung die Psychologie. Was man von Heraklit lernen kann, ist aber unter anderem, daß das Wesen des Traums zugleich vom Erwachen her gedacht werden muß und daß Wachheit und Bewußtsein nur auf dem dunklen Untergrund von Schlaf und Traum ganz verstanden werden können. Wachheit und Bewußtsein sind für Heraklit Teilhabe an dem Geheimnis der Einheit der Welt, am Sinn des Seins, das sich uns zeigt. Mit diesen Gedanken steht Heraklit in einer großen Nähe zu seinem Zeitgenossen Parmenides, von dem ihn zugleich durch seine Betonung der Gegensätze und des Flusses der Dinge Unendliches trennt.

Parmenides

Für Parmenides ist die Frage »Was ist Sein?« die alles beherrschende, und der Mensch ist der, der diese Frage stellen, der an das Sein denken kann. Aber was ist Sein?

Die Antwort, die Parmenides auf diese Frage gibt, ist erstaunlich: Es ist alles, es ist nirgendwo nicht, es ist das Ganze, denn das Nichts gibt es nicht. Dieser Gedanke ist in sich ungeheuer klar und einfach. Der Mensch kann versuchen, sich vorzustellen, daß Nichts ist, aber sein kann das Nichts seinem Wesen nach nie, es gibt nur Sein. Sein aber bedeutet zugleich Einheit, denn alles, was je ist, hat an ihm Anteil. Es wird allein dadurch, daß es ist, zur vollendeten und alles Seiende umfassenden Einheit des Seins zusammengeschmolzen. Es hat an ihr teil.

In einer Art von meditativem Denken versucht Parmenides die Einheit und Ganzheit des Seins zu schauen. Die Konsequenz aus dieser Schau is: Es gibt nichts Einzelnes jenseits des Seins, denn das Sein ist einzig und einmalig, es ist nur es selbst. Wie aber steht es mit der Zeit, mit dem Entstehen und Vergehen der Dinge? Das Denken des Parmenides versucht, durch den Wandel der Erscheinungen hindurchzuschauen auf das ihnen zugrundeliegende ewige Jetzt. Während die Erscheinungen dahinzufließen scheinen im Entstehen und Vergehen der Dinge, ist das einzige, was in ihnen wirklich ist, nämlich das Sein selbst, stets gegenwärtig. Es ruht in sich in einem ewigen unwandelbaren Augenblick. Dieses Denken versucht die Schau der Einheit des Ganzen. In ihm ist aber zugleich der Geist erfaßt als der, der diese Einheit sieht. Daraus folgt das tiefsinnige Wort des Parmenides: »Schaue mit dem Geist das Abwesende anwesend mit Sicherheit, denn nicht wird er das Seiende von seinem Zusammenhang mit dem Seienden abtrennen« (fr 4). Denken und geistiges Schauen erfassen also immer die Einheit des Ganzen, sie erfassen auch das scheinbar Vergangene und Zukünftige in seinem Sein als Teilhabe an diesem Ganzen.

Damit ist ein wesentliches Moment seelischen Seins erfaßt. Seele erstreckt sich in die Vergangenheit und in die Zukunft. Sie hat in sich eine Beziehung zum Ganzen, die immer schon weiter ist als alles einzelne Anwesende und Abwesende. Denken ist nicht Zertrennen, sondern Zusammenschau. Das ist es vor allem dann, wenn es die Dinge in ihrem wirklichen Sein erfaßt, weil dieses immer das Ganze und die Einheit von allem ist oder, wie Parmenides es ausdrückt: »Weil es Jetzt ist, zusammen, ganz, eins, zusammenhängend« (fr 8). Diese lapidaren Sätze des Parmenides geben ein Grundthema der abendländischen Philosophie an, die durch die folgenden Jahrtausende hindurch immer bemüht gewesen ist, das Sein als Einheit des Ganzen, als Einheit der Welt, der Natur und der Zeit zu erfassen. Dieselben Sätze geben aber zugleich ein Grundthema der Psychologie an: Seele ist als solche immer der Bezug zu diesem Ganzen. Seele ist als solche immer ein Horizont von Welt und von Wirklichkeit. Eben darum ist sie zugleich ein Horizont der Zeit. Sie existiert nur, sofern auch sie eine Teilhabe am Sein des Ganzen ist. Alle diese Konsequenzen ergeben sich aber nur aus dem einfachen Versuch, die Frage, was Sein ist, zu beantworten und jedem Ausweichen in das Nichts zu entgehen.

Aus diesem meditativen Denken ergeben sich Konsequenzen nicht nur für den Begriff des Seelischen im allgemeinen, sondern auch für die Psychologie des Denkens. Denken ist nicht ein unverbindlicher Ablauf von Vorstellungen und Assoziationen in unserem Inneren, sondern überall da, wo es wahres Denken ist, ist es der Bezug zur Wirklichkeit des Gedachten, zum Sein der Welt. Das Denken denkt die Wahrheit des Wirklichen, und nur solange es dies tut, ist es überhaupt Denken. Es existiert von Gnaden des Seins und seiner Wahrheit. Das drückt Parmenides in dem lapidaren Satz aus: »Das Selbe nämlich ist Denken und Sein« (fr 3), oder, wie es an anderer Stelle heißt: »Das Selbe ist Denken und dasjenige, worum willen Gedanke ist« (fr 8). Unser Sein ist Teilhabe an der Wahrheit des Ganzen. Es findet seine Krönung in jenem schauenden Denken, das in allem scheinbaren Wandel der Zeit die ewige Präsenz der Wirklichkeit schlechthin erfaßt, die immer da ist und an der wir alle teilhaben.

Diese Vorstellungen haben seither das Denken beherrscht, vor allem vermittelt durch die Ideenlehre Platons. In allen folgenden Jahrhunderten hat der Mensch versucht, das Unwandelbare, Wesenhafte festzuhalten. Im Christentum hat er es mit dem Göttlichen identifiziert. Aber nirgends ist in solcher Klarheit gesehen, daß das Unwandelbare nichts anderes ist als die ewige Präsenz des Seins selbst. Es ist die Gegenwart selbst und schlechthin, die in allem Wechsel und Wandel der Zeit immer da bleibt. Man kann also die Bedeutung des Parmenides nur erfassen, wenn man diesem durchdringenden und sich ganz auf den einen einzigen Gedanken konzentrierenden Denken wirklich folgt. Damit erfaßt man aber zugleich etwas vom Wesen der Meditation, der Beziehung zur Unveränderlichkeit und Absolutheit des Jetzt. Der Gedanke, daß wir an der Wahrheit der Welt teilhaben, daß irgend etwas in uns mit ihr identisch ist und wir sie darum erkennen können, hat die ganze abendländische Philosophie beschäftigt. In der Neuzeit hat sich dieser Gedanke immer mehr dahin gewendet, daß der Grund jener Einheit von Denken und Wahrheit in der Tiefe unserer Seele selbst liegen müsse. Bei Parmenides aber liegt er in der Einheit des Seins selbst, von der sowohl alles, was in der Welt erscheint, wie unser Denken abhängt.

Für Heraklit ist diese Einheit die Einheit der Gegensätze, die Identität des ewigen Wandels, für Parmenides aber ist aller Wandel nur Schein, das Denken hat sich ganz und gar an jene Einheit fixiert. Schon die Nachfolger der beiden Denker haben versucht, diese beiden Grundgedanken, den des ewigen Wandels und den der absoluten, unwandelbaren Präsenz des Jetzt und des Seins zusammen zu denken. Diese Versuche sind in vielem modellhafter ausgefallen. Besonders interessant ist in diesem Zusammenhang die Philosophie des Empedokles.

Empedokles

Für Empedokles sind Feuer, Wasser, Luft und Erde die unwandelbaren Grundelemente, aus denen alles Seiende besteht. Interessant ist aber nun, wie er den Wandel deutet: Wenn auch die Elemente selbst unwandelbar sind, so entsteht und vergeht doch ständig alles, was aus ihnen zusammengesetzt ist. Die Kräfte aber, die das Zusammenströmen der Dinge zu immer neuen Einheiten und ihr Auseinanderfliehen und Vergehen im Wandel und Untergang bestimmen, nennt Empedokles Liebe und Haß. Das Entzweiende und Verbindende im Sein der Natur wird also hier in Analogie zum Psychischen gesehen (vgl. fr 17). Es ist aber nicht eigentlich eine Übertragung seelischer Wirklichkeit auf die Natur, um die es hier geht, sondern umgekehrt, das Wesen des Seins der Natur, Verbindung und Entzweiung, manifestiert sich im Menschen als Liebe und Haß. Hiermit ist das Thema der Affekte formuliert, das seither in so entscheidender Weise das psychologische Denken beherrscht hat. In den Gewalten der Liebe und des Hasses erfahren wir die Natur in uns selbst.

Ihre eigentliche Fortführung finden die ontologischen Gedanken des Parmenides aber im Denken Platons.

Platon

Platon knüpft an den Gedanken des Parmenides an, der im Sein das ewig Gegenwärtige in sich selbst Ruhende gesehen hatte, dem gegenüber die Wandlung und Vergänglichkeit der Dinge nur Erscheinung ist. Auch Platon fragt nach dem gleichbleibenden eigentlichen Sein der Dinge, aber er erblickt dies nicht nur in der Einheit des Ganzen, sondern auch im jeweiligen Wesen des Einzelnen, in dem, was eine Sache zu dem macht, was sie ist. Es wachsen und vergehen immer wieder andere Bäume ein und derselben Art, zum Beispiel Eichen oder Linden, aber sie alle entsprechen dem Wesen dieser Art, sie alle erlangen ein Aussehen, das der Idee dieses Baumes entspricht. Ist nicht diese Idee, diese Gestalt, in die sie hineinwachsen, ihr eigentliches Sein, dasjenige, was in ihnen eigentlich ist? Das wahre Sein, das Unwandelbare sind für Platon die Ideen. Die einzelnen Dinge und Situationen sind gleichsam nur schattenhafte Abbilder von ihnen. Die Seele aber hat die Fähigkeit, in den Dingen und der Fülle und Buntheit der Welt das zu erschauen, was sie eigentlich sind. Sie kann in ihnen die Idee erfassen. Sie hat einen unmittelbaren Zugang zu der Wahrheit, die sich im einzelnen Ding verwirklicht.

Die Beispiele dafür findet Platon nicht nur in der organischen Natur, wo durch die Jahrtausende hindurch die Dinge immer wieder dieselbe Gestalt, dasselbe Wesen verwirklichen, so wie auch wir als Menschen immer wieder in jeder einzelnen Existenz die Gestalt des Menschen sind, sondern er findet auch Beispiele ganz anderer Art. Wenn wir zum Beispiel das Geschehen in einer Situation als schreiende Ungerechtigkeit empfinden, so müssen wir doch zuvor schon eine Idee davon haben, was Gerechtigkeit ist. Alles menschliche Handeln ist gleichsam nur wie ein schattenhaftes Abbild, das sich bemüht, die Idee des Guten zu verwirklichen. In allem einzelnen Schönen, das uns begegnet, erblicken wir gleichsam die Idee der Schönheit selbst, die ihm einen absoluten Glanz verleiht. Woher aber kann die Seele dieses wahre Wesen der Dinge erfassen, wenn sie doch allesamt nur Abbilder seiner Absolutheit sind? Es ist, als ob sie es schon vorher gesehen haben müßte. Darum sagt Platon, daß alles, was die Leute Lernen nennen, in Wirklichkeit Erinnerung ist. Es ist, als ob die Seele vor ihrer Geburt an einem anderen Ort schon die Ideen in ihrer Reinheit geschaut hätte (Phaidon 18, Menon 15).

Auch in Platons Ideenlehre finden wir also jene Entsprechung zwischen dem, was die Seele in sich selber findet, und dem Wesen und der Ordnung der Welt. Sie hat in sich selbst einen Zugang zu dem, was eigentlich ist. Ein anderer Bereich, an dem Platon diese These, daß Erkenntnis in ihrem Wesen Erinnerung ist, beweist, ist der der Mathematik. Die Gesetze der Geometrie, die Verhältnisse eines Dreiecks oder Quadrats zum Beispiel, kann man einem Menschen wohl zeigen, aber er kann sie nur einsehen, wenn es ihm innerlich aufleuchtet.

Was also ist hier seelisches Sein? Es ist die Fähigkeit, die Ideen zu schauen, etwas Anfängliches, das in uns wohnt, der Zugang zum Unwandelbaren in der Flut der Erscheinungen. Wir kennen alle das Phänomen der Evidenz, des Aufleuchtens, der Einsicht, mit dem etwas in seinen Zusammenhängen völlig klar wird, an das wir wohl hingeführt werden können, auf das wir uns vorbereiten können, das aber dann spontan von innen her sich ausbreiten muß. Interessant ist nun, daß Platon diesen Zugang zum wahren Seienden, zu den Ideen, nicht nur in der Erkenntnis findet, sondern auch in der Liebe. Was ist Eros?, fragt er in seinem Dialog »Symposion«, und er läßt Diotima im Gespräch mit Sokrates antworten: ein großer Dämon, ein Mittler zwischen Sterblichen und Unsterblichen. Er ist umhergetrieben, struppig und barfuß, schläft auf den Straßen und an den Türen, doch zugleich ist er kraftvoll und tapfer, nie erlahmend, stets das Absolute suchend, das er mit dem Endlichen vermittelt. Was bedeutet dieses Gleichnis? Darin, daß er arm und struppig ist, drückt sich das Getriebensein der Liebe aus, das sie dem Wahnsinn vergleichbar macht, doch darin, daß er zugleich tapfer und kraftvoll ist, die nie erlahmende Kraft der Liebe, die stets das Absolute sucht und die Quelle alles Schöpferischen ist. Der Eros, die Liebe, sucht ständig das Schöne. Sie strebt nach Zeugung im Schönen. Sie strebt danach, die eigene Art zu verewigen, indem alles Lebendige in ihr bemüht ist, ein Junges zu zeugen, das ihm gleicht. Aber wir lieben im einzelnen schönen Körper eigentlich die Schönheit selbst, wir lieben das Kreative und das Absolute im Du, dem wir begegnen. Die Zeugung drängt stets auf etwas Ewiges und Unsterbliches. Sie ist in Wahrheit auf die Uridee der Unsterblichkeit gerichtet. Im Schönen lieben wir das Ewige, die Ewigkeit im Augenblick. So ist es gerade die unwandelbare Idee, die in der Leidenschaft und Triebkraft des Eros sich durchsetzt. Die innere Evidenz der Zeugung, jene Klarheit, die wir auch in der leiblichen Lust und ihrer Evidenz verspüren, ist also eigentlich der Drang zum Absoluten der Idee, das der Mensch immer sucht, auch in der Kunst, der Religion und der Philosophie (Symposion, Kap. 23–26).

Menschen, die nur die Erscheinungen sehen und schon für die ganze Wirklichkeit halten, sehen also gleichsam nur die schattenhaften Abbilder der Ideen und gleichen solchen, die in einer Höhle gefesselt sind. Wer aus dieser Höhle befreit wird, muß sich erst an das Licht und die Strahlkraft der wahren Wirklichkeit gewöhnen. Er wird zunächst von der Gewalt der Sonne geblendet. Die Sonne ist für Platon das Gleichnis des Wesens der Ideen, das, was die Ideen zu Ideen macht, was ihnen die Kraft gibt, zugleich den einzelnen Dingen Leitbild zu sein und den menschlichen Geist so zu erleuchten, daß er das Einzelne auf das Ganze hin durchschauen kann. Wer diese Sonne geschaut hat und von da in die Höhle der Gefesselten zurückgebracht wird, muß diesen als ein Wahnsinniger und Verblendeter erscheinen, denn er kann die Schatten und ihre Ordnungen nicht mehr erkennen. Er kann nicht mehr verstehen, wie die Menschen in ihren Gerichtshöfen nur um Schatten der Gerechtigkeit streiten (Politeia, Buch 7, Kap. 1–3).

Das Befeuernde dieser Platonschen Gedankengänge hat die abendländische Philosophie seither befruchtet. Es hat die Seele in jene Nähe zum Absoluten gebracht, durch welche sie zu einer Vermittlerin zwischen der Endlichkeit des Daseins der Sterblichen und der Absolutheit des Göttlichen wird. Eine Psychologie, die an den Phänomenen der Religion, der Kunst und des Schönen vorbeigeht, wird schwerlich das ganze Wesen seelischen Seins erfassen können. Doch gilt es zugleich, diese Zugewendetheit der Seele zum Transzendierenden mit unserer Leiblichkeit und unserem organischen Wirklichsein zu verbinden. Um diese Verbindung hat sich schon der große Schüler Platons, Aristoteles, im vierten vorchristlichen Jahrhundert bemüht.

Aristoteles

Aristoteles wurde 384 vor Christus geboren. Er war zwei Jahrzehnte lang der Schüler Platons, danach Lehrer Alexanders des Großen und gründete schließlich 335 in Athen seine eigene Schule.

In den zehn darauf folgenden Jahren entstanden alle wesentlichen aristotelischen Schriften. Aristoteles verbindet die Intensität der Wesens- und Ideenschau Platons mit einer großen Nähe zur naturhaften und materiellen Wirklichkeit alles Realen. Das Wesen ist den Dingen nicht jenseitig, sondern es wohnt in ihnen, macht ihr Wirklichsein, die Form ihres Daseins aus. Seele ist für Aristoteles die Art und Weise der Präsenz eines leiblichen Lebewesens. Sie ist die Wirklichkeit des Leibes und seiner Art, da zu sein. Hiermit hat Aristoteles eine Konzeption der Seele entwickelt, die um vieles aktueller ist als alles, was heute über das Leib-Seele-Problem geschrieben wird. Es ist nicht übertrieben, zu sagen, daß die Psychologie des Aristoteles gerade im Hinblick auf die Psychophysiologie und Psychosomatik der Gegenwart die höchste Aktualität und Zukunftsträchtigkeit besitzt.

Was ist Seele? Seele ist nicht nur Innerlichkeit oder Bewußtsein, sie ist nicht das vom Körper Getrennte, sondern sie ist die Art und Weise, wie wir da sind, wie wir leiblich existieren, wie wir einander präsent sind. Diesen Gedanken, daß Seele eigentlich die Wirklichkeit und Lebendigkeit eines leiblichen Lebewesens ist, verbindet Aristoteles mit der Einsicht, daß der Leib als naturhafter Körper gleichsam werkzeugartig ist. Er ist das Werkzeug zur Erhaltung seines eigenen Seins sowie auch zur Erhaltung seiner Art. Werkzeug heißt auf griechisch »organon«. Ein werkzeugartiger Körper ist ein »Soma organikon«. Von hier rührt unsere Betrachtung des Körpers als Organismus. Wir haben aber diese Werkzeuge nicht nur, sondern wir sind diese Werkzeuge. Wir haben nicht nur einen Leib, sondern wir sind ein Leib. Seele ist dieses Leibsein selbst.

Ein Werkzeug ist zum Beispiel die Hand, mit der wir greifen können, sie ist sogar das Werkzeug der Werkzeuge, wie Aristoteles sagt, weil aller handwerkliche menschliche Werkzeuggebrauch von ihr abhängt. Werkzeuge sind aber auch die Flossen der Fische, die Flügel der Vögel, die Beine aller Landtiere. Sie sind Werkzeuge der Ortsbewegung. Werkzeuge sind Maul und Magen. Mit ihrer Hilfe erhalten wir uns durch die Ernährung im Sein. Was ist das Wesen des werkzeughaften Körpers? Das Kennzeichen jedes Organs ist, daß eine Möglichkeit in ihm wohnt, daß es ein Vermögen hat. Aber was dieses Vermögen ist, das kann man nur aus dem Vollzug dieser Wirklichkeit her verstehen. So wohnt im Auge zum Beispiel das Sehvermögen, doch was dieses bedeutet, erfassen wir nur vom Akt des Erblickens her. Doch auch das Erblicken kann nicht aus sich selbst allein verstanden werden, denn was es ist, begreifen wir erst, wenn wir es von dem her verstehen, worauf es sich richtet, von dem Erblickten, der Farbe und der Form der Dinge.

Alle Werkzeuge des Leibes und dieser als ganzer sind auf das ihm gegenüberliegende Wirkliche der Welt gerichtet. Im Akt des Erblickens berühren sich die Wirklichkeit des beseelten Leibes und die Farbigkeit und Gestalt des Erblickten in seiner eigenen Wirklichkeit. Aber nicht nur Auge, Ohr und Gefühl, die Organe der Wahrnehmung, haben ein solches Gegenüber. Auch das Strebungsvermögen und der Trieb, der uns Lust und Unlust empfinden läßt, richten sich auf etwas außer uns. Ihr Gegenüber ist das Erstrebte, sei dies nun wie bei allen Tieren die Nahrung, die zur Erhaltung der eigenen Existenz dient, oder sei es der Partner, mit dem wir uns vereinigen, um die eigene Art zu erhalten (Über die Seele, Buch II, Kap. 1–4).

Die Wirklichkeit des Trieb- und Affektlebens wird also ebenso wie die Wirklichkeit der Wahrnehmung von Aristoteles nicht nur als etwas Innerseelisches, rein Subjektives erfaßt, sondern sie definiert sich aus dem Vollzug, aus der Berührung mit dem Gegenüber, aus jener Identität der Wirklichkeit des Seelischen mit der Wirklichkeit der Welt, die sich darin ereignet.

Auf die Welt gerichtet sind aber nicht nur Wahrnehmung und Trieb, sondern auch das Denken. Die Wahrheit des Denkens liegt für Aristoteles immer in der Wahrheit des Gedachten. Im geistigen Sein berührt die Seele in ihrer eigenen Wirklichkeit die Wahrheit des Ganzen und der Welt. Wenn das Gegenüberliegende der Ernährungsorgane die Nahrung ist, dasjenige der Bewegungsorgane der Raum und dasjenige der Wahrnehmungsorgane die Farbigkeit oder Hörbarkeit der Dinge, so ist das Gegenüberliegende der Seele, sofern sie Geist ist und denken kann, das Seiende im Ganzen, die Welt als solche. So kann Aristoteles seiner ersten Definition des Seelischen – nämlich: Seele ist die Wirklichkeit des werkzeughaften Leibes – eine zweite Definition an die Seite stellen: Die Seele, sofern sie Geist ist, ist in gewisser Weise alles Seiende, weil alle Dinge entweder wahrnehmbar oder denkbar sind. Wenn aber der Geist und das Denken sich auf das Ganze des Seienden und seine Wahrheit richten, so müssen sie auch für dieses Ganze offen sein, gleichsam eine unbeschriebene Wachstafel, eine tabula rasa, in die sich alles eingraben und in der alles seine Spuren hinterlassen kann. Doch dieses allein genügt noch nicht, um das Wesen der Seele als Geist zu verstehen, denn der Geist muß nicht nur der sein, der gleichsam alles wird, indem er alles in sich aufnehmen kann, sondern er muß zugleich den Lichtkreis schaffen, in dem sich alles Wirkliche zeigt. Der in diesem Sinne schaffende Geist, wie Aristoteles ihn nennt, ist gleichsam das Licht, in dem alles erscheint. Das Licht wird hier zu einem Gleichnis der Wahrheit. So wie erst im Licht der Sonne die Farben der Dinge aufleuchten, so kann erst im Licht des Geistes die Wahrheit der Dinge als solche sich zeigen. Das Gegenüberliegende der Seele als Geist ist also eigentlich die Wahrheit und das Unwandelbare in den Dingen selbst. Es ist die Ewigkeit der Ideen, und nur sofern die Seele mit diesen in Berührung gerät, hat sie an ihrer Ewigkeit teil und ist sie unsterblich (Über die Seele, Buch III, Kap. 4–8).

Das Faszinierende dieser aristotelischen Psychologie liegt darin, daß sie in einem großen Bogen organische Wirklichkeit und geistiges Sein zu einer Einheit verbindet und als Einheit denkt. Wenn es uns gelingt, diesen Gedanken nachzuvollziehen, so werden wir darin einen Schlüssel für die Lösung einer Fülle von Problemen finden, die in dem Nebeneinander physiologischer und psychologischer Erkenntnisse und in der Frage nach ihrer gegenseitigen Beziehung liegen. Das Entscheidende ist: Aristoteles betrachtet weder den Organismus als bloß vorhandenes Objekt, in welchem gewisse Prozesse ablaufen, noch betrachtet er den Geist als bloße Innerlichkeit, sondern beide sind, was sie sind, nur durch die Aktualität des Vollzugs in der Beziehung zum Gegenüberliegenden der Welt. Beide sind gedacht als Sein und Wirklichkeit. Das Sein des Organismus liegt im Vollzug der Berührung mit den Dingen der Welt, in dem er sich verwirklicht, sei es in der Ernährung, in der er den Stoff der Umwelt in sich aufnimmt, sei es in der Zeugung und Empfängnis, in der er sich als Art erhält, sei es im Wahrnehmungsakt, in dem er das, was er ist, nur ist durch die Berührung mit der Wirklichkeit und Farbigkeit der Welt.

Aristoteles drückt dies durch ein Gleichnis aus. Wenn wir uns einmal vorstellen, das Auge sei ein Lebewesen für sich selbst, so wäre seine Seele das Erblicken, und zwar nicht nur das Erblickenkönnen, sondern auch jener Augenblick, in dem es die Wirklichkeit des Erblickten als solche berührt. In analoger Weise ist der Geist im Denken in Berührung mit der Wahrheit alles Seienden, das Wesen des Denkens kann nur aus dem Akt und Vollzug des Gedankens erfaßt werden, dieser aber nur aus der Wahrheit des Gedachten, d. h. aus dem Sein und der Wirklichkeit selbst.

Während die aristotelische Psychologie durch den Bezug zur Leiblichkeit und zur Außenwelt gekennzeichnet ist, hat die Neuzeit ihre Aufmerksamkeit ganz dem Reich des Bewußtseins zugewendet. Aber schon am Ende der Antike findet im Denken Augustins eine ungeheuer kraftvolle und faszinierende Wendung nach innen statt.

Augustinus

Was Augustinus fasziniert, ist die innere Welt, die Welt des Gedächtnisses. Erinnerung ist unsere Beziehung zum Sein der Vergangenheit, in ihr ist gewesenes Wirkliches als solches gegenwärtig. »Ich komme in die Gefilde und weiten Paläste der Erinnerung, wo die Schätze unzähliger Bilder sind«, heißt es im 10. Buch der »Konfessionen« (Kap. 8). Vergangene Wirklichkeit tritt in ihrer ganzen Lebendigkeit und Farbigkeit aus den verborgenen Höhlen und Gängen des Gedächtnisses zutage. Manchmal muß ich nach den Dingen suchen, und anderes stellt sich ein und drängt sich meinem Auge vor. Ganze Scharen von Gestalten stürzen aus geheimen Höhlen an das Licht des Bewußtseins. Es ist die Dynamik von Erinnern und Vergessen, Entborgenheit und Verborgenheit, um die es hier geht. In der gewaltigen Aula des Gedächtnisses sind Himmel und Erde und Meer, alles Wahrgenommene und Vergessene aufbewahrt. »Es ziehen die Menschen dahin, um zu bewundern die Höhen der Berge und die gewaltigen Wogen des Meeres, den breiten Fall der Flüsse, den Umfang des Ozeans, die Kreise der Gestirne – und verlassen sich selbst, ohne sich zu wundern, daß ich das alles, während ich davon redete, nicht mit Augen sah und doch von Bergen, Strömen und Flüssen und Gestirnen sprach, die ich schaute in diesem ungeheuren Raum meines Gedächtnisses, als schaute ich sie vor mir« (Confessiones, Buch 10, Kap. 8).

Es ist nicht eine unverbindliche Subjektivität, was Augustinus hier entdeckt, sondern die gewaltigen Ausmaße einer inneren Welt, in der sich die Gesamtheit alles Wirklichen abbildet. Es sind die Geheimnisse der Präsenz des Abwesenden, von denen Augustinus fasziniert ist. Auch im tiefsten Schweigen der Nacht kann ich mir leuchtende Farben und klingende Töne in Erinnerung rufen, ohne doch etwas zu sehen und zu hören. Ich kann den Geruch der Lilien in Gedanken wahrnehmen, ohne daß sie wirklich gegenwärtig sind. Das Gedächtnis ist ein Bezug zu vergangenem und entferntem Sein, es ist in sich selbst ein Bezug zur Welt, denn die ganze Welt ist im Gedächtnis. Der Weg nach innen und der Weg nach außen sind im Grunde dasselbe. Psychische Realität wird hier in ihrer ganzen Intensität und Dichte erfahren. Seele ist Gegenwart auch von Vergangenem und Zukünftigem, Seele ist Gegenwart des Ganzen in meinem Inneren. Diese Gegenwart aber ist mit einer ungeheuren Dynamik des Sich-Entbergens und -Verbergens verbunden. Die Dinge drängen sich mir ungefragt auf, oder sie entziehen sich, wenn ich verzweifelt nach ihnen suche.

Wir alle kennen die Erfahrung, die sich einstellt, wenn uns plötzlich irgendein Geruch an eine längst vergangene Zeit erinnert. Alle Einzelheiten sind wieder da, der Raum, in dem ich mich befand, die Wirklichkeit des Geschehens, in das ich verwickelt war, die Präsenz der Menschen, die mir in dieser Zeit begegnet sind. Ja auch ich selbst begegne mir im Gedächtnis. Ich begegne mir so, wie ich früher war, und erkenne mich doch zugleich als den, der ich jetzt bin.

Das Besondere an dieser Eroberung der inneren Welt bei Augustin liegt in ihrer Beziehung zur Zeit. Es ist die Zeitlichkeit des Psychischen, die in Verbindung gesehen wird mit der Zeitlichkeit alles Seins überhaupt. Aber was ist Zeit? Der Versuch, dieser Frage nachzugehen, führt in eine bestürzende Reihe von Einsichten. Alles was vergangen ist, existiert nicht mehr, alles Zukünftige ist noch nicht. Wirklich scheint also nur die Gegenwart zu sein. Doch, was ist Gegenwart? Wie lange dauert sie? Auch die kürzeste Dauer läßt sich wieder in Vergangenheit, Gegenwart und Zukunft trennen. Der Augenblick ist eigentlich nur die Grenze zwischen dem Noch-nicht-Sein der Zukunft und dem Schon-nicht-mehr-Sein der Vergangenheit, in welche er wegflieht. So erweist sich die Gegenwart als eine zeitlose Grenze zwischen Vergangenheit und Zukunft. Auch in ihr verschwindet das Sein, wenn man es im Hinblick auf die Zeit betrachtet. Der fliehende Moment ist nur eine nichtige Grenze zwischen dem Noch-nicht der Zukunft und dem Nicht-mehr der Vergangenheit. Zeit, Sein und Nichts sind also ineinander verschlungen.

Aber wie ist es dann möglich, die Zeiten zu messen? Die Gestirne, an deren Bewegung ich sie zu messen scheine, drehen sich doch vom Nichts der Vergangenheit durch das unausgedehnte Jetzt in das Nichts der Zukunft. Die Zeit als eine solche, die auch Vergangenheit und Zukunft enthält, enthüllt sich also eigentlich nur in meiner Seele. Sie geht durch mich hindurch. In meiner Seele messe ich die Zeiten im Vorübergehen. Eine lange Vergangenheit ist eigentlich nichts anderes als eine lange Erinnerung, und eine lange Zukunft ist in Wahrheit eine lange Erwartung. Die Seele ist ein Durchgangsort der Zeit (Confessiones, Buch 11, Kap. 14–28).

Wir können die Zeit in der Natur außer uns nur messen, weil wir selber zeitlich sind. Die erlebte Zeit ist nicht ein schattenhaftes Abbild der meßbaren Naturzeit, sondern die Seele ist vielmehr ein Ort, wo wahrhaft Zeit sich ereignet und sich als solche zeigt. In ihr vergleichen wir Vergangenheit und Zukunft und finden ein Maß der Dinge gegeneinander, etwa wenn wir ein Musikstück hören oder eine Melodie singen. Auch für Augustinus ist also Seele der Bezug zur Welt, aber es ist die Welt der Zeit in ihrer Hintergründigkeit und Verschlungenheit, der die geheimnisvoll verborgene innere Welt korrespondiert, die wir im Gedächtnis entdecken.

Mit dem Denken Augustins hat sich das christliche Mittelalter immer wieder auseinandergesetzt. Aber diese Auseinandersetzung verbindet sich bei seinem größten Vertreter Thomas von Aquin mit einer Neubelebung des aristotelischen Denkens, mit der Auffassung der Seele als Form des Leibes. Gegenüber dieser Bestimmung des Psychischen hat Descartes zwölf Jahrhunderte nach Augustin in einer um vieles radikaleren Wendung nach Innen die Eigenständigkeit des Psychischen und seine totale Unterschiedenheit von aller leiblichen Wirklichkeit betont.

Descartes

Descartes' große Entdeckung ist die eigene, mit nichts anderem vergleichbare Realität seelischen Seins. Wir alle erfahren in uns eine Wirklichkeit, die nicht dinghaft und nicht räumlich und doch von großer Lebendigkeit und Farbigkeit ist. Es ist die Wirklichkeit des Bewußtseins, die Wirklichkeit von Traum, Phantasie und Wunsch, von Denken, Gefühl und Empfindung. Das alles existiert. Aber es ist ganz ungreifbar. Man kann es nicht von außen sehen, sondern es ist jedem von uns in seinem eigenen Erleben gewiß. Dieses Sein hat seine Wahrheit und Wirklichkeit ganz unabhängig von der Frage der Übereinstimmung unserer Vorstellungen mit der Außenwelt. Phantasien, Wünsche und Träume sind genauso wirklich wie Wahrnehmungen, Empfindungen und Gedanken.

Descartes ist fasziniert von dieser eigenartigen und ganz unabhängigen inneren Wirklichkeit. Sie ist ja nicht weniger wirklich, als es die Dinge im Raum außer uns sind. So gibt es also zwei ganz verschiedene Arten von Realität, die eine von der Weise der ausgedehnten Welt im Raum, die andere von der Weise der Gedanken und Vorstellungen, Gefühle und Empfindungen. Descartes nennt sie zwei Substanzen und bezeichnet sie kurz als »Ausdehnung« und »Denken« oder: ausgedehnte und denkende Sache. Durch diese Absicherung der Eigenständigkeit des seelischen Seins hat er den Philosophen und Wissenschaftlern der folgenden Jahrhunderte ein riesiges Reich der Psychologie und der eigenständigen Wirklichkeit des Bewußtseins eröffnet. Zugleich aber hat er dadurch ein Problem geschaffen, das uns noch heute belastet, das Leib-Seele-Problem, die Frage, wie denn überhaupt zwischen zwei so grundverschiedenen Arten des Seins eine Beziehung und Wechselwirkung möglich sein könnte. Ebenso wichtig wie die Zweisubstanzenlehre ist aber auch der Weg, der zu diesem Ergebnis geführt hat.

Descartes sucht nach einem unerschütterlichen Fundament der Wahrheit, auf das man Philosophie und Wissenschaft bauen kann. Dieses muß in einem Seienden liegen, das über jeden Zweifel erhaben ist. Die Sinneswahrnehmung kann eine solche Sicherheit nicht bieten, denn wir erleben immer wieder, daß die Sinne uns täuschen. Aber, so kann man einwenden, wenn auch die Sinne im einzelnen täuschen können, so ist doch die Gesamtheit der natürlichen Erfahrung unbezweifelbar. Daß ich jetzt hier an meinem Kamin sitze, dieses Papier in Händen halte, mit meinem Winterrock bekleidet bin, wer könnte das bezweifeln, sagt Descartes. Doch halt, kann nicht dies alles mit genau derselben Gewißheit mir im Traum begegnen, und wenn ich dann aus diesem Traum erwache, erweist sich alles dies als unwirklich. Wer kann mir denn beweisen, daß ich nicht auch jetzt, wo ich eben dieses denke, in Wirklichkeit nur träume?

Descartes war fasziniert von der Realität der geträumten Welt. Solange wir träumen, ist das Geträumte völlig wirklich. Erst wenn wir aufwachen, verwandelt es sich in Bild und Phantasie, in etwas, das nicht wirklich real da war. Aus dieser Erfahrung des Träumens und Erwachens erschüttert Descartes die natürliche Selbstverständlichkeit unseres alltäglichen In-der-Welt-Seins. Könnte nicht alles wie ein Traum sein? Wer garantiert mir, daß ich nicht auch jetzt aus dieser Wirklichkeit wieder erwache? Habe ich nicht oft schon im Traum geglaubt, erwacht zu sein, und doch in Wahrheit nur in tieferer Weise geträumt, bis ich endgültig erwachte? Das Traumargument Descartes' erschüttert die Gesamtheit der natürlichen Erfahrung, mit der wir in der Welt verwurzelt sind. Es steht im Zentrum eines großen Zweifelsganges, in dem die Evidenz der Sinneswahrnehmung, die Sicherheit der Tradition und sogar die Evidenz der mathematischen Wahrheit in Frage gestellt werden. Doch überraschend ist das Ergebnis dieses Weges: Auch wenn mich alle meine Sinne täuschen, auch wenn alles nur wie ein großer Traum ist, ja selbst wenn es gar keine Welt und gar keinen Körper geben sollte, so bleibt doch eines gewiß, nämlich, daß ich selbst, so lange ich dieses denke und so lange ich zweifle, existieren muß. Aus dieser Einsicht, die Descartes in die Kurzformel: »Ich denke, also bin ich«, »cogito ergo sum«, zusammenfaßt, ergibt sich, daß seelisches Sein in sich selbst als Vollzug absolut gewiß ist. Es ist dasjenige Seiende, das mir am unmittelbarsten zugänglich ist, das seine Wirklichkeit in sich selbst trägt und an dem man darum nicht zweifeln kann. Durch diese Wendung des Denkens ist die seelische Realität zum Urbild der Wirklichkeit schlechthin geworden. Sie ist in ihrer Gewißheit unerschütterbarer als alle Wirklichkeit der Außenwelt, die uns ja erst durch das Bewußtsein vermittelt wird. Sie kann und muß darum auch ganz in sich selbst und nach ihren eigenen Gesetzen untersucht werden, unabhängig von der Frage nach ihrem Zusammenhang mit dem Körper. Psychische Wirklichkeit folgt psychischen Gesetzen, sie hat ihre Wahrheit in sich selbst. Der Körper dagegen ist für Descartes wie eine Maschine. Er muß ganz und gar nach physikalischen Gesetzen erkannt und verstanden werden. So kommt es zu einer Neuaufteilung der Gebiete der Wissenschaften, die noch heute den Wissenschaftsbetrieb beherrscht.

Hier aber liegen auch die Grenzen dieser Einsicht. Ist Seele wirklich nur Innerlichkeit? Begegnet mir nicht der andere Mensch als leibliches Lebewesen, als ein Ganzes, das denkt, fühlt, liebt und haßt und mir präsent ist? Bin ich nicht auch mir selbst als dieses leibliche Wesen gegeben? Leiblichkeit in diesem Sinne ist aber nicht identisch mit dem als Maschine aufgefaßten Körper. Wenn einmal die Trennung zwischen Seele und Körper vollzogen ist, so läßt sie sich nicht durch nachträgliche Addierung überwinden.

Schon in Descartes' eigenem Jahrhundert begann sich die Philosophie mit großer Intensität dem psycho-physischen Problem zuzuwenden. Besonders interessant ist die Lösung Spinozas, der in der schöpferischen Kraft der Natur die Einheit von Seelischem und Leiblichem sieht.

Spinoza

Spinoza erfaßt den Menschen in seinem Wesen als Teil der Natur. Aber was ist für ihn Natur? Sie ist nicht einfach die Summe der Gegenstände, der Inbegriff alles Vorhandenen, sondern sie ist auch die Kraft, die alles Seiende ins Sein setzt. Mit dem Wort Natur meint Spinoza ebensosehr das Hervorkommen und Wirklichwerden der Dinge wie ihr Gegenwärtigsein. Darum unterscheidet er zwischen der hervorbringenden und der hervorgebrachten Natur und nennt sie Natura naturans und Natura naturata. Wer aber bringt die Natur hervor? Die entscheidende Einsicht Spinozas ist diese: Die Natur bringt sich selbst hervor. Sie ist das, was von sich her anhebt. Sie ist Quell und Ursprung ihrer selbst.

Das, was Ursache seiner selbst, causa sui, ist, hat die mittelalterliche Philosophie Gott genannt. Aber für Spinoza ist dieses Prinzip des Seins, das Göttliche, nicht etwas, was außerhalb der Welt existiert, sondern es ist das Wesen und die Wirklichkeit der Welt selbst. Darum nennt er die Natur Gott und Gott die Natur (Deus sive natura). Sein Begriff der Natur knüpft an das Denken der vorsokratischen Philosophen an, für die »Physis« die alles hervorbringende Macht und Einheit des Wirklichen ist. Alles, was existiert, sagt Spinoza, ist nur insoweit wirklich, als es an dieser einheitlichen Kraft der Natur teilhat und sie ausdrückt.

Die Natur ist nur eine einzige. Sie ist darum zugleich das Unendliche und Ganze. Die einzelnen Dinge sind gleichsam nur Modifikationen dieser einen Substanz, sie haben ihr Sein aus dem Sein des Ganzen. Die Macht, mit der sie existieren, ist die Macht der Natur selbst. Das gilt auch vom Menschen, denn in dieser Schau sind wir nur Momente des Ganzen.

So kann Spinoza einerseits die Kleinheit des Menschen betonen. Der Mensch ist nur ein winziges Teilchen der Natur. Andererseits aber drückt sich in ihm die ganze unendliche Kraft des Seins aus, welche Spinoza Gott oder die Natur nennt. Die Macht, mit der der Mensch sich in seinem Sein erhält, ist darum nichts anderes als die Macht Gottes oder der Natur selbst, sofern sie sich in diesem Einzelnen ausdrückt (Ethik IV, 4, Beweis). Alles Existierende wurzelt unmittelbar im Sein, der Atem des Ganzen ist in ihm lebendig. Es hat an dem einzigartigen Ereignis der Natur Anteil. Diese Teilhabe drückt sich in uns in dem Streben aus, im Sein zu beharren, da zu sein und glücklich zu sein. Der Trieb ins Sein ist darum für Spinoza das Wesen des Menschen. Was die Natur in ihrer unerschöpflichen Kraft und Gewalt ist, das erfahren wir auch in uns selbst, im Trieb als Natur in uns.

Aber dieser Drang zum Dasein stößt zusammen mit den anderen Dingen der selben Natur. Sie können uns in unserem Seinwollen tragen und fördern. Sie können uns aber auch entgegenstehen und uns einengen und hemmen. Sie tun uns etwas an. Den Zusammenstoß unseres Triebwollens und Triebwunsches mit der Wirklichkeit der Dinge außer uns nennt Spinoza affectio (»afficere« ist das lateinische Wort für »antun«).

Trieb und Affekt sind die Grundelemente unseres seelischen Geschehens. Sie durchziehen unser ganzes Sein. Diejenigen Dinge, die uns in unserem Seinstrieb fördern, erzeugen in uns das Gefühl der Lust und der Freude. Diejenigen aber, die sich uns entgegenstellen, erfüllen uns mit Trauer und Unlust. Freude und Trauer, laetitia und tristitia, durchziehen darum als Grundstimmungen unser Leben. Wir lieben die Dinge, die uns tragen und vermehren, denn Freudigkeit und Lust verbinden uns mit ihnen. Das aber, was sich uns entgegenstellt und einengt, erfüllt uns mit Abwehr oder Haß. Liebe und Haß sieht Spinoza darum als die beiden Grundaffekte an, aus denen die ganze Vielfalt seelischer Regungen, die Flutbewegung der Seele zwischen Lust und Unlust, Heiterkeit und Traurigkeit, zu verstehen ist.

Wenn der Mensch den Sinn für seinen Platz im Ganzen verliert, wird er von dieser Flutbewegung, von der furchtbaren Gewalt der Affekte fortgerissen. Er hat aber auch die Möglichkeit, sich dem Ganzen einzufügen und von diesem sich tragen zu lassen. Diese Möglichkeit hat er darum, weil er selbst ein Teil des Ganzen ist und weil er selbst auf seine Weise die Natur in seiner Existenz ausdrückt. Er muß sich also auf seinen Ort im Ganzen besinnen. Wie ist ihm dies möglich? Spinozas Antwort lautet: in einem schauenden Denken. Der Mensch kann sein Teilhaben am Ganzen in einer geistigen Schau erfassen, weil er das Wesen und die Notwendigkeit der Natur, an der er teilhat, mit seinem Geist anschauen kann.

Es ist ein Sich-Versenken in das Sein und seine innere Notwendigkeit, das uns an die Philosophie des Parmenides erinnert. Das Sein ist das Göttliche, die Kraft des Ganzen. Jede Anschauung dieses Ganzen vermehrt in uns die Lust und Heiterkeit des Seins, sie führt zu einem Wachsen der laetitia, bis hin zur beatitudo, d. h. zur Glückseligkeit. Der Mensch kann des Spiels der Leidenschaften in seinem Innern Herr werden, weil die Leidenschaft des geistigen Einsehens in das Ganze größer ist und ihn in seinem Sein trägt.

So kommt Spinoza zu dem Schluß, daß wir nicht deswegen glückselig sind, weil wir die Triebkräfte besiegen, sondern umgekehrt, daß wir diese Kräfte beherrschen können, weil wir die Teilhabe am Ganzen, die Zugehörigkeit zur göttlichen Natur, uns geistig zu eigen machen können (Ethik V, 42). In dieser umfassenden Zusammenschau von seelischer Wirklichkeit und Naturwirklichkeit werden also die Kräfte der Triebe und Affekte im Menschen mit denen des Geistes und der inneren Anschauung ins Gleichgewicht gebracht.

Eine wieder anders akzentuierte Antwort auf die Frage nach dem Verhältnis des Einzelnen zur Ganzheit der Welt gab Spinozas Zeitgenosse Leibniz.

Leibniz

Jede Seele ist ein lebendiger, stets sich wandelnder Spiegel des Universums. Im Bewußtsein jedes Einzelnen ist ja die Welt als ganze repräsentiert. Aber weil jedes einzelne Individuum einen anderen Standort im Ganzen hat, spiegelt sich die Welt in jedem in einer anderen Perspektive. Diese Perspektiven ergänzen einander. Sie geben erst zusammen das wahre Bild der Wirklichkeit. Hier ist also die alte Frage nach der Einheit und Ganzheit der Welt mit der Frage nach der Wirklichkeit seelischen Seins verbunden. Die besondere Einsicht von Leibniz ist es dabei, daß das Ganze der Welt von jedem Ort in ihr sich anders zeigen muß; daß es also nicht ein einziges fertiges Bild der Welt geben kann, weil man sie ja nicht von außen sehen kann, so daß also die eigentliche Wirklichkeit sich nur in einer unermeßlichen Fülle von Aspekten erfassen läßt. Hierfür gibt er ein sehr anschauliches Gleichnis: Ein Maler, der ein zureichendes Bild von einer Stadt geben wollte, dürfte diese nicht nur von einer Seite aus zeichnen, sondern er müßte sie von vielen verschiedenen Blickpunkten aus darstellen, die erst zusammengesetzt und sich ergänzend das Bild des Ganzen geben würden. Wer ein wahres Bild der Wirklichkeit haben wollte, müßte sie zugleich von allen möglichen Standpunkten aus ansehen können (vgl. Monadologie § 57).

In analoger Weise ist die Einheit und Ganzheit des Universums etwas, das sich erst aus der Fülle aller möglichen Perspektiven darstellen kann. Sie ist also auf seelisches Sein angewiesen, um als solche erscheinen zu können. Das Entscheidende bei dem Gedankengang von Leibniz ist hier aber die Einsicht, daß nicht die Abspiegelung in einem einzelnen Individuum genügt, sondern daß es der gegenseitigen Ergänzung in der Vielheit der Perspektiven bedarf, wenn das Ganze sich zeigen soll.

Seelisches Sein ist hier nicht allein vom Ich oder von einem isoliert vorgestellten Individuum aus begriffen, sondern es ist die Vielheit und gegenseitige Ergänzung individueller Spiegelungen, die sich zum Ganzen potenziert. Insofern ist also seelisches Sein nicht eine bloß belanglose Wiederholung der Natur, sondern ihre Potenzierung zu einem dynamischen Ganzen. Es ist ein barockes Spiegelspiel, das sich in ihm abspielt. Das Wesen des Bewußtseins und des Seelischen überhaupt ist, daß es stets im einzelnen Individuum das Ganze repräsentiert. Wie aber hängen Sein und Repräsentation zusammen?

Das Einzelne kann nur durch seinen Bezug zum Ganzen und durch seinen Ort im Ganzen definiert werden. Das gilt auch von den Urelementen der Natur, die Leibniz Monaden nennt. Der Raum ist unendlich teilbar. Seine kleinsten Elemente müssen gleichsam unräumlich sein. Aber sie müssen differenziert sein und den Bezug zur Vielfalt in sich enthalten.

In seiner »Monadologie« faßt Leibniz das Ganze des Seienden als eine Fülle von individuellen Einheiten auf, von denen jede das Universum, gemäß ihrem Standort, in einer einzigartigen Perspektive widerspiegelt. Erst alle diese Spiegelungen zusammen ergeben das Ganze. Gott wird gedacht als ein Wesen, das gleichsam von allen diesen Blickpunkten zugleich die Welt erblickt. Das Sein des Einzelnen ist Repräsentation und der Bezug zum Ganzen. Das Sein des Ganzen ist es, im Einzelnen gespiegelt zu werden.

Diesen Gedanken verbindet Leibniz mit einem anderen, indem er sich fragt, warum es gerade diese und nicht irgendeine andere Welt gibt, denn man könnte sich doch auch viele andere mögliche Welten vorstellen. Seine Antwort lautet, daß nur dasjenige zusammen existieren kann, was zum selben Zeitpunkt miteinander vereinbar ist und sich nicht gegenseitig ausschließt. Existieren bedeutet also immer in irgendeiner Weise Vereinbarsein mit dem Ganzen, Teilhaben an der Harmonie des Ganzen. Existieren ist nichts anderes als Harmonisch-Sein.

Was bedeutet eigentlich dieser Gedanke, wenn wir ihn auf unsere eigene Existenz anwenden? Der Mensch ist ja ein Wesen, das über die Tatsache, daß er selbst existiert, erstaunen kann. Auch unsere Existenz ist, ebenso wie die der Welt im ganzen, keineswegs selbstverständlich. Sie ist im Grunde ein erstaunliches Wunder, ein Geheimnis, das uns immer wieder plötzlich berühren kann. Die Welt hat uns gleichsam einen Ort zum Sein eingeräumt. Wir sind nur das Glied einer großen Kette von Seienden, die miteinander vereinbar sind, und darum spiegeln wir auch als dieses einzelne Wesen in unserem Sein das Ganze wider.

Bewußtsein ist eigentlich nur das Explizitwerden dieser Spiegelung des Ganzen. Leibniz nimmt an, daß es viele Stufen der Klarheit und Deutlichkeit der Weltspiegelung gibt. Das wache, rationale Bewußtsein ist nur eine hohe Ausformung jenes Inneseins, das schon den Tieren und allem Lebendigen zukommt. Auch alles Leben spiegelt in seiner Weise das Ganze wider.

Man kann das System von Leibniz geschichtlich zusammen sehen mit den Spiegelsälen der barocken Architektur und mit der ungeheuren Perspektivität barocker Deckenmalereien. Es ist derselbe Zeitgeist, der sich darin offenbart. Etwas sehr Wesentliches und für die psychische Wirklichkeit Kennzeichnendes kommt dabei zum Vorschein, eben die Perspektivität seelischen Seins überhaupt, das Aufeinanderangewiesensein der Standpunkte, die Art, wie wir uns in unserem Bild der Welt gegenseitig ergänzen. Es ist ein polyphones Konzert, das sich in der seelischen Wirklichkeit abspielt. Existieren heißt, an diesem Konzert teilzuhaben, in das Spiegelspiel der Wirklichkeit seelischen und geistigen Seins einbezogen zu sein.

So wie für Spinoza die Triebwirklichkeit der Zugang zum Sein in der Seele war, so war es für Leibniz das Aufleuchten des Bewußtseins. Das Thema des Bewußtseins, das Descartes in die philosophische Diskussion gebracht hat, beherrscht das ganze Denken der Neuzeit. Während die Philosophen des europäischen Kontinents dabei immer wieder fasziniert wurden von dem, was der Mensch schon mitbringen muß, damit ihm überhaupt eine Welt erscheinen kann, von jenen Voraussetzungen also, die Platon gemeint hat, wenn er sagte, daß die Seele die Ideen gleichsam schon vor ihrer irdischen Existenz geschaut haben müßte, so waren auf der anderen Seite die englischen Philosophen ganz beherrscht von der Einsicht, daß unser Denken auf Erfahrung und auf der Prägung durch die Welt beruht.

Locke und Hume

Bei der Betrachtung der aristotelischen Psychologie haben wir gesehen, daß der Geist dort durch zwei Bestimmungen gekennzeichnet ist: Einerseits muß er wie eine leere Wachstafel, eine »tabula rasa«, gesehen werden, auf die noch nichts geschrieben ist und in die alles eingetragen werden kann. Der Geist muß also unendlich offen sein für die Erfahrung. Andererseits muß er in sich schon das Licht mitbringen, in dem alles erscheint. Er muß gleichsam schon den Horizont des Ganzen in sich tragen, damit ihm überhaupt eine Welt gegenwärtig sein kann. Im siebzehnten Jahrhundert hat sich die Einheit dieser beiden Einsichten in zwei verschiedene Ströme der Tradition des Denkens aufgelöst, die kontinentaleuropäische und die angloamerikanische. Während zum Beispiel Leibniz ganz beherrscht ist von der Idee, daß der Geist die Spiegelung der Welt spontan aus seinem eigenen Sein in sich hervorbringen muß, betonen sein Zeitgenosse John Locke und dessen Schüler David Hume vehement die Angewiesenheit allen Erkennens auf die Erfahrung. Die Seele, sagt Locke, ist eine tabula rasa, eine leere Tafel, auf die überhaupt erst durch die Erfahrung unseres Lebens etwas eingetragen wird. Wir sind darum ganz und gar abhängig von dieser Erfahrung. Dinge, die uns angeboren erscheinen, wie zum Beispiel die Idee der Kausalität oder auch moralische Prinzipien, sind im Grunde nur die Folge der Gewöhnung. Die Vorstellung einer notwendigen Verknüpfung von Ursache und Wirkung ist nur möglich als das Produkt der Erfahrung, daß immer wieder bestimmte Ereignisse aufeinander folgen. Auch die Imperative der Moral beruhen auf dem Einfluß der Umwelt, dem wir ausgesetzt sind.

David Hume hat diese Lehre zu einer differenzierten Philosophie und Psychologie der Assoziation verfeinert. In unserem Bewußtsein und unserer Erinnerung verbinden sich Vorstellungen von Dingen miteinander, die wir gleichzeitig erlebt haben oder die nach dem Prinzip der Ähnlichkeit und der räumlichen Berührung miteinander verknüpft sind. Die Vielfalt des Bewußtseins ist gleichsam ein Strom von solchen Verkettungen und Assoziationen. In diesen Gedankengängen kommt etwas von der Eigenständigkeit seelischen Seins zum Vorschein. Es gibt ein komplexes Geflecht innerer Beziehungen in unserem Bewußtsein, das eigenen seelischen Gesetzlichkeiten folgt.

Aus dieser Einsicht heraus hat sich in der folgenden Zeit eine ausgedehnte Psychologie der Assoziation entwickelt. Für die Psychologie menschlicher Gedanken und Vorstellungen ist hier nicht primär die Frage der Wahrheit und Richtigkeit ihres Inhalts entscheidend, sondern die Frage ihrer psychologischen Verkettungen und Zusammenhänge. Auch die Tiefenpsychologie unseres Jahrhunderts, die Traumdeutung etwa, die von der hintergründigen Assoziation der Vorstellungen und Gedanken in unserem Inneren ausgeht, lebt noch weitgehend aus dieser Tradition. Das zeigt sich etwa darin, daß C. G. Jung solche hintergründigen Zusammenhänge in unserer Seele als Komplexe, d. h. also als Verflechtungen von Vorstellungen und Gefühlen bezeichnet.

Die Betonung der Erfahrung im Empirismus von Locke und Hume hat eine Wissenschaftsgesinnung geprägt, die nicht von vorgefaßten Meinungen ausgehen will, sondern alles im Experiment überprüft und Wissenschaft mit Empirie gleichsetzt. Darauf beruht ein großer Teil der Erfolge der neuzeitlichen Wissenschaften. Leicht aber kann dabei die Frage vergessen werden, warum denn überhaupt Erfahrungen möglich sind, worin die Voraussetzungen bestehen, die unser Geist mitbringen muß, damit er überhaupt Erfahrungen sammeln kann. Genau das ist die Frage, die Immanuel Kant im achtzehnten Jahrhundert in der Auseinandersetzung mit David Hume gestellt hat. Es ist wohl wahr, sagt er, daß alle unsere Erkenntnis auf Erfahrung angewiesen ist, damit aber ist noch nicht bewiesen, daß sie auch nur allein auf Erfahrung beruht (Kritik der reinen Vernunft, 2. Aufl., B, 1787, 1).

Kant

Was muß der Geist mitbringen, damit er eine Welt erkennen kann, das ist die Frage, die Kant stellt. Wir können nur etwas im Raum erkennen, wenn unser Geist die Dimension der Räumlichkeit schon in sich trägt. Es kann uns nur etwas in der Zeit erscheinen, wenn wir die Anschauung der Zeitlichkeit schon in uns selber haben. Wer nicht weiß, was Zeit ist, dem könnte es keine Erfahrung demonstrieren. Einem Menschen, dem nicht der Raum als Urgegebenheit immer schon anschaulich ist, könnte nie ein Ding im Raum erscheinen. Es sind die Anschauungsformen des Raums und der Zeit, die wir als Horizont gleichsam immer schon mitbringen müssen.

Ein Geist, dem nicht die Idee der Einheit eingepflanzt wäre, könnte niemals die Fülle der Erscheinungen zu einem Ganzen zusammenfassen. Um etwas als Verkettung von Ursache und Wirkung begreifen zu können, muß er schon eine Idee in sich haben, was überhaupt Kausalität ist. Es wäre völlig unvorstellbar, daß er das Wesen von Ursache und Wirkung aus der Erfahrung allein begreifen könnte, wenn nicht diese Form der Verbindung von Erfahrungen wenigstens prinzipiell schon in ihm wohnen würde. Wer könnte denken, was ein Ding ist, wenn nicht die Fähigkeit, vieles zu einer Einheit zusammenzuschauen, schon ihm eingewurzelt wäre? Wie könnte man Möglichkeit und Wirklichkeit unterscheiden, wenn nicht schon ein Sinn für das Wirkliche in uns wohnte, wenn wir nicht schon die Fähigkeit in uns hätten, etwas als möglich zu denken. Gewiß, alles einzelne Mögliche und Wirkliche muß uns die Erfahrung lehren. Hierin liegt die Grenze unserer Erkenntnis. Sie bleibt auf Erfahrung angewiesen und gilt nur im Reich möglicher Erfahrung. Aber

Erfahrungen kann nur ein Wesen sammeln, in dem schon die Bahnen solchen Erfahrens vorgezeichnet sind.

Nur ein solcher Geist kann die Fülle dessen, was ihm begegnet, zur Einheit der Welt zusammenfassen, der in sich selbst schon das Prinzip der Einheit trägt. Wo liegt dieses Prinzip? Zeigt es sich nicht darin, daß alles, was wir erleben und erfahren, für uns zusammengehört in der Einheit unseres Ich? Spiegelt sich nicht die Einheit der Welt in der Einheit der Erfahrung? Die Vorstellung, daß ich es bin, der diese Erfahrung macht, daß ich es bin, der denkt, muß gleichsam alle anderen einzelnen Erfahrungen und Erkenntnisse begleiten können, die wir machen. Es ist die Einheit des Ich, die Einheit des Auffassens und Zusammenfügens zu einem Ganzen, die das Bewußtsein schon mitbringen muß, damit ihm eine einheitliche Welt erscheinen kann.

Das Bewußtsein überschreitet als Horizont immer schon die Fülle aller einzelnen Erfahrungen, es transzendiert sie. Kant fragt nach den Bedingungen und Strukturen dieses Überschreitens, nach den Strukturen des transzendentalen Bewußtseins. Transzendental heißt hier alles, was die Fülle einzelner Empfindungen und Wahrnehmungen immer schon übersprungen hat und ihnen einen Bereich und Horizont erschließt, in welchem sie geschehen können. Die Gesetze des Erscheinens der Natur sind darum für Kant notwendigerweise zunächst Gesetze möglicher Erfahrung, Gesetze und Horizonte des Bewußtseins von Wahrheit überhaupt. Die Wahrheit der Welt ereignet sich als solche im Bewußtsein. Das heißt aber keineswegs, daß das Bewußtsein sie hervorbringt, sondern es heißt nur, daß es in seinen Strukturformen einen Rahmen schafft, in dem die Natur als solche erscheinen kann. Es bleibt immer angewiesen auf die Zuwendung der Natur, es muß angerührt sein von dem Ding an sich. Wir können zwar nicht sagen, wie ein Ding jenseits der Horizonte unserer Erfahrung beschaffen sein könnte, aber wir wissen, daß es an sich selbst existiert und uns anrührt, wir wissen um die Eigenständigkeit der Natur.

Wir haben in uns selbst sogar einen eigenen Zugang zu diesem Sein des Dinges an sich. Aber diesen Zugang findet Kant nicht im Bereich der Erkenntnis und des erkennenden Bewußtseins, sondern er findet ihn dort, wo wir unser eigenes Wollen und Tun nach einem Gesetz bestimmen, das in uns wohnt und das uns mit einem zwingenden Imperativ anspricht. Unser Wille und unsere Verantwortung, die Tatsache, daß wir selbst in unseren Taten und unserem Handeln wirklich sind, verbindet uns mit einer Tiefe des Seins, die weiter reicht als der Horizont der Erkenntnis. Trotz aller Einsicht in die Verkettung der Dinge wissen wir genau, daß wir für unser Tun und Handeln verantwortlich sind, daß wir es selbst sind, die da handeln. Der Wille, für den wir verantwortlich sind und durch den wir schuldig werden können, ist für Kant der Ort, wo die Natur durch uns selbst hindurchgeht. Dort sind wir in ihr verwurzelt, dort begegnet sie uns nicht nur als die Erscheinung, welche die Inhalte des Bewußtseins bildet, sondern als das Ding an sich, das Sein selbst, das den eigentlichen Grund der Wirklichkeit ausmacht. In der Nachfolge Kants hat Schelling in seiner Schrift »Das Wesen der menschlichen Freiheit« diesen Gedanken in dem lapidaren Satz ausgesprochen: »Wollen ist Ursein« (SW VII, 350).

Im Willen durchstoßen wir den Schleier der Erkenntnis, das Eingefangensein in die Horizonte unseres Bewußtseins. Im Willensakt geht die Wirklichkeit durch uns selbst hindurch.

Schelling

Schelling knüpft an Kant an. Das Bewußtsein, sagt er, bringt im Grund in sich selbst den Erscheinungshorizont der Welt hervor, denn es muß ja selbst die Anschauungsformen des Raums und der Zeit mitbringen, damit ihm überhaupt etwas im Raum und in der Zeit erscheinen kann. Es muß selbst die Formen der Einheit, die Kategorien der Kausalität, der Substanz, der Möglichkeit und der Wirklichkeit mitbringen, damit es überhaupt Zusammenhänge in der Natur erfassen kann. Es muß selbst in sich die Einheit des Wirklichen tragen, damit ihm alle seine Erfahrungen als zusammengehörig erscheinen können. Aber dies alles ist ihm selber unbewußt. Es ist unmittelbar der Welt und der Wirklichkeit zugewendet. Es merkt nicht, wie sehr es der Natur die Formen ihres Erscheinens vorgibt. Es bleibt dem Bewußtsein unbewußt, daß es in sich selbst einen Horizont für die Welt hervorbringt. Es bleibt ihm also auch unbewußt, in welchem Maße es sich selbst mit seinen Anschauungs- und Erkenntnisformen und mit der Einheit seines Ich in der Räumlichkeit und Zeitlichkeit der Welt und ihrer Einheit spiegelt.

Schellings Frage geht nach dem unbewußten Grund des Erscheinens von Wahrheit und nach der unbewußten Identität von Ich und Welt, von Bewußtsein und Gegenstand. Durch diese Fragestellung ist er zugleich der eigentliche Entdecker des Unbewußten. In seiner Philosophie hat dieser Begriff eine entscheidende Prägung erfahren. Dabei knüpft er an das Denken von Leibniz an, für welchen es verschiedene Grade der Klarheit gibt, in denen sich das Seiende im Seelischen spiegelt, von der höchsten Durchleuchtetheit geistigen Denkens bis hinab zu den Urformen des Innewerdens der Welt im Leben und im organischen Sein.

Es ist dem Bewußtsein unbewußt, daß es in sich selbst einen Horizont für das Erscheinen der Welt hervorbringt, daß es selbst an dem Ganzen der Wirklichkeit, die ihm erscheint, beteiligt ist. Schelling fragt nach dem Grund und dem Prinzip des Bewußtseins überhaupt. Dabei ist ihm deutlich, daß diese Frage ebenso in einen unerforschbaren Hintergrund hineinführt wie die Frage nach dem Grund der Welt. Bewußtsein kann man nur aus sich selbst heraus verstehen. Es springt gleichsam unmittelbar auf und kann nicht durch eine Rückführung auf anderes Seiendes erklärt werden. Es ist etwas, was in sich selbst aufgeht.

Die Frage nach dem Quell und Grund des Bewußtseins verbindet sich bei Schelling mit der Frage nach dem Wesen des Ich und des Selbstbewußtseins. Was ist eigentlich das, was wir Ich nennen? Einerseits gehört dazu, daß dieses Ich gleichsam als Zeuge alles begleitet, was wir erleben. Die Einheit unserer Erfahrung ist zugleich auch die Einheit des Ich, durch das sie hindurchgeht. Das Ich und das Selbstbewußtsein haben aber noch eine andere Eigentümlichkeit, nämlich diese, daß sie zugleich das Subjekt dieses Bewußtseins und sein eigener Gegenstand sind. Irgendwann, wenn das Kind zum ersten Mal zu sich Ich sagt, muß ihm dieses Bewußtsein seiner selbst aufgegangen sein. Aber was ist das Sein des Selbstbewußtseins? Es existiert im Grunde nur, indem es sich vollzieht. Nur da, wo ich mich selbst erfasse, wo mir aufleuchtet, daß ich bin, gibt es überhaupt Selbstbewußtsein. Es ist eigentlich etwas, das sich selbst hervorbringen muß, indem es sich selbst vollzieht.

Der Vollzug des Selbstbewußtseins ist wie eine Spiegelung der Spiegelung. Zu seinem Wesen gehört es nicht nur, daß ich mich selbst zum Gegenstand mache, sondern ich muß auch noch erfassen und gleichsam durchschauen, daß ich selbst es bin, was hier mein Gegenstand ist, daß ich, der sich selbst denkt, identisch bin mit dem Gedachten. Ich muß mich also hierbei nicht als ein neutrales Gegenüber erfassen, als ob ich mich nur von außen sehe, sondern ich muß mich als den erfassen, der seiner selbst inne wird. Ich muß meine Identität in dieser Doppelheit begreifen, in der Doppelheit dessen, der sich erkennt und der von sich erkannt wird.

Was das bedeutet, läßt sich vielleicht anschaulich machen, wenn man sich an das erinnert, was man erlebt, wenn man sich unvermutet in einem Spiegel begegnet, ohne sich zunächst dabei selbst zu erkennen. Dieses Wesen, das einem da entgegenkommt, wird plötzlich in einem Augenblick ungeheuren Erstaunens identisch mit mir selbst. Ich begreife, daß ich es bin, was ich da sehe. Auch das Selbstbewußtsein muß in dieser Weise im Grunde immer wieder sich selbst aneignen, muß sich von innen erfassen. Aber allzu leicht vergißt es dabei sich in seinem Spiegelbild. Das Ich entgleitet mir, wenn ich es zu erfassen suche, und wird zu einem Objekt, als wenn es außerhalb von mir stünde. Das Selbstbewußtsein ist also eigentlich nicht ein Gegenstand, sondern eine Dynamik, ein Auf-der-Suche-sein nach sich selbst. Es ist nie möglich, das eigene Sein völlig zu durchleuchten. Es wirft gleichsam immer für sich selbst einen Schatten. Ein Teil von ihm bleibt unbewußt, nämlich der Teil, in dem es sich nicht ganz mit sich selbst identifiziert, sich nicht ganz ergreift.

Diese Gedanken über das Wesen des Selbstbewußtseins hat Schelling nun mit dem schon oben skizzierten und von Kant angeregten Gedanken verbunden, daß unser Bewußtsein auch in der Erkenntnis der Welt sich selbst verborgen bleibt, daß es ganz auf die Welt gerichtet ist und sich in ihr verliert und sich nicht selbst durchschaut.

Indem wir die Welt erkennen, spiegeln wir uns unbewußt in ihr. Ein Teil unseres Seins ist gleichsam immer in die Welt projiziert. Wir tragen in uns schon die Räumlichkeit und Zeitlichkeit, in deren Dimension uns die Dinge der Welt begegnen. Die Einheit und der Zusammenhang unseres Ich und des Bewußtseins eröffnen einen Horizont, in dem sich die Welt als Einheit und Ganzheit zeigt, obwohl wir sie nicht als ganze durchmessen können. Wir verstehen auch andere Lebewesen aus dem Wissen um uns selbst. Wir finden in ihnen unsere eigene Einheit wieder. Wir spiegeln uns nicht nur im anderen Ich, sondern auch im anderen Lebewesen, im Tier und im Organismus. Aber wir bemerken alle diese Spiegelungen nicht, wenn wir in die Welt versunken und auf sie gerichtet sind.

Diese Gedanken Schellings finden eine merkwürdige Wiederholung in den Einsichten der Tiefenpsychologie und Traumpsychologie unseres Jahrhunderts, die den Menschen ebenfalls als den sehen, der sich unbewußt in der Welt spiegelt. Man muß sich aber hüten, diese Zusammenhänge zu subjektivistisch aufzufassen. In Wahrheit ist es ja vielmehr so, daß die Frage nach dem Grund des Ich und des Bewußtseins, die Frage nach der Quelle ihrer Herkunft, in die selbe dunkle Tiefe führt wie die Frage nach dem Grund und Quell der Welt, dem Hintergrund der Natur. Beide Fragen richten sich letztlich auf das Sein, auf die Quelle des Ganzen, denn es ist ja auch das Ganze des Wirklichen, welches sich im Ich und im Bewußtsein spiegelt. Ich und Bewußtsein sind eigentlich nichts anderes als ein Aufscheinen des Lichtkreises, in dem das Ganze der Wirklichkeit gegenwärtig ist.

In diesem Sinne sind der Grund des Bewußtseins und der Grund der Natur ein und derselbe, sie sind identisch. Darum hat Schelling seine Philosophie als Identitätsphilosophie aufgefaßt, wobei er an die Traditionen von Parmenides, Spinoza und Leibniz anknüpft. Die Fragen nach dem Sein und nach der Wahrheit, nach der Natur und nach dem Bewußtsein, führen immer noch in das Selbe. Zum Sein selbst gehört schon, daß es sich zeigen kann, und zum Bewußtsein gehört, daß es nur existiert, sofern sich Wirklichkeit und Welt in ihm zeigen können. Es ist ein Ort, wo sich Natur und Welt als das, was sie wirklich sind, nämlich als die eine einzige und unendliche Einheit des Seins, zeigen können, die alles umfaßt, was je existiert. Der Mensch ist ein Wesen, das in einer rätselhaften Weise zu dieser Einheit Zugang hat, ein Wesen, das in rätselhafter Weise in Verbindung steht mit der Quelle und dem Ursprung der Natur.

Auch die Natur wird von Schelling nicht als ein bloß vorhandener Gegenstand gedacht, sondern er fragt von Anfang an nach der Quelle ihrer Herkunft, nach der Kraft, die sie hervorbringt. In diesem Fragen knüpft Schelling ebensosehr an Spinoza und seine Idee der hervorbringenden Natur an, wie er in der Frage nach dem Wesen des Bewußtseins auf Kant und Leibniz zurückgeht. In gewisser Weise sind die beiden großen Systeme des siebzehnten Jahrhunderts, dasjenige von Leibniz, das die Welt als Spiegelung und Repräsentation erfaßt, und dasjenige von Spinoza, das die Natur als Kraft und Dynamik denkt, in Schellings System zu einer Einheit zusammengefaßt. Das Unbewußte ist für Schelling letztlich der Grund der Identität von Subjekt und Objekt, von Bewußtsein und Natur, von Ich und Welt und von Notwendigkeit und Freiheit. Das ewig Unbewußte ist gleichsam die Sonne im Reich der Geister, die sich in ihrem eigenen ungetrübten Licht verbirgt (SW III, 600). Das Wesen des Bewußtseins ist in sich ähnlich ursprünglich wie das Wesen der Natur. Sie gehören so zusammen, wie Sein und Wahrheit zusammengehören. Die Natur kommt im Menschen zum Bewußtsein ihrer selbst.

Schellings Philosophie ist bestimmt durch die geistige Anschauung einer ursprünglichen Identität von Sein und Wahrheit. Diese Gebundenheit an das geistige Anschauen ist es aber zugleich, die Schellings Freund und Zeitgenossen Hegel unbefriedigt ließ. Es bedarf, wie Hegel sagt, der Anstrengung des Begriffs, eines mühsamen Weges geistiger Durchdringung, wenn man die wahre Einheit von Bewußtsein und Welt, von Subjekt und Objekt, durchdenken will. Was für Schelling gleichsam in einem einzigen Akt anschaulich erfaßt werden muß, das ist für

Hegel erst das Ergebnis eines langen geistigen Weges, den er als den Weg der Dialektik beschreibt, eines Weges, welchen das Bewußtsein zurücklegen muß, indem es an sich selbst und der Welt denkend Erfahrungen sammelt.

Hegel

Hegels eigentliche Entdeckung ist die Geschichtlichkeit des Bewußtseins – im einzelnen Menschen und in der Menschheit. Was wir sind, ist das Resultat dieser Geschichte. Wir werden in ihr. Während Schelling vor allem von der Anfänglichkeit und Ursprünglichkeit des Bewußtseins, seinem Aufspringen aus sich selbst berührt war, ist für Hegel das Wesen des Bewußtseins und des Geistes vor allem das, was es in seiner eigenen Geschichte wird. Das Absolute ist für ihn nicht nur Anfang, sondern wesentlich Resultat, Ergebnis und Ziel. Der Anfang ist dagegen das Offene und Unbestimmte, das erst zu dem werden muß, was es eigentlich ist. Hegel zeigt dies am Anfang seiner »Phänomenologie des Geistes«, in der er die Erfahrungen darstellt, welche das Bewußtsein mit sich selbst und der Welt macht, am Beispiel der sinnlichen Gewißheit.

Die sinnliche Gewißheit dessen, was jetzt und hier um mich ist, was ich unmittelbar anschauen kann, scheint doch das Sicherste und Gewisseste zu sein. Was aber ist dieses unmittelbar Gegebene der Wirklichkeit? Wenn ich versuche, diese Frage zu beantworten, merke ich, daß es eigentlich nur etwas ist, worauf ich zeigen kann. Es ist dieses da, was jetzt existiert, zum Beispiel die Wand hier vor meinen Augen. Aber wenn ich mich umdrehe, ist etwas anderes das, was mir unmittelbar gegenwärtig ist und auf das ich zeigen kann. Ich bin mit meinem Zeigen, ich bin mit meinem Ich also an dieser Unmittelbarkeit beteiligt. Das Hier ist von mir abhängig. Ganz ähnlich verhält es sich mit dem Jetzt und der Zeit. Wenn ich jetzt, in diesem Moment, so schreibt Hegel im Jahr 1806, aufschreibe, was wirklich ist, so werde ich den Satz niederschreiben: Jetzt ist Nacht. Dieser Satz ist absolut richtig und gibt die unmittelbare Wirklichkeit wieder, die mir gegenwärtig ist, aber schon morgen gilt dieser Satz nicht mehr. Das Jetzt ist, wenn es ausgesprochen wurde, schon gewesen. Ich muß diese stete Gewesenheit und das Nicht-mehr-sein eigens negieren, um das Jetzt als Jetzt festzuhalten. Ich muß das Nicht-mehr-sein des damaligen Jetzt gleichsam durchstreichen und aufheben, um es als das zu erfassen, was es damals war. Es bedarf also einer doppelten Verneinung, einer Negation der Negation, um diese einfache Wahrheit zu denken. Das unmittelbar Anschauliche des Hier und Jetzt, des Raums und der Zeit, erweist sich damit als etwas, das in seiner Unmittelbarkeit eigentlich erst im Denken festgestellt und festgehalten werden kann. Ich selber muß etwas hinzutun, um es in seiner direkten Gegebenheit erfassen zu können.

Ganz ähnlich verhält es sich mit der Wahrnehmung eines einfachen Gegenstandes, zum Beispiel dieses Salzkristalls hier. Er ist weiß, eckig, salzig und hart. Aber was weiß ist, erfasse ich erst im Gegensatz zu schwarz, was eckig ist, erfasse ich erst im Gegensatz zu rund, was salzig ist, erfasse ich in der Beziehung zum Süß-sein. Das unmittelbar Gegebene besteht eigentlich aus lauter Allgemeinheiten. Ich kann es nur erfassen, wenn ich es in eine Fülle von Beziehungen setze, die nicht in dem Salzkristall wohnen, sondern in meinem Geist, der hell und dunkel, schwarz und weiß, eckig und rund, salzig und süß gegeneinander setzen kann (Phänomenologie, A I–II).

So ist also das An-sich-sein des Gegenstandes eigentlich vermittelt durch mein geistiges Sein und durch das Bewußtsein. Gerade das Objektive am Gegenstand muß vom Subjekt im Denken ermessen werden, indem es weit über den einzelnen Gegenstand hinausgeht. Aber diese Erfahrungen, die das Bewußtsein mit dem Gegenstand macht, sind sie etwas rein Subjektives? Habe ich erfunden, was weiß und schwarz, salzig und süß, eckig und rund sind? Sind nicht vielmehr alle diese Inhalte meines Bewußtseins eigentlich Züge der Wirklichkeit? So erfahre ich mich und mein geistiges Sein nur in der Auseinandersetzung mit der Welt. Die Welt aber erscheint mir in der Auseinandersetzung mit meiner Erfahrung. Was der Gegenstand an sich selbst ist, das wird erst deutlich in seinem Für-mich-sein. Aber was ich selber bin, das erfahre ich erst, indem ich in die Welt hinausgehe. Ich erfahre mich an ihr. Die Gestalten des Gegenstandes und die Gestalten des Bewußtseins bedingen sich gegenseitig. Durch diese Einsicht wird alle Wissenschaft geschichtlich. Um einen objektiven Standpunkt zu erhalten, muß sie ihre subjektiven Perspektiven überwinden, sie muß ihren Standpunkt revidieren. Wenn sie aber glaubt, objektiv geworden zu sein, muß sie begreifen, wie sehr sie selbst mit ihrer Subjektivität und ihren Perspektiven gerade wieder in diesem Bild der Gegenstände, die sie von sich unabhängig denkt, enthalten ist.

Hegels Einsicht besteht nun darin, daß die geistige Wahrheit gerade in diesem Prozeß geschieht. Die Wahrheit ist das Ganze, das wir in ihm durchlaufen, sie ist selbst geschichtlich. Die Standpunkte, die wir im Lauf unserer Entwicklung einnehmen, müssen immer wieder aufgegeben und überwunden werden, wobei sie in ein größeres Ganzes eingehen, in dem sie nur Momente sind, die zu anderem in Beziehung stehen. Auf diese Weise muß das Bewußtsein des einzelnen Menschen im Laufe seiner Lebenserfahrung zu sich selbst kommen. In der selben Weise aber muß auch das Bewußtsein der Menschheit im Laufe ihrer Geschichte immer wieder zu sich selbst kommen. Sie muß die einmal erarbeiteten Standpunkte in Frage stellen und durchschauen können. Nur darin kommt der Geist zu sich selbst. Diesen Prozeß der geistigen Durchdringung der Welt und des menschlichen Seins sieht Hegel als ein Geschehen im objektiven Geist, der in seiner Geschichte die Einzelexistenzen übergreift, an dessen Geschehen wir alle beteiligt sind und der doch mehr ist als das, was ein einzelnes Menschenleben umfaßt.

Durch diese Hegelsche Betrachtungsweise wird es möglich, die seelische Wirklichkeit des einzelnen Menschen im Zusammenhang mit der geschichtlichen Wirklichkeit der Menschheit zu sehen, von der wir alle abhängen und an der wir irgendwie mitwirken. Wir werden hineingeboren in die Perspektiven und Sichtweisen unserer Zeit und unserer Welt. Wir eignen sie uns an und machen sie uns zu eigen, und wir lernen dabei langsam, sie zu durchschauen und eben dadurch sie zu wandeln. Dasselbe gilt aber auch von der persönlichen und einzelnen Lebensgeschichte. Was ein Mensch ist, das läßt sich nicht durch das Bild des Augenblicks allein erfassen, denn er ist seine Geschichte. Er ist in jedem Zeitpunkt das Ergebnis einer dialektischen Bewegung, in welcher Standpunkte und Perspektiven einander abwechseln und ergänzen.

Auch die Psychologie als Wissenschaft muß Konsequenzen aus dem Hegelschen Denkweg ziehen. Der Psychologe steht nicht nur als neutraler und objektiver Beobachter neben seinem Gegenstand, sondern er bringt seine eigenen Perspektiven und Erfahrungen, die Gesamtheit seiner Weltsicht mit ein. Nur weil er selber seelisch ist, kann er seelisches Sein erfassen, nur weil er selber geschichtlich ist, kann ihm die Geschichtlichkeit psychischer Existenz aufgehen. Er muß aber die Gewordenheit seiner eigenen Standpunkte dabei durchschauen und sich selbst am Werden des Allgemeinen messen können. Er ist also in den Prozeß seiner Wissenschaft einbezogen. Ein Ort, wo diese Konsequenz wirklich gezogen ist, ist die Psychoanalyse Freuds, der vom Analytiker verlangt, daß er zuerst selbst analysiert werde, damit er in seiner Beurteilung und Deutung der Existenz des anderen den Anteil seines eigenen Seins erkennen und mitdeuten kann. Psychologie als Wissenschaft ist in dieser Weise wesentlich Gespräch, eine Auseinandersetzung, in der die Standorte und Perspektiven im Austausch deutlich werden und sich ergänzen.

Hegels Denkstil hat einen breiten Einfluß auf die Entwicklung der Wissenschaften im neunzehnten Jahrhundert ausgeübt. Vor allem die Geisteswissenschaften verdanken ihm ganz wesentliche Impulse. Zugleich regen sich aber schon bald Widersprüche gegen seine Betrachtung. Vor allem Karl Marx hat betont, daß die Überwindung vergangener Standpunkte, die Auseinandersetzung mit der Welt und der geschichtlichen Wirklichkeit in ihren Fakten nicht im Denken und Bewußtsein allein geschehen dürfe, sondern sie müsse im Handeln vollzogen werden. Die Dialektik wird darum bei ihm von einer Bewegungsweise des Geistes zu einer Bewegungsweise des Handelns und der Politik. An die Stelle des geistigen Seins und seiner Geschichte tritt das gesellschaftliche Sein mit seinen revolutionären Umwälzungen.

Ein anderer Widerspruch regt sich von der Seite der empirischen Wissenschaften, denen es um die Feststellung objektivierbarer Faktizität geht und denen darum die komplizierten Gefüge und Beziehungen geistigen Seins in bezug auf die Wirklichkeit der Natur als Verstellung und Verwirrung erscheinen müssen. So herrscht gegen Ende des Jahrhunderts ein empirischer Positivismus in den Wissenschaften, wobei aber die Feststellung der Fakten und Gesetze der Natur immer mehr zur Entwicklung von Modellvorstellungen über ihren wirklichen Aufbau führt, die im Grunde abstrakt und unanschaulich sind. Dasselbe gilt im Bereich des Psychischen, wo die Suche nach Gesetzen und Elementen seelischen Geschehens, die man objektivieren und messen kann, leicht den Blick für die unmittelbare, anschauliche Wirklichkeit seelischen Seins verstellt.

Hiergegen hat Wilhelm Dilthey betont, daß seelisches Sein uns unmittelbar in uns selbst als ein lebensgeschichtliches Ganzes zugänglich ist, das erst in einem genauen, analysierenden Betrachten differenziert und akzentuiert wird. Dieses Ganze ist von Sinnbezügen und vielfältigen geschichtlichen Zusammenhängen durchzogen, die zu unserer seelischen Wirklichkeit gehören und als solche verstanden werden.

In umfassender Weise hat um die Jahrhundertwende Edmund Husserl durch die Devise »Zurück zu den Sachen« versucht, das Denken wieder auf eine unmittelbare Anschauung der Phänomene zu lenken.

Husserl

In der Wissenschaft seiner Zeit fand Husserl zwei Tendenzen herrschend, die er in gleicher Weise bekämpft. Die eine ist verbunden mit der Gefahr, die in der naturwissenschaftlichen Betrachtungsweise stecken kann, wenn sie hinter den Erscheinungen Dinge konstruiert, durch welche die Erscheinungen erklärt werden sollen. Dabei kann das, was sich zeigt, verwechselt werden mit dem Modell, das wir uns von ihm machen. Die andere Gefahr droht von der Psychologie, die die Dinge, welche uns erscheinen, psychologisch erklären und auf ein dahinter stehendes psychisches Subjekt zurückführen will, das sie hervorgebracht hat. Wenn man die Erscheinung an sich selbst erfassen will, muß man von psychologistischen Erklärungen ebenso absehen wie von positivistischen Modellvorstellungen. Man muß das Phänomen ganz in sich selber fassen, so wie es erscheint, unabhängig von den Erklärungen naturwissenschaftlicher oder psychologischer Art, die man dieser Erscheinung geben mag.

So ist zum Beispiel die Farbe Rot eine Urgegebenheit, auf die in ihrer Qualität man sich konzentrieren kann, ganz unabhängig von der Frage, was für ein Ding das ist, das da rot ist, und warum es so ist, und auch ganz unabhängig von der Frage, was für ein Ich und was für eine Seele es ist, die solche Empfindungen hat. Nur dann kann man die Rotheit als solche erfassen und sich ganz auf das konzentrieren, was einem in ihr erscheint. Es geht also darum, eine unmittelbare Anschauung festzuhalten und nicht in psychologische oder physikalische Modellvorstellungen auszuweichen. Das Rotsein kann uns ebensosehr in einer Wahrnehmung wie in der Phantasie oder Vorstellung gegeben sein. Ich kann es auch ganz unabhängig davon erfassen, daß es gerade mir erscheint. Ich kann von allen den empirischen Umständen absehen und das Wesen der Farbe als solches zu erfassen suchen (Die Idee der Phänomenologie, GW II, 56/57). In einer ähnlichen Weise kann ich zum Beispiel in einem solchen schauenden Denken zu erfassen suchen, was Zeit ist. Ich sehe dann Zeit als Zeit, so wie ich Farbe als Farbe sehe.

Man kann diese Denkweise auch auf psychologische Phänomene anwenden. So kann man sich zum Beispiel fragen, was ein Traum als Traum überhaupt ist, oder was das Du als Du und die Begegnung als Begegnung ist. Über solche Phänomene können wir uns verständigen, wobei wir von der Fülle einzelner Träume und einzelner Begegnungen absehen können. Wir können das Allgemeine des Phänomens als solches zur Anschauung bringen. Husserl spricht in diesem Zusammenhang von einer Wesensschau, in der die Sache selbst in ihrer Eigenart uns vor Augen steht. Eine phänomenologische Beschreibung muß immer versuchen, die Phänomene so zu erfassen, wie sie in sich selbst sind. Sie darf nicht vorschnell in Erklärungen ausweichen, die das Phänomen auf etwas anderes, das hinter ihm stehen mag, zurückführen wollen.

Es ist nun die Eigenart psychischer Gegenstände, daß sie sich als solche nur einem Denken zeigen, welches nicht vorschnell in Erklärungen ausweicht. Ein Beispiel dafür ist auch das Phänomen des Bewußtseins. Was Bewußtsein ist, kann nur sagen, wer es hat. Das Wesen des Bewußtseins läßt sich nicht erfassen dadurch, daß man es auf anderes, zum Beispiel auf das physiologische Hirngeschehen, zurückführt. Eine solche Rückführung und Erklärung hat einen wissenschaftlichen Sinn überhaupt erst dann, wenn man sich zuvor des Phänomens, das man Bewußtsein nennt, versichert hat. Man kann Phänomene nicht eigentlich beweisen, sondern nur aufweisen, man kann den anderen so auf sie hinführen, daß er sie auch sieht. Einer solchen Betrachtungsweise erschließt sich ein ganzer Kosmos seelischen Seins.

Eine Fülle von Phänomenen ist in der Sprache eingefangen. Wir verstehen uns gegenseitig, wenn wir mit einem Wort das Phänomen beschwören. Wir verstehen uns gegenseitig, wenn wir von Liebe und Haß, Trauer oder Freude sprechen. Ein solches unmittelbares Erfassen unterscheidet sich aber von allem erklärenden Zurückführen auf die Ursachen, die diese Liebe oder diesen Haß, diese Freude oder diese Trauer hervorgebracht haben mögen. Es sind aber auch andere, allgemeinere Dinge, die einem solchen schauenden Denken zugänglich sind. Was zum Beispiel Gerechtigkeit ist oder Treue, das kann eigentlich nur der verstehen, der irgendwie Einblick in das Wesen der Gerechtigkeit hat, dem es in irgendeiner Weise geistig vor Augen steht. Für ein Denken, das sich an eine phänomenologische Betrachtungsweise in diesem Sinne gewöhnt, wird das Sein immer mehr zu einem Sich-Zeigen.

Das phänomenologische Denken ist, als Ergänzung eines erklärenden und zurückführenden Verrechnens der Dinge in den Wissenschaften, immer wieder von größter Bedeutung. Vor allem sind es die Sinnzusammenhänge, die man als solche nur in einem schauenden Denken wirklich erfassen kann. Sinn muß uns einleuchten, er muß evident werden. Evidenz aber erschließt sich vor allem einem schauenden Denken. Husserls Devise »Zurück zu den Sachen« heißt also eigentlich soviel wie »Zurück zur Anschauung«. Diese Anschauung ist aber keineswegs nur die sinnliche Anschauung, sondern immer auch eine geistige Anschauung.

Durch das Absehen von psychologistischen und physikalistischen Erklärungen der Phänomene wird in gewisser Weise die Subjekt-Objekt-Trennung überwunden. Das Denken konzentriert sich auf die Fülle der Erscheinungen, die als solche erfaßt und aufgewiesen werden. Eine besondere Bedeutung hat die Phänomenologie Husserls für die Entwicklung der Existenzphilosophie Heideggers gehabt, für den das Sein in einer anderen Weise zugleich das ist, was sich lichtet und dessen Zeuge wir sind. Ehe wir uns diesem Denken zuwenden, soll aber zuvor noch eine andere Philosophie unseres Jahrhunderts zur Sprache kommen, die für das Verständnis der Stellung der Psychologie im Kreise der Wissenschaften besonders interessant ist, nämlich Nicolai Hartmanns Lehre vom »Aufbau der realen Welt«.

Hartmann

Nicolai Hartmann war immer wieder berührt von der unermeßlichen Weite und Größe des Kosmos, der in seinem Sein gleichsam völlig gleichgültig ist gegen die menschliche Existenz. Der Mensch ist nur ein winziger Teil der Natur, und diese ist, was sie ist, ganz in sich selbst. Man muß, um sie zu erkennen, darum auch völlig von menschlichen Wünschen, Gefühlen und Geschehnissen absehen können. Hartmann wendet sich darum gegen jede idealistische Mißdeutung der Natur. Sie ist, was sie ist, ganz und gar aus eigener Kraft.

Auf der anderen Seite sind aber seelische und geistige Wirklichkeit, ja schon das Leben selbst und das Sein der Organismen, eine eigene Gegebenheit in dieser Natur, die man nicht dadurch verstehen kann, daß man sie auf Physikalisches und Anorganisches zurückführt. Geistiges Sein ist zwar von der Existenz seelischer Wirklichkeit abhängig, diese von organischer und diese von physikalischer Wirklichkeit, aber die Eigentümlichkeiten des Lebendigen sind doch mehr und etwas anderes als die des Anorganischen; und seelische Wirklichkeit kann als solche nicht erfaßt werden, wenn sie nur auf das Organische reduziert wird. Ebenso kann das geistige und geschichtliche Geschehen in seinen Sinnzusammenhängen nicht zureichend erfaßt werden, wenn man es nur psychologisch zu erklären versucht.

Die Welt scheint also in ihrem Seinsaufbau gleichsam geschichtet zu sein: Auf die grundlegende Schicht der physikalisch-anorganischen Wirklichkeit baut sich eine andere und neue Schicht des Seins auf, wo Leben auftritt, wo Organismen entstehen, die sich selbst regulieren und vermehren. Und wieder etwas anderes tritt dort in die Welt, wo Bewußtsein auftritt, wo die spezifische Eigenart psychischer Innerlichkeit gegeben ist und wo wir in diesem Sinne von Seele sprechen. Über die Schicht seelischer Wirklichkeit aber kann sich noch einmal eine andere Schicht von Realität aufbauen, nämlich jene des geistigen Seins, das sich in der Sprache und in Sinnzusammenhängen artikuliert, die eigenen Gesetzen folgen und die Existenz einzelner Individuen überdauern. Hartmanns Schichten-Theorie geht also von zwei Gesetzlichkeiten aus, einmal von der Abhängigkeit der je höheren Schicht von der zugrundeliegenden tieferen, andererseits aber doch zugleich von der Überlegenheit der höheren über die primitiveren Strukturen der Schicht, von der sie abhängig ist.

Diese philosophische Sicht des Ganzen der Wirklichkeit birgt in sich die Möglichkeit, die Seinsgebiete verschiedener Wissenschaften in einer ausgewogenen Beziehung zueinander zu betrachten. Sie verbietet es, seelisches Sein einfach nur dadurch zu erklären, daß man es auf organisch-biologisches zurückführt, obwohl sie den Blick für die Abhängigkeit der Seele vom Leben schärft. Ebenso verbietet sie es aber auch, geistiges Sein, zum Beispiel das Sein der Kunst, der Sprache oder der Religion, einfach nur dadurch zu erklären, daß man es auf psychologische Gesetzmäßigkeiten zurückführt, obwohl es von diesen auch abhängt. Sprache, Kunst und Religion haben ihre eigenen Gesetze, die als solche erfaßt werden müssen.

Für das Sein des Menschen ist es nun charakteristisch, daß er durch alle diese Seinsschichten hindurchragt. Er ist als Lebewesen auch den Gesetzen der Physik unterworfen, und er ist als seelisches und bewußtseinsfähiges Wesen immer zugleich abhängig von den Gesetzen der Physiologie und Biologie. Er kann aber in seiner Eigenart nur erfaßt werden, wenn man ihn zugleich auch als sprechendes und geistiges Wesen in seiner Geschichtlichkeit ernst nimmt. Im geistigen Sein überschreitet er seine Individualität und das spezifische Auf-sich-selbst-Bezogensein, das der Subjektivität des Bewußtseins anhaftet. Er ist in einen größeren Zusammenhang gestellt, der ihn selbst übergreift und den Hartmann, in Anlehnung an Hegel, das Leben des objektiven Geistes nennt. Für eine solche Betrachtungsweise steht die Psychologie zwischen Natur- und Geisteswissenschaften und hat Beziehungen zu beiden, wie überhaupt die Wissenschaften nur in der Kommunikation miteinander leben können, die von dem Blick auf die ganze vielschichtige Fülle des Wirklichen geleitet sein muß. Es geht im Sinne einer solchen Philosophie also nicht an, naturwissenschaftliche gegen geisteswissenschaftliche Erklärungen auszuspielen, ebensowenig wie es im Rahmen eines solchen Denkens erlaubt ist, geistiges Geschehen allein psychologistisch wegzuerklären. Die besonderen Möglichkeiten der Philosophie Nicolai Hartmanns liegen in der Zusammenschau der Ergebnisse der Wissenschaften und in dem gegenseitigen Ausgleich ihrer Betrachtungsweisen.

Der Begriff des Seelischen, der sich aus diesem System ergibt, ist aber insofern eingeengt, als die von Hartmann erfaßte und gedachte spezifische Schicht seelischen Seins sich eigentlich auf das bloße Aufkeimen des Bewußtseins und der Innerlichkeit beschränkt. Man kann sich fragen, ob man die seelische Wirklichkeit des Menschen in einer solchen Betrachtung allein zureichend erfassen kann. Neben einem derartigen unterscheidenden und abgrenzenden Denken ist ein anderes notwendig, das den Menschen als Einheit aus seinem Sein heraus zu verstehen sucht. Darum bedarf die Psychologie in besonderer Weise der Anregungen der Existenzphilosophie. Die Frage, was eigentlich Seele ist, findet eine völlig andere und neue Antwort, wenn man seelisches Sein nicht vom Körperlichen und Geistigen abgrenzt, sondern Seele als die Wirklichkeit unseres Existierens, als die Wirklichkeit unseres Daseins und In-der-Welt-Seins auffaßt. Solche Konsequenzen ergeben sich vor allem aus der Philosophie Martin Heideggers.

Heidegger

Während die Philosophie der Neuzeit das Wesen des Menschen immer wieder vom Bewußtsein und Selbstbewußtsein her zu verstehen suchte, geht es Heidegger darum, ihn ursprünglicher aus seinem ganzen Dasein und seiner Existenz heraus zu erfassen. Dementsprechend muß auf dem Boden dieser Philosophie seelisches Sein nicht primär als die Wirklichkeit des Bewußtseins oder eines in ihm verborgenen Unbewußten, sondern als die Wirklichkeit und Präsenz des Daseins erfaßt werden. Seele muß aus dieser Sicht nicht als Innerlichkeit oder Spiritualität gesehen werden, sondern vielmehr als die Wirklichkeit unseres leiblichen, zeitlichen und gemeinsamen Auf-der-Welt-Seins.

Für Heidegger ist die Grundfrage der Philosophie die Frage, was eigentlich Sein ist. Das Sein ist ja nicht irgendwo als ein Ding oder Gegenstand vorhanden. Es ist auch nicht ein seiender Grund außerhalb der Welt, etwa ein Gott, der sie geschaffen hätte, denn dann würde ja die Frage nach dem Sein dieses Grundes auftreten. Es läßt sich nicht erklären und verstehen, indem man es auf ein anderes zurückführt, aber es ist gleichsam überall im Seienden gegenwärtig als das, was die Welt sein läßt, als das Geheimnis ihrer Herkunft und ihres Aufgehens in das Licht der Wirklichkeit.

Aber was ist Sein? Diese Frage wirkt beunruhigend, wenn man ihr nachdenkt und nicht in eine vorschnelle Antwort ausweicht, die das Sein auf etwas anderes zurückführt. Die Beunruhigung dieser Frage ist aber nicht erst das Ergebnis theoretischen Nachdenkens, sondern sie wohnt schon immer im menschlichen Dasein selbst. Der Mensch existiert so, daß ihm sein Sein und das Sein der Welt zur Frage werden kann. Er ist nicht nur als ein Ding oder Gegenstand vorhanden, sondern er muß sich zu seinem eigenen Seinkönnen und zur Möglichkeit seines eigenen Nichtseins verhalten. Das menschliche Dasein, sagt Heidegger, ist ein Seiendes, dem es in seinem Sein um sein Sein selbst geht. Am deutlichsten wird dies da, wo der Mensch mit der Möglichkeit seines Todes konfrontiert wird. Er erschrickt vor dem Nichts. In der Konfrontation mit unserem zukünftigen Nichtsein leuchtet auf, was es überhaupt bedeutet, daß wir da sind. Im Erschrecken vor dem Nichts leuchtet auf, was Sein ist.

Zu unserem Sein gehört aber nicht nur die Wirklichkeit des gegenwärtigen Augenblicks, sondern wir kommen gleichsam ständig aus der Zukunft auf uns zu, unser Sein steht uns bevor, es ist zukünftig; und wir finden uns immer schon in einer Welt vor, in der wir schon da waren. Unser Gewesensein gehört mit zu unserer Existenz. Man kann also das Dasein des Menschen nur zureichend erfassen, wenn man es im Horizont der Zeit denkt. Sein ist nicht nur Gegenwart, sondern auch Zukünftigkeit und Gewesenheit.

Zu unserem Dasein gehört aber auch, daß immer schon eine Welt uns umgibt. Indem wir existieren, lichtet und zeigt sich uns Welt. Mit unserer Existenz ist ein Horizont da, in dem das Ganze des Wirklichen erscheinen kann, und dieser Horizont ist immer schon weiter und größer als alles Einzelne, welches uns darin begegnet. Weltlichkeit ist darum ein Wesenszug des menschlichen Daseins selbst. Aber diese Welt ist nicht nur eine Ansammlung von neutralen Gegenständen, sondern in erster Linie haben wir es mit Dingen zu tun, die uns etwas bedeuten und die mit unserem Sein in einem Verweisungszusammenhang stehen. Ein Hammer, zum Beispiel, ist nicht in erster Linie ein physikalischer Gegenstand, sondern man kann ihn in die Hand nehmen. Er ist zuhanden und dienlich, um eine Arbeit auszuführen. Er gehört in einen Werkstattzusammenhang, der wieder auf anderes verweist, zum Beispiel auf die Möbel, die man in einer solchen Werkstatt herstellt. Doch auch diese haben ihre Bewandtnis nicht nur in sich selbst, sondern sie dienen zum Wohnen, das Wohnen zur Behausung des Daseins. Das letztlich Verwiesene im Bewandtnis- und Verweisungszusammenhang dieser zuhandenen Dinge ist eigentlich immer das Sein- und Nicht-sein-Können des Daseins selbst. Die Welt, in der wir sind, ist für uns durchzogen von Sinnzusammenhängen und Bedeutsamkeiten. Bedeuten gehört zum Sein des Wirklichen selber.

Das hängt auch damit zusammen, daß wir zu unserem eigenen Sein ständig Stellung nehmen, indem wir in unsere Zukunft hinein leben und sie auf uns nehmen. Aus der Zukunft kommt stets der Horizont von Möglichkeiten auf uns zu, den sie in sich birgt. In jeder Situation müssen wir uns durch unser Handeln und Unterlassen für einzelne dieser Möglichkeiten entscheiden, wobei wir notwendigerweise andere verfehlen. Die Endlichkeit, die zum Wesen des Daseins gehört, durchzieht es auch in der Weise, daß es nie allen Seinsmöglichkeiten gerecht werden kann, daß es ihnen gleichsam etwas schuldig bleiben muß. Das Dasein muß diese Endlichkeit entschlossen auf sich nehmen. Das kann es aber vor allem da, wo es der faktischen Wirklichkeit nicht ausweicht, wo es auch der Realität seines künftigen Todes in die Augen sieht. Aus diesem Vorlaufen in die Möglichkeit seines eigenen Endes kann es zurückkommen auf den gegenwärtigen Augenblick, der sich ihm darin in seiner ganzen Fülle und Weite erschließt und in welchem es ganz da sein kann. Dabei erschließt sich zugleich sein Gewesensein, aus dem es herkommt. Der Horizont von Möglichkeiten der Vergangenheit wird wieder offen, und das Gewesene wird in einem eigentlichen Sinne wiederholbar. Man könnte diese Betrachtungsweise Heideggers auch als eine philosophische Grundlegung dessen auffassen, was Freud in seiner Psychoanalyse gesucht hat, in welcher er dem Menschen die Möglichkeit geben wollte, unausgetragene Konflikte und Möglichkeiten der Vergangenheit, die seinem Leben im Wege stehen, wieder aufzunehmen und im deutenden Gespräch der Gegenwart zu wiederholen, damit er für die Zukunft frei wird. Aus der Philosophie Heideggers ergibt sich vor allem eine Psychologie der Zeitlichkeit, die den Menschen als geschichtliches Wesen auffaßt, das nur im Ganzen des Zeithorizontes seines Lebens zureichend gedacht werden kann.

Neben der Weltlichkeit und Zeitlichkeit des Daseins ist nun aber ein drittes Wesensmoment zu beachten: Wir sind nicht allein auf der Welt, sondern unser Dasein ist von Anfang an Miteinandersein. Wir teilen diese Welt mit anderen Menschen. Sie können uns in ihrem eigenen eigentlichen Sein angehen. Wir können ihnen die Freiheit zur Selbstentfaltung lassen. Auch die Dinge der Welt verweisen uns zugleich immer auf den Daseinszusammenhang unserer Mitmenschen. Wir sind von vornherein miteinander da und aufeinander bezogen. Seelische Wirklichkeit ist ebensosehr die Wirklichkeit der Beziehung, wie sie die Wirklichkeit meines Selbstseins ist.

Die Welt und die Existenz, wie sie in dieser Philosophie erscheinen, sind bedeutsame und gedeutete Wirklichkeit. Deuten und Bedeutsamkeit in der Psychologie können also von dieser Auffassung des Daseins her ontologisch begründet werden. In allem Einzelnen, das uns in der Welt begegnet, verweilt das Ganze. Heidegger hat in seinen späteren Schriften immer mehr das Ereignis dieses Ganzen, das Sich-Lichten des Seins, das eigenartige Rätsel des Hervorkommens von Welt überhaupt in das Zentrum seines Denkens gestellt. Das Sein kann uns als ein unglaubliches Wunder erscheinen. Es ist nicht irgendwo als ein Ding oder Gegenstand vorhanden, aber es durchzieht das menschliche Denken und die Sprache. Überall dort ist es gegenwärtig, wo wir im vollen Sinne das Wort »ist« aussprechen. Die Sprache ist darum für Heidegger das Haus des Seins. Es wohnt gleichsam in ihr, weil es in ihrem Geschehen sich zeigen kann.

Am deutlichsten wird das in der Dichtung, zum Beispiel in den Gedichten Hölderlins, dessen Denken auch durch das Gespräch mit Hegel und Schelling geprägt worden ist und in dessen Formulierungen Heidegger eine Bestätigung seiner philosophischen Gedanken findet. Das Sein wohnt aber auch im Heiligen, in seinem allen Rahmen sprengenden Ereignis, und es zeigt sich im Wesen der Kunst und des Kunstwerks. Das Kunstwerk läßt gleichsam eine Welt um sich herum gegenwärtig sein und aufleuchten. Es ist nicht einfach nur ein Ausdruck subjektiver Gefühle und Erlebnisse des Menschen, sondern ein Ort, wo Welt als Welt sich zeigt.

Heideggers Denken versucht den Subjektivismus der Neuzeit zu überwinden. Die Frage, um die es dabei geht und die immer wieder den Anstoß bildet, ist die Frage: Was ist eigentlich Sein? Sein ist nicht nur die Wirklichkeit von Allem, dasjenige, was Alles in ein Ganzes der Welt hervorkommen läßt. Sein ist nicht nur die geheimnisvolle Gewesenheit des Vergangenen und das ankommende Sich-Ereignen der Zukunft. Es ist zugleich immer auch das, was sich dem Menschen zuspricht und ereignet, was sich ihm zeigt. Der Mensch ist gleichsam der Zeuge des Seins.

Eine Psychologie, die von dieser Philosophie aus denken will, muß den Menschen als Zeugen des Ereignisses, als Zeugen des Seins und der Geschichte sehen. In diesem Denken knüpft sich ein Bogen zur Philosophie des Parmenides, mit der wir uns am Anfang dieser Überlegungen beschäftigt haben. Für Parmenides ist das Denken stets auf das Sein bezogen. Der Mensch ist für ihn das Wesen, das das ewige Jetzt des Seins denken kann. Durch die ganze Philosophiegeschichte hindurch wird seelische Wirklichkeit aus dem Bezug zur Welt und zur Natur gedacht, sei es nun als Spiegelung des Wirklichen, als Teil der Natur oder als Beziehung von Ich und Welt im Unbewußten. Für eine psychologische Anthropologie ist es wichtig, die Fülle der Standpunkte und Perspektiven, die sich im Laufe der Geschichte entwickelt haben, ernst zu nehmen und mitzudenken.

Literatur

VORSOKRATIKER (6. und 5. Jahrhundert v. Chr.)
Anaximander, Heraklit, Parmenides, Empedokles in: H. Diels: Fragmente der Vorsokratiker. Bd. 1, griechisch und deutsch. Dublin, Zürich ¹⁷1974; oder: Fragmente und Quellenberichte. Kröner TB Nr. 119. Stuttgart ⁸1973 (zitiert nach Fragmenten: fr ...)

PLATON (427–347 v. Chr.)
Politeia, deutsch: Der Staat. Philosophische Bibliothek, Bd. 80. Hamburg ¹⁰1979 (besonders Buch 6, Kap. 17, bis Buch 7, Kap. 3)
Symposion, deutsch/griechisch in: Das Gastmahl. Philosophische Bibliothek, Bd. 81. Hamburg 1973 (besonders Kap. 23–26)
Phaidon, deutsch in: Reclam Nr. 918
Menon, deutsch/griechisch. Philosophische Bibliothek, Bd. 278. Hamburg 1972

ARISTOTELES (384–322 v. Chr.)
De anima/Über die Seele (insbesondere Buch II, Kap. 1–4: Seele als Wirklichkeit des Leibes, und Buch III, Kap. 4–8: Lehre vom Geist). Darmstadt 1973; oder: Über die Seele. Paderborn 1961; griechisch: Oxford-Klassiker, Oxford 1963

AURELIUS AUGUSTINUS (354–430)
Confessiones/Bekenntnisse. Buch X, 8–31 (memoria/Gedächtnis); Buch XI, 14–28 (tempus/Zeit). Reclam Nr. 2791–4b

RENÉ DESCARTES (1596–1650)
Meditationes. Lateinisch-deutsche Ausgabe. Philosophische Bibliothek, Bd. 250a. Hamburg ²1977

BENEDICTUS SPINOZA (1632–1677)
Ethik (vor allem Buch 1 und 3), zweisprachige Ausgabe in: Werke/opera II. Darmstadt ²1978; deutsche Übersetzung allein in: Philosophische Bibliothek, Bd. 92. Hamburg 1976 (zitiert nach Büchern und Lehrsätzen)

JOHN LOCKE (1632–1704)
Über den menschlichen Verstand. Philosophische Bibliothek, Bd. 75/76. Hamburg ³1976

GOTTFRIED WILHELM LEIBNIZ (1646–1716)
Monadologie und Vernunftsprinzipien der Natur und der Gnade, zweisprachige Ausgabe. Philosophische Bibliothek, Bd. 253. Hamburg 1969

DAVID HUME (1711–1776)
Eine Untersuchung über den menschlichen Verstand. Philosophische Bibliothek, Bd. 35. Hamburg 1978

IMMANUEL KANT (1724–1804)
Kritik der reinen Vernunft (insbesondere §1–27: Raum, Zeit, Kategorien). Philosophische Bibliothek, Bd. 37a. Hamburg 1976
Kritik der praktischen Vernunft. Philosophische Bibliothek, Bd. 38. Hamburg 1974

GEORG WILHELM FRIEDRICH HEGEL (1770–1831)
Phänomenologie des Geistes. Philosophische Bibliothek, Bd. 114. Hamburg ⁶1952

FRIEDRICH WILHELM JOSEPH SCHELLING (1775–1854)
System des transzendentalen Idealismus. Philosophische Bibliothek, Bd. 254. Hamburg 1962 (zitiert nach den Band- und Seitenzahlen der Sämtlichen Werke 1856 ff)

EDMUND HUSSERL (1859–1938)
Die Idee der Phänomenologie. Ges. Werke »Husserliana«, Bd. 2. Den Haag ²1973

NICOLAI HARTMANN (1882–1950)
Das Problem des geistigen Seins (1933). Berlin ³1962
Der Aufbau der realen Welt (1940). Berlin ³1964

MARTIN HEIDEGGER (1889–1976)
Sein und Zeit (1927). Tübingen ¹⁵1979
Wegmarken. Frankfurt ²1978
Erläuterungen zu Hölderlins Dichtung. Frankfurt ⁵1980
Holzwege. Frankfurt ⁶1980

S. auch die Beiträge von W. Schulz in Bd. I, von H. Kleiner in diesem Band sowie Bd. VII dieser Enzyklopädie.

DIE ROLLE DER DEUTUNG

DAS PROBLEM DER DEUTUNG IN DER PSYCHOLOGIE

DETLEV VON USLAR (Zürich)

Das, was an der Psychologie überhaupt Freude macht und was ihr die Faszination gibt, die für das Gedeihen jeder Wissenschaft erforderlich ist, ist immer wieder das Erstaunen über die Wirklichkeit und Eigentümlichkeit der eigenen Existenz und ebenso die Konfrontation mit der Einmaligkeit und Merkwürdigkeit des Du. Es ist, wie wenn man sich plötzlich in einem nicht erwarteten Spiegel begegnet und unbekannte oder fremde Züge an sich entdeckt. Ebenso ist das Du bei einer echten psychologischen Erkenntnis plötzlich in seiner wirklichen Lebendigkeit da. Man hat etwas an ihm entdeckt, was es aus der grauen Masse der anderen heraushebt und plötzlich als diesen bestimmten einmaligen Menschen vor uns stehen läßt. Aber auch die Einsicht in das Verhalten und die Wesensart ganzer Gruppen von Menschen hat diesen Charakter des plötzlichen Offenbarwerdens.

Für die psychologische Evidenz ist dieses Innewerden menschlicher Wirklichkeit charakteristisch. Ob mir nun eine bestimmte Gebärde oder das Mienenspiel des Anderen plötzlich deutlich machen, in welchem Zusammenhang seine Worte zu verstehen sind und wie er sich zu seiner Situation verhält, oder ob die Deutung, die er einer Zufallsform gibt, die Hintergründe seines Verhaltens in vergangenen Zeiten zu erleuchten scheint[1]; ob bestimmte Bewegungszüge im Bild seiner Handschrift mir etwas über die Weise verraten, in der er sich überhaupt in der Welt bewegt und zurechtfindet[2], oder ob schließlich die Häufigkeit des Zusammenkommens bestimmter Merkmale bei bestimmten Menschengruppen mir in ihrem Zahlenverhältnis einen Aufschluß über deren Art, zu sein, gibt – immer ist es das Deutlichwerden der wirklichen Situation dieser Menschen, eine Einsicht in die wirklichen Hintergründe ihres Verhaltens, die Berührung mit ihrem wirklichen Sein, die mir das Gefühl der Evidenz geben.

Psychologische Evidenz ist immer eine Art Angesprochensein von der Wirklichkeit und Lebendigkeit des Menschen, die auch den Horizont seiner Möglichkeiten und die Hintergründe seines Tuns umfaßt. Das Deuten in

---

[1] Vgl. *Hermann Rorschach*, Psychodiagnostik (Deutenlassen von Zufallsformen), Bern 1921.
[2] *Ludwig Klages*, Handschrift und Charakter, Leipzig 1917.

der Psychologie ist darum immer ein Hindeuten auf die Wirklichkeit. Eine Beschäftigung mit dem Problem der Deutung in der Psychologie führt deshalb zu der Frage, was eigentlich psychische Wirklichkeit überhaupt ist.

Die Wirklichkeit unseres Seins ist niemals nur eine feststellbare Summe von Fakten, sondern immer zugleich ein Horizont von Möglichkeiten. Psychologisches Deuten eröffnet darum stets eine Perspektive in dieses Feld von Möglichkeiten, das zu unserer Existenz gehört. Auch die Fakten, welche psychologisches Forschen eruiert, sind eigentlich nur Richtpunkte für die Perspektive, die den Bereich der sich aus ihnen ergebenden Möglichkeiten erschließt. Darum ist die psychische Wirklichkeit immer eine solche, die über sich hinausweist in das, was morgen sein kann, und hinter sich zurückweist in das, was vielleicht gestern war, als die Situationen entstanden, in denen wir uns heute vorfinden. Deuten ist das Eröffnen und Verschieben von Perspektiven.

Wenn wir aus einem Traum erwachen, sinkt die geträumte Wirklichkeit in den Schattenbereich des eigentlich nie wirklich Gewesenen zurück. Dadurch erscheint sie in einer völlig veränderten Perspektive, und eben diese Perspektivenveränderung ist es, die das Geträumte bedeutsam macht. Zugleich erkennen wir aber die Identität bestimmter Dinge, die im Traum vorkamen, mit Dingen und Ding-Konstellationen unserer wachen Welt. Durch diese Einsicht verschiebt sich also auch die Perspektive auf unsere wache Umwelt. Die Dinge bekommen plötzlich eine eigentümliche Hintergründigkeit und erscheinen in der verfremdeten Konstellation, die ihnen der Traum gegeben hatte. Traumdeutung ist nichts anderes als ein Ausziehen und Nachzeichnen dieser vielfältig gegeneinander verschobenen Perspektiven[3]. Dasselbe, was man hier am Beispiel des Traums sieht, gilt aber für alles psychologische Deuten und Verstehen. Die vielfältigen Möglichkeiten des Umschlagens und Sich-Verrückens der Perspektiven sind dabei nicht erst das Ergebnis des künstlichen Tuns der Psychologen, sondern dieses Umschlagen und das Sich-Wandeln des Blickpunktes gehören zur psychischen Wirklichkeit selbst. Die Psychologie kann nur Gelegenheiten schaffen, die eine solche plötzliche Veränderung der Perspektive provozieren. Daher rührt die Verwandtschaft der Psychologie mit dem Spiel. Das Spiel löst uns aus den jeweiligen Zweckzusammenhängen und läßt darum alles, was wir tun, in einer anderen Perspektive erscheinen[4].

---

[3] Vgl. hierzu meine Untersuchung „Der Traum als Welt. Zur Ontologie und Phänomenologie des Traums", 2. Aufl. Pfullingen 1969.
[4] Vgl. *Hans-Georg Gadamer,* Wahrheit und Methode, 2. Aufl. Tübingen 1965, S. 97 ff.

Die Unbestimmtheit seelischen Seins, die Vielfältigkeit der offenstehenden Möglichkeiten, gehört wesensmäßig zur psychischen Wirklichkeit. Ein Erkennen dieser Wirklichkeit ist darum immer ein Hindeuten in die Verschiedenartigkeit und Vielfältigkeit der Perspektiven. Es gibt darum eigentlich nichts in der Psychologie, was nur für sich selber und isoliert interessant wäre, sondern alles verweist auf jeweils anderes, das hinter ihm steht, und mit dem es zusammenhängt. Einen Menschen erkennen, heißt nicht, ihn durch festliegende Eigenschaften charakterisieren, sondern ihn in seiner stets sich wandelnden Situation begreifen. Das bedeutet aber, daß es die Psychologie nicht nur mit der Vielfältigkeit der Perspektiven zu tun hat, die sich dem erschließen oder verbergen, den der Psychologe untersucht, sondern zugleich mit den Perspektiven des Psychologen selbst, in denen der Andere sich ihm darbietet. Beide sind durch das Geschehen der Untersuchung in derselben Situation. Die Zugehörigkeit des Psychologen zur Situation des Untersuchten gehört darum wesensmäßig zur Psychologie. Objektivität bedeutet in dieser Wissenschaft also nicht, daß man vom Beobachter abstrahieren kann. Das Ideal einer letztlich vom Psychologen unabhängigen Psychologie führt zu einer Pseudo-Objektivität.

Auch wo der Psychologe nur registrierender Beobachter zu sein scheint, ist er doch Mitspieler in einer Situation und begegnet einem Menschen. Er hat es zu tun mit dem, was in dem Leben dieses Anderen gespielt wird. Dadurch sind der Unterscheidung und Trennbarkeit von Theorie und Praxis in dieser Wissenschaft entschiedene Grenzen gesetzt. Psychologisches Betrachten ist gerade dann ein wahrhaft theoretisches und objektives, wenn es der Begegnung mit der Wirklichkeit des Anderen nicht ausweicht, sondern sich von dieser Wirklichkeit, die ihm stets in einer Situation begegnet, ansprechen läßt. Praktisches Handeln andererseits, sei es nun ein Beraten oder ein Beurteilen, ist in der Psychologie immer nur da möglich, wo wir den Anderen in seiner Wirklichkeit als ihn selbst ins Spiel kommen lassen, wo wir also den Spielraum seiner Möglichkeiten und die Vielfältigkeit der Perspektiven, die er öffnet, nicht verdecken.

Daraus ergibt sich, daß psychologisches Forschen und Handeln insgesamt den Charakter des deutenden Erfassens und Verstehens hat. Dies gilt nicht nur dort, wo im engeren Sinne gedeutet wird, wie bei der Deutung eines Traumes, einer Handschrift oder einer Erzählung, sondern auch dort, wo wir Fakten und Korrelationen von Fakten zu verstehen suchen. Sie alle dienen nur dazu, die Möglichkeiten der Zukunft und der Vergangenheit abzuschätzen; denn auch die Vergangenheit ist für das psychologische Betrachten nicht eine festliegende Kette von Ereignissen, sondern zugleich eine Kette von gewesenen Möglichkeiten, von Situationen, in denen ein Mensch bewußt oder unbewußt wählen und sich entscheiden mußte. Die Wirklichkeit des Psychischen ist darum die unheimliche Aktualität der Gegenwart ebenso, wie die unbestimmte Offenheit der Zukunft und das geheimnisvolle Andersgewesenseinkönnen der Vergangenheit. Ich habe einen Menschen in seiner psychischen Wirklichkeit nur dann erfaßt, wenn ich seinen Lebenslauf als eine solche Kette von Situationen sehe, zu denen jeweils das nicht Wirkliche, das Unerfüllte und nur Mögliche ebenso gehört wie das faktische Geschehen.

Daraus ergibt sich, daß alle psychologische Untersuchung, wo sie sich wirklich der Lebendigkeit ihres Partners stellt, zu einem Gespräch wird, in welchem die Möglichkeiten und Hoffnungen, die verpaßten Gelegenheiten und Chancen dieses Lebenslaufes irgendwie auftauchen. Alle Raffinesse psychologischer Forschung muß letztlich der Förderung dieses Gesprächs dienen.

Eine psychologische Untersuchung ist darum immer ein Sich-Befassen mit dem, was vielleicht sein könnte, aber vielleicht auch nie sein wird, und mit dem, was gewesen sein könnte, aber vielleicht nie wirklich wurde. Psychologische Objektivität ist nur da möglich, wo man diese Horizonte des Andersseinkönnens und die Unbestimmtheit der Grenze zwischen Wirklichkeit und Unwirklichkeit nicht verdeckt.

Darum sind psychologische Aussagen im Grunde immer dialektisch. Alles, was ich über einen Menschen ausmache, muß ich zugleich in Frage stellen. Psychologisches Untersuchen ist darum ein deutendes Gespräch auch da, wo ich den Anderen scheinbar nur beobachte, wo ich ihn durch Tests und Apparaturen in Situationen bringe, in denen er bestimmte Handlungen vollführen, bestimmte Leistungen vollbringen oder bestimmte Entscheidungen fällen muß. Ich versuche gleichsam, die Möglichkeiten seines Seins und Handelns abzutasten. Aber der Andere wäre kein Mensch, wenn diese Möglichkeiten nicht unerschöpfbar wären.

Nach der Rolle der Deutung in der Psychologie fragen, heißt, nach der Rolle der Psychologie überhaupt fragen. Deutung ist nicht nur eine in der Psychologie verwendete Methode, ein Hilfsmittel, sondern die Psychologie selbst ist Deutung. Was deutet sie? Sie deutet die Situation des Menschen, und zwar sowohl des Einzelnen, wie ganzer Gruppen von Menschen, und schließlich des Menschen überhaupt. Darum ist sie eine geschichtliche Wissenschaft.

Man muß die Psychologie von ihrer Anwendung her verstehen. Sie ist in ihrer Anwendung fast immer Deutung, Deutung des Betreffenden in seiner Situation, Deutung seiner Zukunft und dabei oft Entscheidung über diese Zukunft. Zugleich ist sie Deutung der Vergangenheit. Sie versucht zu beschwören, wie es damals war, als eine bestimmte Tat begangen wurde, als eine bestimmte Krankheit ausbrach, als ein Mensch eine bestimmte, für sein späteres Leben maßgebende Entscheidung fällte.

Dieses Damals scheint für uns in der Rückschau festzustehen, eine bloße Summe von Fakten zu sein. Aber die Faktizität jener Vergangenheit bestand gerade in ihrem Spielraum der Entscheidung, in ihren unbewußten Hintergründen und Motivationen. Wenn die Psychologie die Vergangenheit eines Menschen beschwört, versucht sie, ihm und der Gesellschaft, in der er lebt, dadurch den Spielraum möglicher Entscheidungen in der Gegenwart und für die Zukunft zu vergrößern. Dies geschieht gerade im praktischen alltäglichen Handeln des Untersuchens und Beratens. Fast alle psychologischen Gutachten beziehen sich auf Möglichkeiten, Möglichkeiten der Leistung, Möglichkeiten des Lernens, Möglichkeiten des Führens und Geführtwerdens. Die Gefahr besteht dabei immer, daß der Mensch in diesen Möglichkeiten nur verrechnet wird. Sie werden als gemessene Potentiale verstanden, und man verkennt, daß jeder Mensch einmalig und unaustauschbar ist, daß alle seine Möglichkeiten letztlich als Möglichkeiten, zu sein, aufgefaßt werden müssen.

Psychologie ist selbst Deutung und kann darum ihre Deutungen nur begrenzt objektivieren. Sie muß sie vollziehen und im Vollzug korrigieren durch neue und erweiterte Deutungen der jeweiligen Situation. Wir versuchen als Psychologen, die Möglichkeiten eines Menschen kennenzulernen, der uns begegnet. Das heißt aber nichts anderes, als seine Situation, sein Leben und seine Zukunft irgendwie ernst zu nehmen. Die Wirklichkeit dieser Situation besteht gerade in der merkwürdigen Durchdringung von Bestimmtheit und Unbestimmtheit. Er ist in gewisser Weise das Produkt seiner Lebensgeschichte, aber seine Lebensgeschichte ist nur eine Kette von offenen Situationen, von stets sich wandelnden Perspektiven, und zugleich eine Kette von ständigen unbewußten Entscheidungen. Eine psychologische Untersuchung oder Beratung kann im Grunde nichts anderes sein, als ein Gespräch mit diesem Menschen *in* seiner Situation, die in diesem Augenblick unsere gemeinsame Situation ist. Alle technischen Hilfsmittel der Psychologie haben letztlich nur den Zweck, dieses Gespräch zu ermöglichen.

Die Situation, in der sich der Andere befindet, ist aber niemals nur seine ganz private und persönliche Situation, sondern immer zugleich sein Bezug zu den Ansprüchen und Verheißungen der Gesellschaft, in der er lebt. Der Psychologe tritt in diesem Gespräch oftmals als Vertreter solcher gesellschaftlichen Ansprüche auf, denn er muß beurteilen und unter Umständen entscheiden, welche Freiheiten und Möglichkeiten die Gesellschaft diesem Einzelnen eröffnen will. Er ist darum in der merkwürdigen Lage, nicht nur das Leben und die Situation dieses Einzelnen deuten zu müssen, sondern zugleich die Ansprüche der Gesellschaft, mit denen er es vermitteln soll.

Wenn man diese Zusammenhänge recht bedenkt, dann wird einem klar, wie sehr gerade die Praxis und Anwendung der Psychologie unmittelbar in die Probleme einer theoretischen Psychologie hineinführt. Es ist nicht so, daß im Laboratorium gewonnene Ergebnisse nur sekundär auf die Lebenspraxis bezogen werden, sondern umgekehrt, das Objekt der Psychologie ist der Mensch in seiner Situation. Was eine Situation ist, kann man aber nur begreifen, weil man selber in Situationen existiert; man kann das Wesen der Situation letztlich nicht erfassen, indem man sie nur von außen betrachtet.

Welche Konsequenzen ergeben sich aus diesem Verhältnis von Theorie und Praxis für das Bild des Menschen in der Psychologie? Es wäre sicherlich nicht angemessen, sich ihn nur als Subjekt mit psychischen Eigenschaften vorzustellen. Vielmehr muß man auch theoretisch begreifen, daß psychisches Sein immer das Sein in einer Situation ist. Psychologie als Deutung dieses Seins ist darum stets Situationsdeutung. Was aber ist eine Situation? Sie kann nicht nur als Lage des Einzelnen gekennzeichnet werden, sondern zu ihr gehört gerade die Beziehung zu den Anderen, das Miteinandersein, die Hoffnung auf Andere und die Auseinandersetzung mit ihnen. Situation ist der Ort des gemeinsamen Handelns. Jede Situation schließt einen unendlichen Umkreis in sich, sie ist letztlich identisch mit der Welt, in der wir sind.

Unser Existieren ist als ein Sein in Situationen stets weltlich. Jede Situation ist als unsere gegenwärtige Lage zugleich ein offener Horizont der uns unheimlichen, unbekannten oder verheißungsvollen Zukunft. Was die Situation ist, bestimmt sich aus dieser Zukunft, denn wir können keinen Augenblick existieren, ohne Pläne zu entwerfen, Wünschen nachzuhängen und zukünftiges Geschehen in der Phantasie und im Denken zu antizipieren. In gleicher Weise zeigt sich aber jede Situation als Ergebnis einer Vergangenheit. Jede Situation hat ihre Geschichte. Frühere Hoffnungen und Entscheidungen klingen in ihr nach. Sie ist das Ergebnis dessen, was wir selbst und andere in jüngster oder entferntester Vergangenheit getan haben. Die Situation als Lage unseres gegenwärtigen Seins umfaßt in sich den ganzen Horizont der Zeit. Wenn Psychologie Situationsdeutung ist, ist sie darum im Grunde Weltdeutung und Deutung des Zeithorizontes, in dem wir leben. Dieses Deuten zeigt darum immer in Unbekanntes. Es ist nur ein zureichendes Hinweisen, wenn es zugleich die Dunkelheit und Unbestimmtheit miterahnen läßt, die diesem gesamten Umkreis der Zeit und des Raums ebenso eigen ist, wie die Bestimmtheit und Erkennbarkeit der Umstände[5].

Das bedeutet ganz konkret, daß eine psychologische Beurteilung eine Fehlbeurteilung ist, wenn sie einen Menschen perfekt zu schildern können glaubt, wenn sie meint, ihn im Idealfall exakt zu erfassen. Denn wenn zu seinem Sein die Offenheit und Unbestimmtheit der Zukunft und die Bezüglichkeit zur Welt als ganzer gehören, dann wird dieses Sein nur zureichend erfaßt, wenn seine Offenheit miterfaßt wird. Psychologische Deutung ist darum immer auch Deutung in das Unbekannte, Latente, Verborgene und seinem Wesen nach Unbestimmte. Nur auf diesem Hintergrund sind Voraussagen und Ratschläge möglich. Diese Unbestimmtheit ist dabei nicht ein Mangel an Genauigkeit des Erforschens, sondern ein Wesensmerkmal psychischen Seins. Psychologie wird darum diesen deutenden Charakter auch da behalten, wo man sich aller technischen Hilfsmittel der Objektivierung, des Auszählens und Messens bedient.

Vor allem muß man sich klarmachen, daß die Ansprüche und Normen, Richtlinien und Vorurteile der Gesellschaft jeweils mit zur Situation des Einzelnen, und damit zu seiner psychologischen Wirklichkeit, gehören. Wir deuten also diesen Einzelnen immer schon so, daß wir dabei zugleich die Normen und Leitbilder seiner Gesellschaft mitdeuten müssen, weil wir dieser Gesellschaft angehören und sie sogar durch unsere Rolle als Untersucher und Berater vertreten. Individual- und Sozialpsychologie gehen dabei fließend ineinander über und sind eigentlich dasselbe.

Die Beziehung von Praxis und Anwendung zur theoretischen Psychologie läßt sich aber auch umkehren. Man kann eine psychologische Entscheidung nicht fällen, eine Situation nicht richtig ausdeuten, wenn man sich nicht berühren läßt von dem, was letztlich die Quelle alles psychologischen Forschens ist, nämlich von dem Erstaunen vor der Wirklichkeit und Hintergründigkeit der Existenz. Die Faszination psychologischen Forschens liegt immer wieder in dem Angerührtsein von der Wirklichkeit der eigenen Existenz und der Existenz des Du. Trotz aller Verflechtung mit der Praxis ist sie darum eine gleichsam wertfreie Anschauung dieses Seins, ein rein theoretisches Erstaunen. Die Wurzel aller Psychologie ist Begeg-

---

[5] Die Konsequenzen, die sich aus Heideggers Analyse der Weltlichkeit und Zeitlichkeit des Daseins für die Psychologie ergeben, liegen vor allem in der zentralen Bedeutung einer Psychologie der Situation.

nung, und zwar Begegnung mit dem völlig unverfügbaren Sein des Du und zugleich Begegnung mit der eigenen Wirklichkeit. Man kann zwar psychologisches Forschen in den Dienst der Leistungsförderung und des reibungslosen Ablaufs der technisierten Gesellschaft stellen, und man kann in großem Maße den Einzelnen und ganze Gruppen von Menschen berechnend manipulieren und steuern. Damit wird aber die Psychologie von ihrer Quelle, dem Erstaunen vor der Wirklichkeit psychischen Seins, abgeschnitten.

Es ist keineswegs selbstverständlich, daß sich die Psychologie in dem Erforschen von Leistungs- und Anpassungszuammenhängen erschöpft. Sie kann vielmehr mit demselben Recht aufgefaßt werden als Erforschung des Lebensstils von Menschen. Unser Dasein ist ja nie nur das bloße Faktum des Vorhandenseins, sondern wir sind immer *irgendwie* da, haben eine bestimmte Weise, uns zu geben und zu verstehen und zugleich die Welt zu deuten und zu beurteilen. Jedes menschliche Dasein hat ständig einen bestimmten Daseinsstil. Dieser Stil des Existierens drückt sich in jeder Gebärde und jeder Bewegung, in den Sätzen, die wir sprechen, und den Urteilen, die wir fällen, ebenso aus, wie in der Art, wie wir uns kleiden, und der Gestalt, in der wir unsere Häuser und Städte bauen. Dieser Stil ist nichts anderes als unsere Art und Weise, da zu sein. Er gehört selbst zur psychischen Wirklichkeit. Psychologie ist darum eine geschichtliche Wissenschaft, sie ist Erforschung des Lebensstils.

Das menschliche Dasein hat immer irgendeinen Stil. Stil ist eine Weise, zu sein. Psychologie ist auch die Erforschung dieses Seins-Stils, und zwar als Stils des Einzelnen und der Gesellschaft. Er zeigt sich als Bewegungsstil und Handlungsstil, als Denkstil und Stil des Umgehens miteinander, auch als politischer Stil, Arbeitsstil oder Sprachstil. Stil ist nicht eine Zutat zum Dasein, sondern die Weise des Vollzugs der Existenz selbst. Er ist Gestaltung und Explikation des Daseins.

Der Zugang zu einer solchen Betrachtungsweise kann durch eine Psychologie der Kunst erschlossen werden. Wenn man psychisches Sein nicht als Innerlichkeit oder Subjektivität versteht, sondern als die Art und Wirklichkeit unseres In-der-Welt-seins, unserer Zeitlichkeit und Leiblichkeit und unseres Einander-Begegnens, dann wird man die Kunst auch nicht als Ausdruck seelischer Innerlichkeit, als Zeugnis von Gefühlen und Affekten verstehen, sondern als Kristallisation und Beschwörung der Welt und der Zeit, des Raums und der Leiblichkeit[6]. Wenn sich psychische Wirklichkeit

---

[6] Nähere Ausführung dieser Auffassung der psychischen Wirklichkeit in meiner Arbeit „Die Wirklichkeit des Psychischen", Pfullingen 1969.

im Stil und der Art und Weise, wie wir uns bewegen und im Raum vorfinden, manifestiert, dann wird diese Wirklichkeit auch dort erfaßbar sein, wo sich unser Verhältnis zum Raum – und damit der Raum selbst – unsere Weise der Bewegung, und damit der Weg selbst, kristallisiert. In den runden, ovalen und rechteckigen Räumen der Architektur, in ihren Gängen, Treppen und Fluchten, in der eigentümlichen Windung der Wendeltreppe, oder in den begehbaren Rampen Le Corbusiers, in dem Verhältnis und Verlauf von Straßen und Plätzen, konstelliert und verwirklicht sich der Raum unserer Bewegung. In ihm zeigt sich die Art und Weise, wie wir in der Welt sind. Architekturraum ist Verwirklichung von Dasein [7].

In ähnlicher Weise zeigt sich die Identität von Dasein und Leibsein, die ursprüngliche Leiblichkeit alles Psychischen, besonders deutlich in der plastischen Darstellung des menschlichen Leibes. Die Plastik verwirklicht aber zugleich Grundgestalten des Sich-Haltens, des liegenden Aufruhens, des aufgereckten Stehens im Raum oder der potentiellen Bewegung. Wenn psychisches Sein immer auch Daseinsstil ist, dann verwirklicht sich dieser Daseinsstil vor allem in der Kunst. Ebenso wie von den hier aufgeführten Beispielen der bildenden Kunst gilt das von der Musik und von der Dichtung und Sprache [8]. Eine Psychologie der Kunst vermag darum dem deutenden Verstehen der Psychologie überhaupt einen Zugang zu ihrem Gegenstand zu verschaffen.

Die Möglichkeit des Deutens setzt immer ein gewisses Maß an Dunkelheit voraus. Wo alles völlig durchsichtig und klar ist, gibt es kein Deuten, weil es nichts Unverhofftes geben kann, das plötzlich sich aus dem Dunkel abhebt und auf das man weisen kann. Deutung gibt es in der Psychologie, weil seelisches Sein immer wieder gekennzeichnet ist durch das Auftauchen unerwarteter Gestalten und Konfigurationen aus dem Dunklen, durch die plötzliche Verschiebung der Perspektive, in deren Folge alles verändert aussieht und sich neue Möglichkeiten für die Zukunft und für die Beurteilung der Vergangenheit ergeben.

---

[7] Zur Geschichte des Raums in der Architektur vgl. *Nikolaus Pevsner*, Europäische Architektur, München 1963.

[8] Gadamers Ausgang von derjenigen Art von Kunstwerken, die zu ihrem Sein der Aufführung bedürfen, wie Musik und Schauspiel, vermag auch einer Psychologie der Kunst einen Weg zu weisen, auf dem die besondere Zeitstruktur des Psychischen, die Einmaligkeit und Aktualität des Augenblicks und seine eigentümlich wiederholende Beziehung zum Gewesenen deutlich werden können. Eine solche Psychologie der Kunst würde nicht auf ein psychologisches Erklären des Kunstwerkes, sondern auf ein Fruchtbarmachen der Kunst für das Verständnis psychischer Wirklichkeit überhaupt hinauslaufen.

Die entscheidende Frage, die man gegenüber dem Deuten in der Psychologie stellen muß, ist die: ist dieses Dunkel, in das hinein man deuten und aus dem heraus etwas Gedeutetes auftauchen kann, nur eine Folge des Mangels an Exaktheit und Sicherheit dieser Wissenschaft? Dann würde durch eine Verbesserung der Methoden der Bereich dieses Dunkels immer kleiner werden und im idealen Grenzfall ganz verschwinden. Deutung wäre dann nur ein Notbehelf dort, wo uns die Einsicht in klare Gesetzlichkeit noch versagt ist. Anders aber wäre es, wenn diese Dunkelheit zum Wesen des Menschseins gehörte, wenn psychisches Sein nicht nur Klarheit und Bewußtsein, sondern immer auch Schatten, Unbekanntes und Vergessenes ist.

Man kann seelische Wirklichkeit nur aus ihr selbst heraus angemessen erfassen. Überall dort aber, wo Menschen existieren, wo sie ihres Seins bewußt sind, sich zueinander verhalten, Pläne machen und Hoffnungen haben, von Erinnerungen belastet oder beflügelt werden, überall dort ist diese Wirklichkeit dadurch charakterisiert, daß sie sich vor einem dunklen Hintergrund des Unbestimmten abhebt. Es gehört wesensmäßig zum Charakter unserer Zukunft, daß sie noch nicht festliegt, daß zwar die Entscheidungen, die wir jetzt fällen, den Horizont der Möglichkeiten einengen werden, daß wir aber niemals dem Zwang entfliehen werden, in künftigen Situationen erneut wählen und uns entscheiden zu müssen. Ebenso vieldeutig aber bleibt die Vergangenheit, auch wenn sie eine Kette von kausal auseinander hervorgehenden Erscheinungen zu sein scheint. Denn was jeweils eine bestimmte Szene unserer Vergangenheit, eine Situation, die vielleicht Jahre zurückliegt, wirklich ist, bestimmt sich gerade mit aus der Bedeutung, die wir ihr in der Gegenwart verleihen, aus der Deutung, die wir ihr geben. Darüber hinaus ist aber der Umkreis dessen, was aus dieser Vergangenheit überhaupt da ist, abhängig vom Licht unseres Erinnerns und vom Dunkel unseres Vergessens.

Ganz ähnlich verhält es sich aber in der Beziehung der Menschen zueinander. Ein Mensch, der uns begegnet, ist in dieser Begegnung in seiner Wirklichkeit präsent, sein Begegnen ist selbst seine Wirklichkeit. Aber je klarer und deutlicher er vor uns steht, um so intensiver wird auch der Schatten dieser Kenntnis, der Bereich seines Seins, den wir nicht kennen und den wir nicht verstehen. Dieses Nichtverstehen des Anderen, die Dunkelheit seiner Motive und die Unbegreiflichkeit seiner Entscheidungen, gehören wesensmäßig zum Miteinandersein der Menschen. Es gibt Verstehen nur dort, wo es auch Mißverstehen gibt. Darum können wir unsere Rede gegenseitig verstehen und unsere Handlungen gegenseitig deuten.

Die Idee eines dem La Place'schen Dämon analogen Geistes, der gleichsam von außerhalb das psychische Geschehen betrachtet und dem darum alle Motive der Menschen durchsichtig sind, so daß er den kausalen Zusammenhang des menschlich-psychischen Geschehens bis zur letzten Determination rekonstruieren könnte – diese Idee geht im Grunde an der Natur psychischen Seins vorbei. Psychische Wirklichkeit gibt es ja nur dort, wo Menschen ihres Seins inne werden, gegenseitig voreinander erstaunen und erschrecken, sich lieben oder sich fürchten können. Es gibt also seelisches Sein nur dort, wo es immer zugleich Verstehen und Dunkelheit, Erinnerung und Vergessen, Planung und Unbestimmtheit der Zukunft gibt.

Diese Überlegungen scheinen dafür zu sprechen, daß das Deuten in seinen vielfältigen Formen die einzig angemessene Methode der Psychologie ist. Es läßt sich aber doch sicherlich nicht leugnen, daß die moderne Psychologie eine Fülle von mathematisch erfaßbaren Korrelationen von Fakten zutage gefördert hat, die das psychische Sein einem berechnenden Registrieren zugänglich machen. Die Frage, die hier auftaucht, ist aber wohl die, ob nicht diese Fülle von Material und von Beziehungen und Relationen dieses Materials, die wir in Zahlen ausdrücken können, selbst beständig der Deutung bedarf. Darüber hinaus muß man sich fragen, ob nicht dieses Zählen und Vergleichen selbst noch den Charakter eines Deutens hat. Die Frage ist also letztlich die: gibt es Deuten und deutendes Verstehen nur im Bereich des Sprachlichen, oder auch im Bereich der Zahl und des mathematischen Erfassens (wobei man bedenken muß, daß letztlich auch Mathematik Sprache ist)? Vielleicht ist es nicht gut, diese Fragen vorschnell beantworten zu wollen, ebenso wie es nicht gut ist, zwischen den sogenannten naturwissenschaftlichen und geisteswissenschaftlichen Methoden der Psychologie vorschnelle Verbindungen oder Trennungen herzustellen. Es wird vielmehr darauf ankommen, nachzudenken, was wir eigentlich tun, wenn wir psychisches Sein einer mathematischen Behandlung unterziehen, und was wir eigentlich tun, wenn wir glauben, die Psychologie nach dem Ideal der Naturwissenschaft ausrichten zu müssen. Auch dieses Tun bedarf einer Deutung.

Die Tendenz der Psychologie zur Mathematisierung hängt wahrscheinlich zusammen mit der Herrschaft der Technik über den Menschen. Technik beschränkt sich ja nicht nur auf die Beherrschung der Naturkräfte außer uns und auf deren Planung und Verfügbarmachung, sondern sie muß, je konsequenter und perfekter sie unser Leben durchdringt, um so mehr zur Planung und Berechnung menschlichen Verhaltens selbst werden. Sie muß die Kräfte der Natur in uns verfügbar zu machen versuchen. Das Problem, das sich daraus letztlich für die Psychologie ergibt, liegt in der Beziehung einer deutenden, dem Menschen zu sich selbst und, soweit möglich, zu einer eigenen Entscheidung verhelfenden Psychologie, zu einer planenden und berechnenden, die den Menschen verfügbar macht.

Es hat aber gar keinen Zweck, lediglich die Manipulierbarkeit des Menschen durch psychologische Techniken zu beklagen, sondern man muß vielmehr dieses Phänomen der Manipulierbarkeit selbst deuten. Die Frage, was die Technisierung und Perfektionierung der Planung menschlichen Verhaltens bedeutet, ist selbst eine Frage, die sich die Psychologie stellen muß. Was bedeutet es, wenn Psychologen gleichsam zu Ingenieuren menschlichen Verhaltens werden? Was bedeutet es, daß man sich des Computers zur Erforschung psychischen Seins bedient? Diese Phänomene sind gar nicht nur solche einer naturwissenschaftlichen Betrachtung, sondern sie sind, wie mir scheint, in Wirklichkeit ebensosehr gesellschaftliche Phänomene. Die Berechnung menschlichen Verhaltens dient seiner Planung und diese gehört in den Bereich der Technik als einer geschichtlich sozialen Erscheinung.

Wir haben uns im Anfang dieser Überlegungen mit dem Verhältnis von Theorie und Praxis der Psychologie beschäftigt und die Forderung aufgestellt, daß man die Theorie des Psychischen nicht von der Praxis der wirklichen Tätigkeit des Psychologen trennen dürfe, denn psychisches Sein erschließt sich in der Begegnung. Man kann von den Partnern dieser Begegnung nicht abstrahieren, man kann den Psychologen als Beobachter nicht ausschalten, sondern er ist Mitspieler in einer Situation. Dies gilt aber auch von einer technisierten und mathematisierten Psychologie. Auch hier sind wir Mitspieler in der Situation, Mitspieler im Geschehen der technischen Perfektionierung[9]. Dem planenden und berechnenden Erfassen psychischen Seins muß sich die diesem Sein eigene Dunkelheit und Unheimlichkeit in einer anderen Weise zeigen als derjenigen Konfrontation mit der seelischen Wirklichkeit, die sich im unmittelbaren Gespräch ereignet. Aber zeigen wird sie sich auch hier.

Das Maß an Berechnen und Mathematisierung wird um so größer werden, je mehr es notwendig wird, das Verhalten ganzer Gruppen von

---

[9] „Der Sozialingenieur, der das Funktionieren der Gesellschaft betreut, scheint wie abgespalten von der Gesellschaft, der er doch angehört. Dem kann eine hermeneutisch reflektierte Soziologie nicht folgen." *Hans-Georg Gadamer*, Rhetorik, Hermeneutik und Ideologiekritik, in: Kleine Schriften I. Philosophie. Hermeneutik, Tübingen 1967, S. 129. – Überhaupt ist dieser Beitrag, aaO, S. 112–130 (ebenso wie der Beitrag über die Planung der Zukunft) für unser Problem besonders interessant.

Menschen zu erfassen und zu verstehen. Das gilt aber nicht nur dort, wo der Mensch in die übergreifenden Zusammenhänge der Technik einbezogen ist, wie etwa im Beispiel des Verkehrs oder der industriellen Arbeit, sondern es gilt auch dort, wo der Mensch sich als Zoon politikon zeigt. Das politische Geschehen, das heute weitgehend ein Massengeschehen ist, offenbart die Dunkelheit und Unheimlichkeit psychischer Wirklichkeit, die Durchschlagskraft triebhaften Verhaltens und die Unverständlichkeit unseres Handelns oft in weit krasserer Weise als das Verhalten des Einzelnen und kleiner Gruppen. Die vielleicht naiv klingenden Fragen, ob sich Kriege oder Revolutionen vermeiden oder mildern lassen, ob sich das Zusammenleben der Menschheit im großen humaner gestalten läßt oder nicht, sind legitime Fragen der Psychologie, auch wenn es für sie vielleicht lange noch keine Antworten gibt.

In diesem Bereich ist das Geschäft des Deutens fast immer auch ein solches des Ausdeutens von Zahlen. Die Meinungen ganzer Bevölkerungsgruppen, die Meinungen bestimmter Berufe und Gesellschaftsschichten und bestimmter Nationen, die man in der Sozialpsychologie zu erforschen sucht, lassen sich in ihren Motivationszusammenhängen nur noch in Zahlen darstellen. Aber diese Zahlen tragen in sich den Anspruch auf Deutung. Die Einsicht in die Mechanik menschlichen Verhaltens und menschlicher Meinungsbildung enthebt uns nicht der Aufgabe des Deutens, sondern sie stellt diese in einem anderen und neuen Zusammenhang. Deshalb bedarf gerade eine Psychologie, die in die Bereiche der modernen Technik und Politik eingewoben ist, einer adäquaten und nicht oberflächlich nach dem Ideal einer primitiven Wissenschaftsgläubigkeit gemachten Hermeneutik.

Die Psychologie ist heute als Wissenschaft gerade deswegen interessant, weil sich in ihr naturwissenschaftliche und geisteswissenschaftliche Methoden treffen. Es wäre ganz verfehlt, eine rein naturwissenschaftliche von einer rein geisteswissenschaftlichen Psychologie zu trennen. Die Aufgabe, die uns diese Wissenschaft stellt, ist vielmehr die, nach der tieferen Zusammengehörigkeit natur- und geisteswissenschaftlicher Methoden zu fragen. Dabei kommt es nicht auf vorschnelle Lösungen an, nicht auf geisteswissenschaftliche Verbrämungen mathematischer Ergebnisse, noch umgekehrt, sondern eher darauf, diese Frage in ihrer ganzen Tragweite zu sehen. Das zwingt die Psychologie zu einer historischen und zu einer philosophischen Besinnung.

Im Rahmen unserer Fragestellung interessiert uns jetzt besonders die Frage, wie sich das Deuten menschlicher Existenz in der Psychologie zum Deuten und Auslegen literarischer, künstlerischer und geschichtlicher Zeugnisse in den Geisteswissenschaften verhält. Wenn ich einen Text auslege, lasse ich mich von der Sache selbst ansprechen, um die es in diesem Text geht. Wenn ich ein Bauwerk durchschreite, ein Gemälde betrachte, oder ein Schauspiel oder Musikstück aufführe oder erlebe, dann lasse ich das, was in diesem Kunstwerk geschieht und wirklich ist, jetzt ins Spiel kommen. Wie Gadamer gezeigt hat, lebt alle Hermeneutik von dieser Applikation auf das, was jetzt ist und fällig ist[10]. Sie macht das Zeugnis, welches sie auslegt, zu dem, was mich jetzt angeht. Das gilt auch von der juristischen und von der theologischen Hermeneutik. Die Auslegung eines Gesetzes muß den aktuellen Tatbestand unter seinen Text subsumieren. Die Auslegung eines Bibeltextes soll ihn gerade in seiner Ursprünglichkeit so verstehen, daß er mich jetzt angeht.

Die Frage, die sich aus dem Vergleich der Auslegung von Zeugnissen dieser Art mit der Deutung in der Psychologie ergibt, ist die: Was ist es, das uns, die Deutenden, in einer psychologischen Deutung selbst angeht? Es ist die Wirklichkeit der Existenz selbst, die wir auszudeuten haben, in deren dunkle Hintergründe und in deren geheimnisvolle Perspektiven wir hineindeuten; sei dies nun die eigene Existenz, oder die Existenz des Fremden, oder eines uns vertrauten Du. Die Psychologie hat es mit den Zeugnissen der Existenz zu tun. Sie sieht sich konfrontiert mit dem Verhalten des Menschen in je anderen Situationen, mit dem Durchwobensein aller psychischen Äußerungen von seiner Leiblichkeit, mit der Hintergründigkeit und Abgründigkeit seiner Motive. In jedem Menschen aber begegnet sie *dem* Menschen.

Das, was uns in psychologischem Forschen angeht, ist letztlich immer die Sache des Menschseins selber. Psychologie lebt aus dem Erstaunen vor dieser Wirklichkeit. Sie hat ihre Wurzeln in dem Sich-Wundern über unser eigenes Sein und zugleich über das Sein der Anderen und der Welt, in der wir uns vorfinden. Darin berührt sie sich mit dem Staunen vor den Zeugnissen dieses Menschseins und des Seins der Welt in der Literatur, der Kunst und der Geschichte. Sie muß sich von diesen Zeugnissen genau so ansprechen lassen wie von den Zeugnissen des Menschseins in seiner alltäglichen Lebensgeschichte, mit der sie es praktisch immer wieder zu tun hat. Die Rolle des Psychologen ist die eines Zeugen der Situation[11]. Wie die

---

[10] Zum Begriff der Applikation: Wahrheit und Methode, 2. Aufl. Tübingen 1965, S. 290 ff.
[11] Die enge Beziehung von Psychologie und Geisteswissenschaften, von der Dilthey ausgegangen ist, bestätigt sich hier – oder stellt sich erneut als Aufgabe –, aber unter anderen Voraussetzungen und gleichsam mit umgekehrtem Vorzeichen. Psychologie bleibt

Philosophie beginnt die Psychologie mit dem Erstaunen vor dem Sein. Vor allem ist es die Faszination der Begegnung, die alles psychologische Forschen speist.

ihrem Gegenstand unangemessen, wenn sie den Menschen nicht wirklich als geschichtliches Wesen betrachtet. Dabei stellt sich ihr aber die Aufgabe, ihn *zugleich* als Naturwesen zu begreifen.

Detlev von Uslar
Traum und Wirklichkeit

Die Frage nach dem Sein des Traums

Die Frage, was ist eigentlich ein Traum, ist keineswegs leicht zu beantworten. Wenn wir erwacht sind, erscheinen uns unsere Träume als ein Zug von Bildern, die geheimnisvoll und hintergründig sind. Aber während des Traumes, solange wir träumen, ist der Traum keineswegs eine bloße Bilderwelt, sondern die eine und wirkliche Welt, in der wir existieren, mit deren Dingen wir es zu tun haben und in der uns Menschen begegnen, die wir lieben und hassen, vor denen wir Angst haben oder zu denen wir uns hingezogen fühlen. Für den Träumenden sind die geträumten Dinge nicht Bilder oder Phantasievorstellungen, sondern reale Wirklichkeit. Die geträumte Welt ist auch nicht nur eine abgegrenzte Bühne, sondern die *ganze* Welt, in der der Träumende sich vorfindet und die in sich zeitlich und räumlich unendlich ist.
In jedem Traum finden wir uns immer schon in einer zeitlichen Gegenwart vor, die ihre eigene, ihr zugehörige Vergangenheit hat und der ihre eigene in sich unbegrenzte und unbestimmte Zukunft bevorsteht.
Der Traum endet zwar mit dem Erwachen, aber dieses Erwachen ist gleichsam ein von außen gesetztes Ende, während die innere Zeitlichkeit des Traumes genauso in eine unbestimmte und unabgrenzbare Zukunft hineinreicht wie die innere Zeitlichkeit des Wachens. Solange sie existiert, beansprucht die Welt des Traumes gleichsam die gesamte Zeit. Sie ist eine zeitlich in sich unendliche Welt.
Dasselbe gilt auch in Beziehung auf den Raum. Die Erzählung eines Traumes im Wachen mag vielleicht den Eindruck erwecken, als ob die Szene, in der sich ein Traum abspielt, ein in sich abgegrenzter Raum, gleichsam in unserem Inneren, sei. Während wir aber träumen, ist die Szene unseres Handelns, Leidens und Erlebens genauso von dem in sich unbegrenzten und ins Unbestimmte verdämmernden Raum der einen und ganzen Welt umgeben wie im Wachen. Die Traumwelt ist auch räumlich die eine und ganze Welt, die Wirklichkeit schlechthin, in der wir uns immer schon vorfinden und die uns umgibt und selbstverständlich da ist, auch wenn wir nicht eigens darauf reflektieren.

Aus dem allem ergibt sich, daß wir das Phänomen des Traumes nicht zureichend erfassen, wenn wir es einseitig als Phantasie oder Bilderfolge beschreiben. Der Traum als Traum, d. h. solange er geträumt wird, ist Welt, und zwar nicht nur eine Welt unter anderen Welten, nicht nur eine Umwelt, sondern die Welt. Dies alles aber verändert sich plötzlich und schlagartig mit dem Erwachen. Was vorher die Wirklichkeit war, erscheint jetzt als etwas, das überhaupt niemals eigentlich wirklich gewesen ist. Es erweist sich nachträglich als Trug, als etwas, das gar nicht wirklich wirklich war. Die Traumwelt hört mit dem Erwachen nicht nur auf zu sein, sondern sie wird auch in ihrem eigentlichen Gewesen-Sein nachträglich annulliert, sie wird auch aus der Vergangenheit ausgelöscht.

Gleichzeitig geschieht mit dem Geträumten in der Erinnerung eine andere Verwandlung. Im Moment des Erwachens und mit zunehmendem Wachwerden geraten die geträumten Dinge und Szenerien in Zusammenhang mit den Dingen und Szenen der wachen Welt. Wir erkennen plötzlich in den Dingen und Personen des Traums die Dinge und Menschen unserer wachen Welt wieder, denen sie aber oft nur teilweise oder bruchstückhaft gleichen; und wir erstaunen davor, wie diese Stücke unserer wachen Welt im Traum in einer anderen Zusammenordnung und unter ganz veränderten Vorzeichen aufgetreten sind. So kann uns klar werden, daß ein Mensch, dem wir im Traum begegneten, in Wirklichkeit längst gestorben ist; oder es wird uns plötzlich deutlich, daß wir uns im Traum in den Räumen und Szenen unserer Kindheit befanden, doch so, wie wir jetzt sind, und mit der Aktualität unserer jetzigen Gegenwart. Bestimmte Landschaften des Traums erweisen sich plötzlich als Verbindung verschiedener Landschaften und Räumlichkeiten unserer wachen Welt. Das Erwachen verändert also unsere Perspektive auf den Traum nicht nur in *der* Weise, daß das im Traum Wirkliche und real Gegenwärtige nachträglich als ein gar nicht eigentlich wirklich Gewesenes erscheint, sondern auch so, daß die Ordnung und innere Konstellation der Traumwelt gleichsam durchsichtig wird für die andere Ordnung und die andersartigen Konstellationen, in welchen die geträumten Dinge oder Bruchstücke von ihnen in der wachen Welt vorkommen.

Durch diese plötzliche Verschiebung der Perspektiven beginnt die gesamte Traumlandschaft hintergründig und vieldeutig zu werden. Es stellen sich Beziehungen und Zusammenhänge her, die die geträumte Wirklichkeit doppeldeutig und bedeutsam erscheinen lassen. Wir erkennen etwa, daß eine Figur im Traum Züge eines Menschen, den wir in der Vergangenheit geliebt haben, mit den Eigenarten eines anderen Menschen in sich vereinigt hat, zu dem wir uns jetzt hingezogen fühlen.

Die Traumfiguren werden durch diese vielfältigen Beziehungen zu Figuren der wachen Welt in sich vieldeutig und hintergründig. Die veränderte Perspektive auf die gesamte Traumwelt, die sich durch das Erwachen einstellt, macht das Geträumte insgesamt doppeldeutig und damit bedeutsam. Wir beginnen uns zu wundern über das, was wir im Traum selbst vielleicht als selbstverständlich hingenommen haben.

Indem so die geträumten Dinge durch das Hineingeraten in die ganz andersartigen Dingzusammenhänge der wachen Welt hintergründig und unheimlich werden, verändern sie aber zugleich auch unser Verhältnis zu den scheinbar selbstverständlichen und uns geläufigen Dingen und Szenen unserer wachen Wirklichkeit. Auch diese werden hintergründig und vieldeutig dadurch, daß wir sie zugleich in der andersartigen und verfremdeten Konstellation sehen, in der sie im Traum vorkamen. Das Erwachen verschiebt also nicht nur unsere Perspektive auf die *geträumte* Welt, sondern die Erinnerung eines Traumes verschiebt auch, oft ganz unmerklich und ohne daß es uns eigentlich bewußt wird, die Perspektive auf die Wirklichkeit unserer *wachen* Welt. Wir begegnen einem Menschen, von dem wir des Nachts geträumt haben, am nächsten Tag unter Umständen anders als vorher.

Die Bedeutsamkeit und Deutbarkeit des Traumes beruht eigentlich in dieser vielfältigen Verschiebung der Perspektiven auf die Wirklichkeit unserer Welt. Alles Deuten ist im Grunde ein Verschieben von Perspektiven. Eine Sache ist ja nicht dann gedeutet, wenn man sie gleichsam völlig in einen begrifflich faßbaren Sinn übersetzt hat, sondern vielmehr dann, wenn man seine Perspektive auf sie verändert und dadurch zugleich den Gesamtzusammenhang, in den sie eingeordnet ist, anders zu sehen vermag. Der Traum verändert unsere Perspektive auf die Welt gerade durch die Ungewöhnlichkeit und Absurdität der Konstellationen, da die Dinge durch sie aus ihrer Selbstverständlichkeit herausgerissen werden. Diese deutende Kraft der Verfremdung, der unsere ganze Welt allnächtlich durch Traum und Erwachen unterworfen wird, hat sich der Surrealismus zu eigen gemacht, wenn er uns die Dinge in absurden Konstellationen vor Augen führt, wie sie etwa André Breton in seinem surrealistischen Manifest beschworen hat, wenn er von der Begegnung eines Regenschirms und einer Nähmaschine auf einem Operationstisch spricht. Die eigentümliche Hintergründigkeit und Magie etwa der Bilder Magrittes oder Salvador Dalis oder der geheimnisvollen Räume Chiricos beruht auf dieser traumartig anderen Zusammenordnung der uns aus der wachen Wirklichkeit vertrauten Dinge, auf dem geheimnisvollen Schweben schwerer Gegenstände etwa, oder auf Konfigurationen tierischer und menschlicher Elemente, die uns mit der Vertrautheit menschlicher Lebewesen entgegentreten.

Die Verbindung des Verschiedenartigen und unter Umständen sogar Widersprüchlichen zu neuen Einheiten in der geträumten Welt hat Sigmund Freud unter dem Namen der Verdichtung beschrieben. Diese Verdichtung der Elemente unserer wachen Welt zu neuen Einheiten, die uns im Traum als eigene Gegenstände oder Personen entgegentreten, ist es, die der Traumdeutung vor allem den Weg weist.

Wenn ein Mensch, mit dem wir es *jetzt* zu tun haben, mit dem wir uns in der Gegenwart auseinanderzusetzen haben, den wir fürchten oder lieben, im Traum mit Gestalten aus unserer Kindheit und Vergangenheit zu einer neuen Einheit verbunden ist, so zeigt uns der Traum unter Umständen eine verborgene Ähnlichkeit unserer Beziehungen zu ihm mit den Beziehungen zu diesen Menschen

der längst versunkenen Kindheit. Wir sehen ihn und unser Verhältnis zu ihm darum in einer neuen Perspektive. In dieser vielfältigen Verrückung und Verschiebung der Perspektiven aber beruht die deutende Kraft des Traums überhaupt. Eine Traumdeutung, die auf diese geheimnisvollen und hintergründigen Zusammenhänge achtet, wird also nicht willkürlich irgendeinen Sinn in die Träume hineindeuten, sondern sie tut im Grunde nichts anderes, als die vielfältigen Perspektiven auszuziehen und nachzuzeichnen, in welche das Geträumte durch das Erwachen geraten ist, wobei diese wache Welt selbst in einem veränderten Blickwinkel erscheint. Die Traumdeutung ist also nicht eine bloße Zutat zum Traum, sondern nur die Akzentuierung von Verhältnissen und Beziehungen, die im Traum selbst schon liegen. Was ein Traum ist, können wir nur zureichend erfassen, wenn wir zugleich uns deutlich machen, daß er, solange er geträumt wurde, die eine und wirkliche Welt war, in der sich der Träumer befand, und daß er andererseits im Moment des Erwachens in eine geheimnisvolle Verbindung mit den andersartigen Dingkonstellationen und Bezügen der wachen Welt geraten ist. Dieses Umschlagen der geträumten Wirklichkeit in Unwirklichkeit durch das Erwachen und die darin zugleich sich ereignende Verschiebung der Perspektiven gehört also mit zur Wirklichkeit des Träumens selbst.
In unseren bisherigen Überlegungen haben wir versucht, das Phänomen des Traums vor allem aus sich selbst und seinem Umfeld heraus zu beschreiben und zu erfassen, ohne uns die Frage zu stellen, wie es zustande gekommen ist.

Die meisten Traumtheorien setzen gerade bei dieser Frage an und versuchen die Bedeutsamkeit des Traums aus der Art und Weise zu erklären, wie er entstanden ist. Je mehr wir wach werden und Abstand von unseren Träumen gewinnen, desto deutlicher wird uns, daß sie ja etwas sind, was wir gleichsam selbst gemacht haben, was in uns selbst entstanden ist. Als wachen Menschen erscheint es uns selbstverständlich, daß Träume Produktionen des Bewußtseins bzw. des Unbewußten sind. Nun ist diese Auffassung nicht so selbstverständlich, wie sie uns als Menschen des 20. Jahrhunderts erscheint. Für die Antike z. B. waren Träume Sendungen der Götter, sie waren ein Bereich, in dem die Götter sich dem Menschen mitteilen können. Es ist für die Träume charakteristisch, daß sie uns einerseits als etwas erscheinen, das wir irgendwie selbst hervorgebracht haben, andererseits aber als etwas, das uns zugestoßen ist, das uns geschehen ist. Wir wissen zwar als Wachende, daß die Träume in uns selbst entstanden sind. Sie behalten aber auch in der Erinnerung noch etwas von dem Charakter der eigentümlichen Wirklichkeit, in der wir uns als Träumende vorgefunden haben.

Wenn die Träume Hervorbringungen unseres Bewußtseins sind, so war uns gerade dies während des Traumes unbewußt.
Jede Auffassung des Traumes als einer Hervorbringung des Bewußtseins läßt nun aber zugleich mit der schwierigen Frage nach dem Wesen des Traumes die andere Frage aufkommen: Was ist überhaupt Bewußtsein? Ist nicht alles Be-

wußtsein eine mehr oder weniger klare Abspiegelung der *Welt?* Diese kann deutlich oder verschwommen sein; sie kann ein in sich kohärentes Bild der Welt wiedergegeben oder vielfältig gebrochen und verspiegelt sein. Auch unsere Phantasie, auch unsere Träume spiegeln irgendwie unsere Welt. Sie fangen dabei die ganz spezifische psychische Perspektive ein, in der uns diese Welt erscheint. Sie spiegeln zugleich unsere Stellung im Leben und in unserer Umwelt wider. Aber dies tun sie gerade, indem sie durch ihre Absurdität, durch die Verfremdungen und Verschiebungen die Dinge unserer wachen Welt in verändertem Licht erscheinen lassen und uns die Möglichkeit geben, in der Besinnung auf die Traumwirklichkeit auch die Wirklichkeit unserer wachen Welt in veränderter Perspektive zu sehen.

Bewußtsein ist nie, auch im Wachen nicht, nur die Abspiegelung einer objektiven Wirklichkeit, sondern es ist notwendigerweise immer zugleich auch die Verwirklichung der Perspektiven, die sich aus unserem ganz spezifischen Standort in der Welt ergibt. Auch unsere räumliche Wahrnehmung z. B. zeigt uns die Dinge immer in einer auf unseren jeweiligen leiblichen Standort im Raum bezogenen Perspektive. Wir sehen schon rein räumlich immer nur die jeweiligen Vorderseiten der Dinge.

Auch die Gesamtheit dessen, was wir Bewußtsein nennen, dieses Innesein der Wirklichkeit der Welt und unserer selbst, ist immer eine unlösbare Einheit des Sich-Zeigens der Wirklichkeit selbst und zugleich der Art und Weise, wie diese Wirklichkeit uns auf Grund unseres Standortes im Raum und in der Zeit, ja in der Welt überhaupt, in einer ganz spezifischen Perspektive erscheinen muß. Während aber für das wache Bewußtsein diese perspektivische Abspiegelung der Welt mehr oder weniger einheitlich und in sich logisch konsequent erscheint, gleichsam wie eine Abspiegelung in einer *glatten* Spiegelfläche, zeigt sich die Welt im Traum wie in einem vielfältig facettierten Spiegel hundertfach gebrochen, verfremdet und verzerrt. Aber gerade diese Vielfältigkeit und Vieldeutigkeit der Abspiegelungen, in denen Elemente der Welt in veränderter Zusammenordnung wiederkehren, gerade diese Vielfältigkeit eröffnet zugleich eine Fülle von möglichen Verschiebungen unserer jeweiligen Perspektiven, sie provozieren eine Polyphonie der Bedeutsamkeit. Auch im Wachen jedoch können wir nicht streng zwischen der objektiven Gegebenheit der Dinge und der *Bedeutung,* die sie für uns haben, scheiden. Vielmehr finden wir uns immer schon so in der Welt vor, daß ihre Zusammenhänge und Gegebenheiten für uns eine Bedeutsamkeit haben, daß sie in Beziehung zu unserer Existenz stehen. Man gewinnt die Wirklichkeit nicht, wenn man von der Weise, wie die Welt uns erscheint, gleichsam alles Subjektive zu substrahieren sucht, denn Welt kann überhaupt nur einem Beobachter erscheinen, einem Wesen also, dem sie sich in irgendeiner Weise zu zeigen vermag. Objektivität ist also immer auf Subjektivität bezogen. Trotzdem wird man mit Recht sagen, daß sich das Wachen vom Traum dadurch unterscheidet, daß seine Erkenntnis objektiv ist, während uns die Gebilde des Traumes, wenn wir erwacht sind, als vorwiegend subjektive erscheinen müssen.

Eben diese Subjektivität der Traumwelt aber haben wir, solange wir träumten, nicht erkennen können. Die geträumte Wirklichkeit war für uns die eine und einzige Wirklichkeit, mit der wir es zu tun hatten. Dieser Umstand, daß auch die geträumte Welt als wirkliche Welt auftritt, hat die Menschen immer wieder dazu geführt, auch die Selbstverständlichkeit der wachen Welt in Frage zu stellen. Könnte nicht auch unser waches Bild der Welt, gemessen an der wahren Wirklichkeit der Dinge, gleichsam noch wie ein Traum sein? Schon Heraklit hat immer wieder darauf hingewiesen, daß viele Menschen, auch wenn sie wachen, gleichsam noch wie Träumende sind. Und Descartes hat in seinem berühmten Traumargument die Wirklichkeit und Sicherheit unserer alltäglichen Erfahrung dadurch zu erschüttern vermocht, daß er sie mit der ebenso selbstverständlichen Evidenz der Wirklichkeitserfahrung im Traum verglichen hat. Wer beweist uns, so argumentiert er, daß wir nicht auch jetzt, während wir wach zu sein glauben, in Wahrheit doch nur träumen? Es gehört zum Wesen des Menschen, daß er die Wirklichkeit insgesamt, seine eigene Wirklichkeit und die der Welt, in Frage stellen kann, daß die Dinge für ihn nicht selbstverständlich sind. Jedesmal, wenn wir aus einem Traum erwachen, erleben wir im Grunde eine solche Infragestellung dessen, was vorher die Wirklichkeit zu sein schien. Auf dem Hintergrund dieses Infragestellens erscheint auch die wache Welt in ihrer scheinbar selbstverständlichen Eigenart bedeutsam, denn es kann in uns die Frage aufkeimen, ob nicht auch diese Welt ganz anders sein könnte, als sie jetzt ist. Es wird uns deutlich, daß es keineswegs selbstverständlich ist, daß die Welt gerade so ist, wie sie ist, und nicht anders, ja, daß es nicht einmal selbstverständlich ist, daß es überhaupt eine Welt, daß es überhaupt Seiendes gibt. Der Traum vermag im Menschen immer wieder die Fähigkeit zu wecken, sich über die Wirklichkeit zu wundern.
Gerade daher hat der Traum u. a. auch seine heilende Kraft, denn er gibt uns immer wieder auch die Möglichkeit, uns über unser eigenes Leben und seine lebensgeschichtlichen Zusammenhänge zu wundern und unsere Erlebnisse und Erinnerungen in einem oft geheimnisvoll veränderten Licht zu sehen. Vor allem Sigmund Freud hat gezeigt, daß unsere Träume immer wieder Bruchstücke und merkwürdig veränderte Fetzen gleichsam von tiefen Erinnerungen aus unserer Vergangenheit enthalten und daß diese Erinnerungen nicht sinnlos und zufällig sind, sondern bei näherer Betrachtung einen Zusammenhang mit den aktuellen Erlebnissen unserer Gegenwart zeigen. Wenn ich im Traum als der Mensch, der ich jetzt bin, mit den Beziehungen und Problemen, die mich jetzt beschäftigen, in meinem Elternhaus und in der Umwelt meiner Kindheit verweilt habe, so werden mir auch, mehr oder weniger bewußt, diese aktuellen Probleme der Gegenwart nach dem Erwachen in einem Zusammenhang mit jenen ganz anderen Ereignissen und Sinnbezügen des Erlebens meiner Kindheit erscheinen. Die Traumdeutung artikuliert solche Zusammenhänge und Bezüge

und führt uns dadurch oftmals vor Augen, wie wir in unserem gegenwärtigen Leben Probleme und Themen wiederholen und variieren, die uns schon in früher Vergangenheit beschäftigt haben und die vielleicht damals keiner Lösung zugeführt worden sind. Der Zeithorizont unserer lebensgeschichtlichen Perspektive wird durch die Träume allnächtlich immer wieder in geheimnisvoller Weise erweitert, und Dinge der Gegenwart werden mit solchen der Vergangenheit in Beziehung gebracht, ebenso wie Dinge der von uns erwarteten oder befürchteten Zukunft im Traumgeschehen vorweggenommen werden können.

Ebenso wie die Träume unseren Standort in der Zeit reflektieren und relativieren, verweisen sie uns aber immer auch zugleich auf die Leiblichkeit unseres In-der-Welt-Seins. Sigmund Freud hat in überzeugender Weise zeigen können, wie alle unsere Traumbilder und Erlebnisse immer auch durchsetzt sind von unserem triebhaften Wünschen und Wollen, von unserer Libido und Sexualität. In der Situation des Schlafes finden wir gleichsam einen unmittelbareren Zugang zu unserer Leiblichkeit, die sich dabei in merkwürdiger Weise in der Welt des Traumes, in seinen Gegenständen, ja sogar in seinen räumlichen Verhältnissen widerspiegelt. Auch dieser Zusammenhang der Träume mit unserer Leiblichkeit hat die Menschen in ihrem Nachdenken über den Traum von jeher beschäftigt. Man hat immer schon gesehen, daß sich der Zustand unserer Organe in den Bildern unseres Traumes widerspiegeln kann, daß etwa ein Fieberkranker träumt, durch ein Feuer zu gehen, daß sich Schmerzen, die wir erleiden, in Geschehnissen der Traumwelt gleichsam außer uns darzustellen vermögen. Aber auch das, was wir als Schlafende wahrnehmen, was unsere Sinnesorgane aufnehmen, kann sich im Traum gleichsam verweltlichen und eine verwandelte Stellung einnehmen. Der Gesang eines Vogels etwa, der vor unserem Fenster singt, erscheint in einem Traum als das Ertönen einer Bachschen Fuge. Das schrille Klingeln eines Weckers ist zugleich ein leuchtendes Rot, das wir irgendwo sehen, ohne überhaupt etwas zu hören. In ähnlicher Weise können sich auch unsere sexuellen Gefühle und Empfindungen in der Traumwelt darstellen. Sie können gleichsam symbolisch die Gegenstände der geträumten Welt gestalten und dieser Welt als ganzer eine leibliche Färbung geben. Die Deutung des Traums ist darum immer auch Deutung der Leiblichkeit.

In jüngster Zeit hat die Forschung zudem ihr Augenmerk vor allem darauf gerichtet, wie das Geschehen des Träumens physiologisch erfaßbar ist. Man hat festgestellt, daß immer, wenn wir träumen, bestimmte Formen von Hirnaktionsströmen auftreten, die man im Elektroencephalogramm messen kann, und hat auf diese Weise eine Möglichkeit gewonnen, die Dauer und Häufigkeit des Träumens festzustellen. Dabei hat sich gezeigt, daß alle Menschen mehrmals nächtlich träumen, auch wenn sie sich an diese Träume nicht erinnern können. Bei einer solchen Betrachtungsweise und der ihr entsprechenden Orientierung der Traumforschung erscheint nun der Traum nicht nur als eine Produktion des Bewußtseins bzw. des in ihm verborgenen Unbewußten, sondern zugleich auch als ein physiologisch erklärbares und verstehbares Produkt. Damit taucht zugleich auch die Frage nach dem Zusammenhang physiologischer Prozesse und der Prozesse des Bewußtseins auf. Eine Frage, die wir hier nur andeuten, aber nicht weiter verfolgen können.

Bewußtsein ist ja immer das Bewußtsein eines leiblichen Lebewesens. Es ist immer die merkwürdige und letztlich rätselhafte Abspiegelung der Welt in einem Wesen, das leiblich auf dieser Welt existiert. Man kann das Wesen des Bewußtseins und folglich auch die Natur des Traums nicht allein dadurch erklären, daß man es auf physiologische Vorgänge zurückführt. Auch ist die Betrachtungsweise, die den Bewußtseinsvorgang mit bestimmten elektrophysiologischen Vorgängen im Gehirn parallelisiert, eine ganz andere als diejenige, die die phänomenal gegebenen Erlebnisse und Erfahrungen des Traums in sich selbst zu analysieren versucht. Man muß sich aber klarmachen, daß alle diese Betrachtungsweisen nur begrenzte Aspekte der geheimnisvoll vielfältigen Wirklichkeit des Psychischen sind. Seelische Wirklichkeit ist auch nicht zureichend faßbar als bloße Wirklichkeit des Bewußtseins, als bloße Subjektivität oder Innerlichkeit, sondern sie ist immer die aktuelle Wirklichkeit unseres leiblichen Auf-der-Welt-Seins überhaupt, sie steht darum immer in Bezug zur Welt, die sich in unserem Bewußtsein zu zeigen vermag. Bewußtsein ist nicht nur Subjektivität, sondern auch ein Sich-Zeigen von Welt. Auch der Traum zeigt uns in vielfältig gebrochener und geheimnisvoll verschlüsselter Weise unsere Welt.

Er hat aber seine deutende Kraft vor allem dadurch, daß er, solange wir träumen, für uns, die wir nicht wissen, daß wir träumen, die eine und wirkliche Welt ist, in deren Geheimnisse und in deren Unheimlichkeit wir eingefangen sind.

Andererseits nennen wir Träume erst darum Träume, weil wir aus ihnen erwacht sind.

Die geheimnisvolle Anziehungskraft, die der Traum für uns hat, ist im Grunde immer auch verbunden mit dem Rätsel und der jeden Morgen neuen, erstaunlichen Tatsache des Erwachens.

ANWENDUNGEN

Mensch, Umwelt, Situation

Detlev von Uslar

Der folgende Beitrag soll sich mit einigen psychologischen Fragen beschäftigen, die im Zusammenhang mit den Problemen der Sozialmedizin besonders aktuell sind. – Wie ist überhaupt die Beziehung von Psyche und Umwelt zu denken, und wie verhält sie sich zu der Beziehung leiblichen und seelischen Geschehens? Wie ist das psychische Sein des einzelnen in die soziale Realität eingebettet? Wie verhält sich die Gegebenheitsweise des Psychischen zu der der sozialen Wirklichkeit und der Umweltfakten? Alle diese Fragen tauchen dort auf, wo wir den Menschen und seine Gesundheit im Zusammenhang mit den sozialen Implikationen und mit unserer vielfältigen Bestimmtheit durch die Umweltbedingungen betrachten.

Bei dem Versuch, diese Fragen zu beantworten, gerät man leicht in eingeschliffene Denkbahnen, für die das Seelische als das Innere und nur Subjektive den objektiven Fakten der Außenwelt und der körperlichen Vorgänge gegenübersteht. Beide Bereiche scheinen dann durch einen tiefen Graben getrennt zu sein, den man nachträglich kaum noch überbrücken kann. Die Phänomene aber sprechen eine ganz andere Sprache. Seelisches Sein ist selbst die Art und Weise, wie ein leibliches Wesen in der Welt präsent ist, wie es sich gibt und uns begegnet. Auch unsere *eigene* psychische Wirklichkeit erleben wir nicht als etwas vom Körper und von der Welt Getrenntes. Unsere Angst z. B. bildet eine Einheit mit dem Herzklopfen, das wir fühlen, und der Bedrohlichkeit der Situation. Ein Mann, der uns im Zorn entgegenkommt, begegnet uns unmittelbar als der Zornige mit seinen geballten Fäusten und drohenden Gebärden. Er ist uns so in seiner ganzen leiblichen Erscheinung gegenwärtig, und wir schreiben diesen Zorn seiner ganzen Person und nicht nur einer Seele in ihm zu.

Psychische Wirklichkeit ist nicht nur die Wirklichkeit eines für sich isoliert bestehenden Einzelsubjektes; sie ist auch nicht nur die Wirklichkeit eines Inneren, von dem man nicht recht sagen kann, wie es mit dem Körper verbunden ist; sondern sie ist von vornherein die Wirklichkeit unserer gegenseitigen Beziehungen und die Art und Weise unserer leiblichen Präsenz in der Welt selbst. Die strenge Trennung von Psyche und Körper, von Innerlichkeit und Außenwelt, an die wir uns gewöhnt haben, ist in vielen Fällen nur das Ergebnis methodischer Vorentscheidungen. So sieht man das Psychische als dasjenige, was der Introspektion und dem Erleben zugänglich ist, das Somatische aber als das Meßbare und Beobachtbare in einer ausgedehnten Wirklichkeit. – Die soziale Realität andererseits stellt man nur allzu leicht als eine *äußere* gesellschaftliche Wirklichkeit dem persönlichen und subjektiven *Inneren* der Psyche gegenüber. Diese Trennungen haben ihre philosophische Vorgeschichte. Zum Teil gehen sie auf die kartesianische Trennung von cogitatio und extensio, von unausgedehnter Innerlichkeit und räumlich erstreckter Körperwelt zurück[1]. Zum Teil hängen sie mit der Konzentration auf das Ich und das Sein des individuellen Subjektes zusammen, welche das Denken der Neuzeit mit sich gebracht hat[2].

Um diese Trennungen und Gegenüberstellungen zu überwinden, müssen wir das Verhältnis von psychischen und sozialen Gegebenheiten und von leiblicher Wirklichkeit und Umweltfakten in einer veränderten Perspektive betrachten. Seelische Wirklichkeit ist nicht die Wirklichkeit eines isolierten Einzelsubjektes, sondern sie bezieht sich immer auf unsere konkrete Lage in realen *Situationen*. Eine Psychologie der Situation gibt uns die Möglichkeit, seelische und gesellschaftliche, physikalische und somatische Gegebenheiten in ihrer primären

---

[1] Vgl. *René Descartes*, Meditationen über die erste Philosophie, lateinisch-deutsche Ausgabe, Philosophische Bibliothek 250. Meiner, Hamburg 1956.
[2] Vgl. z. B. den Titel von *Schellings* Schrift aus dem Jahre 1795: „Vom Ich als Prinzip der Philosophie".

Zusammengehörigkeit zu betrachten. Sie wird darum auch für die Probleme der Sozialmedizin die adäquate psychologische Betrachtungsweise ermöglichen[3].

Dem Begriff der Situation kommt eine zentrale Bedeutung für die Psychologie zu. Er bestimmt das Seelische als unsere jeweilige Lage in der Welt und bewahrt uns dadurch vor einer zu abstrakten und innerlichen Vorstellung vom Psychischen. Andererseits gehört es zum Wesen der Situation, daß wir sie mit anderen Menschen teilen. Das Psychische wird darum hier von vornherein in seiner Gemeinsamkeit und in seinen sozialen Bezügen gefaßt. Ferner verbindet der Begriff der Situation für uns immer die Summe der Umweltfakten, in denen ein Mensch sich vorfindet, und die Perspektive, in der sich ihm diese Fakten zeigen. Das Psychische erscheint dabei immer schon in Verbindung mit den realen Fakten der Umwelt.

Es gehört zum Wesen der Situation, daß man in ihr subjektive und objektive Momente nicht trennen kann. Sie ist ja nur eine Situation, weil sie die Situation eines *Menschen* ist, bezogen auf seine psychische Wirklichkeit, auf sein Darinsein. Andererseits aber ist sie nie nur etwas Innerliches, sondern immer die konkrete Lage dieses Menschen in der Welt. Sie ist geprägt durch das Umfeld der Umstände in einer bestimmten Zeit. Es gibt in ihr Wichtiges und Unwichtiges für unser Dasein. Sie ist der Beurteilung zugänglich, aber wir können uns auch über sie irren. Sie trägt in sich die Möglichkeiten des Umschlagens und der Veränderung. Dabei bildet sie stets ein ganz unlösbares Geflecht von Beurteilungen und Fakten, Perspektiven und Sachverhältnissen, sich ankündigenden Entwicklungen und festliegender Vorgeschichte[4].

Zur Situation gehören vor allem auch die ganz realen Umweltfakten, etwa die Gegebenheiten des Klimas und der Landschaft, die Summe aller Umstände, die der Ernährung und der Sicherheit des Menschen dienen, die Beschaffenheit von Wohnungen und Straßen, das Vorherrschen von Hungersnot oder Wohlstand, die Verteilung von Gütern und sozialem Status. – Aber die Situation ist niemals nur die Summe der realen Fakten, sondern sie ist immer zugleich bestimmt durch die Wirklichkeit dessen, der in dieser Situation ist. Sie ist geprägt durch das, was diese Fakten für ihn bedeuten; ja erst dadurch, daß sie zu seiner Situation gehören, werden sie überhaupt zu Fakten. Er selbst verändert durch seine Beurteilungen und Perspektiven die reale Lage, indem er sein Handeln richtig oder falsch an sie anpaßt. Sie ist dabei immer zugleich der Ort der Abhängigkeiten und der Handlungs- und Einwirkungsmöglichkeiten, die wir haben. Handeln und Leiden, Actio und Passio, sind in ihr ebenso zu einer unlösbaren Einheit verquickt wie Wirklichkeit und Perspektive, Fakten und Urteile, Gegebenheiten und Hoffnungen oder Befürchtungen.

Aus allen diesen Gründen besteht die Situation immer ebensosehr aus Möglichkeiten wie aus Wirklichkeiten; ja man kann sagen, daß es ihre Wirklichkeit ausmacht, ein offener Horizont von Möglichkeiten zu sein. Dies hängt mit der Zeitlichkeit der Situation zusammen. Es gehört zu ihrer Natur, daß sie jederzeit umschlagen und Überraschungen bieten kann, daß wir zwar mögliche Entwicklungen für die Zukunft berechnen, diese aber niemals völlig festlegen können. Sicher mag einer deterministischen Betrachtung die Zukunft als völlig determinierte Kausalfolge der Vergangenheit erscheinen. Bei einer solchen Betrachtung verliert aber die Situation ihren eigentlichen Charakter *als* Situation, denn sie ist ja die Lage bestimmter Menschen zu einem bestimmten Zeitpunkt. Dazu gehört es auch, daß in diesem Zeitpunkt die Zukunft noch offen ist, daß sie noch nicht eingetreten ist, und daß sie einen Horizont von Möglichkeiten bildet, ebenso wie die Vergangenheit in jeder Situation als das schon Festliegende erscheint. Es ist gerade die Einheit psychischer und physischer Fakten, die in dieser Zeitstruktur der Situation erkennbar wird. Wir sehen an diesen Überlegungen, wie psychi-

---

[3] Zur Psychologie der Situation vgl. das Kapitel „Situation" in meiner Arbeit „Psychologie und Welt", Urban-Taschenbuch 152, Kohlhammer, Stuttgart 1972.

[4] Zur Perspektivität des Psychischen: C. F. Graumann, Grundlagen einer Phänomenologie und Psychologie der Perspektivität, Berlin 1960.

sche Wirklichkeit und Umwelt ineinander verflochten sind. Es gibt eine Umwelt ja nur für ein Wesen, das in ihr ist und auf das sie bezogen werden kann, und umgekehrt: seelische Wirklichkeit ist nicht etwas abstrakt Innerliches, sondern die konkrete Präsenz in den realen Situationen der Umwelt. Unser In-der-Welt-Sein ist dabei immer ein leibliches. Wir sind als lebendige Organismen in unsere Umgebung eingelassen[5]. Zum Wesen der Situation gehört, daß wir einen bestimmten leiblichen Ort in ihr haben, auf den z. B. alle optischen und akustischen Perspektiven bezogen sind. Psychische Wirklichkeit ist immer leibliche Wirklichkeit; sie ist die Art und Weise unserer organischen Präsenz in der Welt. Der Raum erschließt sich uns nur, weil wir selber räumlich sind und ihn durch unsere Bewegung abmessen können. Das Feld der Wahrnehmung gehört gleichsam zur Wirklichkeit unserer Sinnesorgane. Wir nehmen die Dinge in ihrer Dinglichkeit und Materialität wahr, weil wir sie tastend berühren und ihren Widerstand erleben können. Die Möglichkeiten und Grenzen der Situation sind immer auch die Möglichkeiten unserer körperlichen Existenz und der Abhängigkeit unseres Organismus von der Umwelt. Für eine Psychologie der Situation erweist sich die seelische Wirklichkeit zugleich als Horizont der jeweiligen Welt und als die Art und Weise unserer leiblich-organischen Präsenz in ihr.

Seelisches Sein kann nicht zureichend erfaßt werden durch seine Unterschiedenheit vom Körper, sondern es ist selbst durch Leiblichkeit bestimmt; es zeigt sich als die Art der Verknüpfung und Verwobenheit unseres Seins in die Welt. Wir existieren in der Welt nur durch unseren Leib. Da-Sein ist als solches Leib-Sein. Man darf also die psychische Situation nicht zu sehr von der somatischen trennen. Vielmehr ist das Psychische ja selbst nichts anderes als die Aktualität unseres Seins in Situationen, und das heißt als die Aktualität unseres leiblichen Daseins.

Es gehört allerdings zu den Möglichkeiten unserer Existenz, unseren Leib selbst, oder Teile von ihm, als Gegenstand der Welt zu betrachten und uns gleichsam von ihm zu distanzieren. Aber gerade diese Exzentrizität[6], diese Möglichkeit der Distanznahme ist selbst wiederum eine Differenzierung der Art und Weise unseres leiblichen In-der-Welt-Seins. Auch das Bewußtsein zeigt sich bei einer solchen Betrachtung als eine bestimmte Art und Weise unserer körperlichen Präsenz in der Welt. Es ist ja vor allem dort, wo es durch die Sprache verfügbar wird, eine ungeheure Erweiterung unseres Horizontes in der Situation. Aber auch Sprache und alle sprachliche Ausformungen des Geistes sind zugleich etwas Leibliches. Sie sind organische Vollzugswirklichkeit, ebenso wie Sehen, Hören, Riechen und Fühlen oder die Bewegung. Die Situation ist also immer zugleich die leibliche und die seelische Lage des Menschen in einer bestimmten Umwelt.

Nun gehört es aber zum Wesen der Situation, daß wir nicht allein da sind, daß wir nicht gleichsam als Robinson existieren. Wir teilen sie vielmehr mit anderen Menschen, die wir lieben und hassen, mit denen wir handeln und von denen wir abhängig sind. Wir loten die Situation gemeinsam aus im gegenseitigen Sprechen und in gemeinsamen Stimmungen, Haltungen und Urteilsweisen. Sie ist immer auch der Raum der Begegnung und Kommunikation. Die Konfrontation mit einem Menschen kann das gesamte Umfeld verändern und mit einem Schlage die Lage verwandeln. Seelisches Sein zeigt sich hier als Begegnung und Beziehung. Aber die Gemeinsamkeiten beschränken sich nicht nur auf die Konfrontation mit einzelnen Partnern, sondern sie bestimmen die gesamte Art und Weise, wie wir Situationen wahrnehmen und bewältigen und wie sich für uns ihre Fakten fügen.

Die Übergänge zwischen individuellem und sozialem Sein sind hier fließend. Daher kommt es, daß wir das Wort Situation sowohl für die Lage des einzelnen und kleiner Gruppen von Menschen wie auch für die großen gesellschaft-

---

[5] Zum Verhältnis von Umwelt und Organismus: *Jakob v. Uexküll*, Streifzüge durch die Umwelten von Tieren und Menschen. Frankfurt 1970.

[6] *Helmuth Plessner*, Die Stufen des Organischen und der Mensch, Berlin 1928, 2. Aufl. 1965.

lichen Zusammenhänge gebrauchen können, etwa dann, wenn wir von der politischen oder weltgeschichtlichen Situation sprechen. Die wesentlichen Merkmale einer Psychologie der Situation lassen sich nicht nur am Einzelschicksal zeigen, sondern ebenso, und unter Umständen noch profilierter, an der Situation großer Gruppen. Das Musterbild hierfür bildet vielleicht die politische Situation. Gerade sie ist gekennzeichnet durch die unbestimmte Offenheit der Zukunft, durch die Möglichkeiten plötzlichen Umschlagens und durch die ungeheuer enge Verquickung von Fakten und Perspektiven, von Umweltgegebenheiten und Beurteilungen. Die Unterscheidungen zwischen der Wirklichkeit des Einzelindividuums und der Wirklichkeit der Gesellschaft werden hier relativiert; die Situation ist unsere gemeinsame Situation; die politische Wirklichkeit ist zugleich die Wirklichkeit jedes einzelnen und die Wirklichkeit großer Zusammenhänge, von denen wir alle abhängig sind. Aber auch im kleineren Rahmen zeigen sich die gesellschaftlichen Zusammenhänge weitgehend als situative. So kann man sprechen von der Situation des Arbeiters oder des Bauern, des Angestellten oder des freiberuflich Tätigen, von der Situation des Landbewohners oder des Großstadtmenschen.

Einer näheren Betrachtung zeigt sich also die Situation als ein komplexer Zusammenhang, der an vielen Stellen differenziert und gleichsam unter die Lupe genommen werden kann. Das Wesentliche in diesem Begriff liegt aber gerade in dem Zusammenhang, der primär gegeben ist und sich im einzelnen dann analysieren läßt. Dieser Zusammenhang ist vor allem derjenige von Einzelexistenz und Gemeinsamkeit, von Psychischem und Physischem, von Perspektiven und Fakten, von Möglichkeit und Wirklichkeit und von festliegender Vergangenheit und offener Zukunft.

Es kommt also vor allem darauf an, diesen Zusammenhang als solchen zu erfassen und ihn als die primäre Gegebenheitsweise der Wirklichkeit ernst zu nehmen. Die Unterscheidungen von Psychischem und Somatischem, Innerem und Äußerem, Individuellem und Sozialem, setzen diesen Zusammenhang schon voraus. Wo man ihn übersieht, lassen sich die Gräben zwischen verschiedenen Wissenschaften und Betrachtungsweisen oft nachträglich nicht mehr überbrücken. Da Krankheit und Gesundheit stets in diesen großen Zusammenhang eingebettet sind, ist die Erfassung dieser primären Einheit und Ganzheit für ihr Verständnis von entscheidender Bedeutung.

Das Eintreten einer Krankheit kann die Situation eines Menschen in entschiedener Weise verändern. Alle Dinge erscheinen plötzlich in anderer Perspektive und haben eine andere Bedeutung. Ebenso kann eine plötzliche Veränderung der Situation und der mit ihr verbundenen Abhängigkeiten und Perspektiven einer in diesem Augenblick auftretenden Krankheit ungewöhnliches Gewicht verleihen und sie damit psychisch fixieren. Aber nicht nur das Verhaftetsein der Einzelexistenz in die Krankheit enthüllt den situativen Charakter unserer Existenz, auch die großen sozialen Zusammenhänge von Krankheit und Gesundheit sind im wesentlichen situativer Art.

Es ist ja die Situation, in der gesellschaftliche Fakten, organische Existenz und seelisches Erleben eine Einheit bilden. Sie ist es, in der wir einander begegnen und aufeinander einwirken können. Auch der Arzt teilt mit dem Patienten eine gemeinsame Situation. Die Lebensgeschichte, in der die Krankheit eine Rolle spielt und aus deren psychischen und physischen Fakten sie vielleicht hervorgegangen ist, ist selbst eine Kette von Situationen gewesen, als deren letztes Glied die gegenwärtige Lage des Kranken verstanden werden kann. Die Zukunft dieser Lebensgeschichte bleibt, wie in jeder Situation so auch hier, in einem gewissen Grade offen. Das gilt auch noch von der ausweglosen Situation des unheilbar Kranken, sofern sich ihm verschiedene Möglichkeiten erschließen, wie er zu dieser Krankheit Stellung nehmen kann, wodurch die Situation selbst wieder zu einer anderen wird. Auch die Begegnung mit dem Arzt kann hier von entscheidender Bedeutung sein.

Situativ ist also nicht nur die Krankheit, sondern auch die je einzelne Begegnung eines Arztes mit seinem Patienten. Soziologie der Krankheit und Soziologie der Medizin müssen in dieser Betrachtungsweise eine Einheit bilden. Der Arzt ist nicht nur ein neutraler außenstehender Betrachter, sondern er ist zugleich ein Glied der Situation, sei es nun in der Perspektive des einzelnen Kranken, den er zu behandeln und wenn möglich zu heilen hat, oder in der Perspektive großer sozialer Zusammenhänge, in denen die Medizin als ganze eine Rolle spielt.

Wichtig ist es aber nun, alle diese Überlegungen nicht nur auf einen psychischen Überbau zu beziehen, der zur somatischen Betrachtungsweise nur sekundär hinzutritt. Es ist vielmehr die somatische Wirklichkeit selbst, die zum Wesen der Situation gehört. Die Situation ist ja definiert als die Lage eines leiblichen Lebewesens, als die Lage eines Körpers. – Auch das gesamte Umfeld der technischen Voraussetzungen der Medizin gehört dazu. Auch die moderne Naturwissenschaft ist in ihrer Gesamtheit ein Stück der Situation des Menschen im 20. Jahrhundert. Es geht also hier nicht nur darum, neben eine technische, messende und objektivierende Betrachtungsweise auch noch zusätzlich eine verstehend-psychologische, gleichsam geisteswissenschaftliche, zu setzen. Unsere Aufgabe besteht vielmehr darin, vom Gesichtspunkt der Situation, als der eigentlichen Wirklichkeit des Menschen, aus, technisch-naturwissenschaftliche und psychologisch-soziale Perspektiven zusammen zu sehen.

Dafür ist es notwendig, auch das situative Moment der Naturwissenschaft zu bedenken. Diese, aufgefaßt im weitesten Sinne des messenden Verfügens und Objektivierens der Natur, ist ja eine bestimmte Art und Weise, wie wir uns die Gegebenheiten und Fakten der Welt erschließen und verfügbar machen. Man muß sich in diesem Zusammenhang klar machen, daß die gesamte naturwissenschaftliche Schau der Wirklichkeit, die sich in den Jahrhunderten der Neuzeit entwickelt hat, selbst eine ganz bestimmte Perspektive auf die Welt darstellt, die, wie jede Perspektive, auf den Bezugspunkt des Betrachters orientiert ist; d. h., die naturwissenschaftliche Betrachtungsweise in ihrem objektivierenden und messenden Verfügbarmachen der Wirklichkeit ist selbst eine situative Gegebenheit[7]. Sie kann als wissenschaftsgeschichtliche Situation der Gegenwart bestimmt werden. Sie stellt aber immer auch eine gewisse Abstraktion dar. Sie bildet gleichsam schon einen Ausschnitt aus der übergreifenden und vorgegebenen Ganzheit unseres leiblichen und zeitlichen Seins in realen Weltsituationen.

So geht es auch nicht nur um die Frage, wie zu den objektivierten und gesicherten Gegebenheiten naturwissenschaftlicher Betrachtungsweise die psychischen Zusammenhänge und situativen Implikationen noch hinzuaddiert werden können, sondern die Frage muß vielmehr lauten: Wie lassen sich die Perspektiven einer objektivierend-messenden, naturwissenschaftlichen Betrachtungsweise mit den andersartigen Perspektiven einer verstehend-geisteswissenschaftlichen und deutenden Betrachtung verbinden. Es kann sich hier weder um ein Entweder–Oder noch um einen Über- und Unterbau handeln. Man muß sich vielmehr deutlich machen, daß beide Betrachtungsweisen nur bestimmte Aspekte unserer Situation akzentuieren. Es kommt auch nicht nur darauf an, nach der Stelle des Übergangs zwischen beiden, z. B. nach der Stelle des Übergangs von somatischem zu psychischem Geschehen, oder auch nach der Nahtstelle zwischen individueller und sozialer Wirklichkeit zu fragen; denn alle diese Aspekte und Perspektiven treten ja mit einem gewissen Ganzheitsanspruch auf, der es mit sich bringt, daß sie jeweils die Gesamtheit des Gegebenen zu erklären versuchen. Darum ist es vielmehr notwendig, den Aspektcharakter aller dieser Betrachtungsweisen bewußt zu machen und sie selbst als Perspektiven der wissenschaftlichen Situation zu verstehen.

Von diesen Voraussetzungen aus soll hier der Versuch gemacht werden, die in der psychologischen und medizinischen Auseinandersetzung immer wieder auftauchenden Unterscheidungen von Psychischem und Physischem, Individuellem und Sozialem zu relativieren.

Betrachten wir zunächst die im Zusammenhang

---

[7] Vgl. hierzu: C. F. v. *Weizsäcker*, Zum Weltbild der Physik, 7. Aufl. Stuttgart 1958.

medizinischer Fragen so wichtige Unterscheidung von Psychischem und Somatischem. Hier ist man sich in vielen Zweigen der modernen Wissenschaft über die engen Beziehungen und Wechselwirkungen und über die gegenseitigen Abhängigkeiten im klaren. Die Begriffe aber, mit denen man dabei arbeitet, sind oft noch die kartesianischen.

Wo man Abhängigkeiten und Wechselbeziehungen feststellt, ist ja die grundlegende Unterschiedenheit von Körper und Seele stets schon vorausgesetzt. Diese ist jedoch nicht so selbstverständlich, wie es zunächst erscheint. Viele Phänomene seelischen Seins sprechen gegen sie. Sie weisen uns auf die primäre Leiblichkeit des Psychischen hin [8]. Wir beziehen natürlicherweise Haß und Liebe, Angst und Zorn, Zuneigung und Abneigung nicht auf eine Seele als Subjekt, sondern auf einen ganzen Menschen, der uns leiblich präsent ist.

Die Unterscheidung von Cogitatio und Extensio, von psychischer Innerlichkeit und räumlich ausgedehntem Körpergeschehen, ist aber weitgehend die Voraussetzung für den Siegeszug der neuzeitlichen Naturwissenschaften gewesen. Die Natur wird in ihr auf das Dimensionale, Meßbare und Verfügbare beschränkt. Sie wird aus dem situativen Zusammenhang unseres In-der-Welt-Seins herausgelöst. Das Psychische andererseits erscheint als die Restdimension der Innerlichkeit, als das, was nicht in die Ausgedehntheit der äußerlichen Natur verrechenbar ist. Die ursprüngliche Leiblichkeit seelischer Erscheinungen geht dabei verloren. Es tritt eine begriffliche Spaltung ein, in welcher das Psychische nur als das innere Erleben erscheint, welchem dann die leiblichen Phänomene als etwas ganz anderes korrespondieren. Man trennt nun die Angst und das Herzklopfen, den Zorn und die geballte Faust. Das Körperliche wird, je nach Betrachtungsweise, entweder zum Begleitphänomen oder zum eigentlichen Wirklichen, d. h. zur Ursache des Psychischen. Andererseits werden dem Seelischen nun eine Menge von Erscheinungen zugesprochen, die wir in ihrer primären Gegebenheit als Erscheinung der Natur erfassen. So wird die Farbigkeit der Dinge zu einer nur psychischen Qualität. Die Formen und Gestalten der Welt erscheinen einer gestaltpsychologischen Betrachtungsweise als etwas eigentlich in uns selbst Gelegenes. Je mehr wir forschend in die Natur eindringen, um so abstrakter wird sie und um so größer wird der Anteil der Naturerscheinungen, die eigentlich nur als innerliches psychisches Abbild aufgefaßt werden dürfen. Die Natur als Erscheinung wird zu etwas Psychischem. Die Leiblichkeit seelischen Seins auf der anderen Seite wird vom Psychischen getrennt und als etwas ihm Korrespondierendes, nur Somatisches, physikalisch und chemisch Erfaßbares, betrachtet.

Diese Entwicklung hat ihre Wurzeln schon in der christlichen Philosophie des Mittelalters, in dem Bestreben, die Loslösbarkeit der Seele vom Körper als Voraussetzung ihrer Unsterblichkeit zu beweisen [9]. Die kartesianische Trennung ist in gewisser Weise nur die Verschärfung dieses Gedankens. Während der Jahrhunderte neuzeitlichen Denkens hat man sich daran gewöhnt, Seelisches als Innerlichkeit aufzufassen. Aber auch der behavioristische Gegenschlag gegen eine Psychologie der Innerlichkeit, der seelisches Sein ganz auf das beobachtbare und erklärbare Verhalten beschränken will, bleibt noch von der kartesianischen Trennung abhängig [10]. Wenn man das Psychische auf das beobachtbare Verhalten beschränkt, hat man stillschweigend schon vorausgesetzt, daß wir um die wirkliche Eigenschaft seelischen Seins immer schon wissen und dieses Wissen im Rücken wissenschaftlicher Betrachtungsweise bleiben kann. Die Leiblichkeit des Psychischen ist aber nicht auf das bloß registrierbare Verhalten einge-

---

[8] Zur Leiblichkeit s. meine Untersuchung: Die Wirklichkeit des Psychischen. Leiblichkeit, Zeitlichkeit. Neske, Pfullingen 1969.

[9] Diese Wurzel liegt in der Lehre von der distinctio realis von Körper und Seele bei Thomas von Aquin und zuvor schon in der augustinischen Wendung des Denkens auf das Innere in seiner Lehre vom Gedächtnis (*Augustinus*, Confessiones/Bekenntnisse, Buch 10, Kap. 8–21). – Auch *Descartes* geht es darum, die Abtrennbarkeit der Seele vom Körper, und damit ihre Unsterblichkeit, zu beweisen.

[10] *John B. Watson*, Behaviorism, 1924, deutsch: Der Behaviorismus. Köln/Berlin 1968.

…schränkt, sondern sie besteht in jener primären Einheit, in der uns unsere eigenen psychischen Zustände zugleich als leibliche gegeben sind, und ebenso in der ursprünglichen Einheit, in welcher uns das Du selbst als leibliches Lebewesen gegenwärtig ist, das uns liebt oder haßt, uns bekämpft oder uns zugeneigt ist.

Erstaunlicherweise gibt es aber eine ebenso den Phänomenen wie den Ergebnissen der heutigen Forschung weit besser angemessene Definition seelischen Seins bereits in viel früherer Zeit, nämlich in der aristotelischen Philosophie. Für Aristoteles ist Seele die lebendige Wirklichkeit und aktuale Präsenz eines leiblichen Lebewesens. Er versteht das Psychische als Wirklichkeit und Präsenz eines natürlichen werkzeughaften Körpers – wobei das Wort werkzeughaft, „organikos", zugleich als die Quelle unseres heutigen Begriffes des Organischen anzusehen ist[11]. Wie ist diese Definition zu verstehen? Seele ist hier zunächst nicht Innerlichkeit oder Spiritualität, sondern die wirkliche Präsenz eines organischen Lebewesens in der Situation. Sie ist die Vollzugswirklichkeit dieses Organismus, die Art und Weise, wie er sich selbst in dieser Welt erhält und in ihr gegenwärtig ist. Dieser Gegenwärtigkeit dient seine Ernährung ebenso wie seine Bewegung durch den Raum. Aber auch die Art und Weise, wie er sich die Welt in der Sinneswahrnehmung präsent macht und sich auf diese Weise in ihrem Horizont erhält, macht seine organische Wirklichkeit mit aus.

Das Präsentsein des Organismus ist dabei immer zugleich sein Verwobensein in die Welt. So besteht die eigentliche Wirklichkeit der Ernährungsorgane nicht in einer bloß meßbaren und registrierbaren somatischen Vorhandenheit, sondern im Vollzug des wirklichen Sich-Ernährens und zuvor schon in der Möglichkeit dazu. In analoger Weise liegt die Wirklichkeit der Bewegungsorgane im Vollzug wirklicher Bewegung, in der je spezifischen Erschließung des Raumes. Die Aktualität der Sinnesorgane aber liegt in der Wahrnehmung selbst. So berühren sich im Akt des Erblickens die Wirklichkeit des Auges und die Wirklichkeit der Dinge, welche es erfaßt. Organisches Sein ist also stets ein Sein im Horizont der realen Situation; es ist die Herstellung dieses Horizontes selbst.

So kann Aristoteles seine Vorstellung vom Seelischen an einem Gleichnis deutlich machen: Wenn das Auge ein Lebewesen für sich selber wäre, so läge seine Seele im Akt des Erblickens und zuvor schon in der Möglichkeit dazu[12]. Bei einer solchen Betrachtungsweise muß nun auch das Bewußtsein als die Art und Weise der Präsenz eines leiblichen Lebewesens in der Welt erscheinen. Auch die psychischen Erscheinungen, wie Lust und Unlust und der Trieb, gehören in den Funktionszusammenhang von Organismus und Welt. Ein Wesen, das der Selbstbewegung und der Wahrnehmung fähig ist, würde z. B. verhungern, wenn es nicht den Antrieb verspüren würde, seine Nahrung aufzusuchen, und wenn dieser nicht mit Gefühlen der Lust verbunden wäre.

Seelisches Sein ist in dieser Weise immer ein Sich-Einnisten in der Welt, ein Erstrecktsein in die Wirklichkeit der Situation. Der Organismus endet nicht an den Grenzen seiner Gestalt, sondern zu seiner Wirklichkeit gehört von Anfang an das Eingelassensein in den Horizont der Welt. Die Welt andererseits erschließt sich als solche ja nur dort, wo ein Wesen ist, das sie irgendwie zu vernehmen und damit zu spiegeln vermag, das einen Horizont stiftet, in dem sie sich zeigen kann. Für das menschliche Denken ist dieser Horizont ins Unermeßliche erweitert. Indem die Seele die Dinge in ihrer Wirklichkeit zu erfassen und zu erdenken vermag, bildet sie gewissermaßen den Horizont für alles Wirkliche. So kann Aristoteles der Auffassung der Seele als Wirklichkeit des Leibes die zweite Definition hinzufügen, daß die Seele in gewisser Weise alles Seiende ist, weil alles entweder wahrnehmbar oder denkbar ist[13]. Hier ist also das Psychische nicht als etwas völlig Anderes dem Somatischen gegenübergestellt, sondern es macht die Präsenz des orga-

---

[11] *Aristoteles*, De Anima/Über die Seele, II, 1, 412 a, 27–28.

[12] *Aristoteles*, De Anima/Über die Seele, II, 1, 412 b, 18–22.

[13] *Aristoteles*, De Anima / Über die Seele, III, 8, 413 b, 20–23.

nischen Leibes selbst aus. Das Organische besteht dabei in der Werkzeughaftigkeit dieses Körpers, für welche Aristoteles das Beispiel der Hand anführt, die zugleich das Werkzeug aller Werkzeuge ist.

Kehren wir mit dieser Betrachtungsweise in die Wissenshorizonte der Gegenwart zurück, so muß sich uns auch das Phänomen der modernen Technik in einem völlig veränderten Licht zeigen. Würde Aristoteles nicht mit dem gegenwärtigen Wissen das Gehirn als das Werkzeug der Werkzeuge betrachtet haben [14]? Muß nicht die Gesamtheit der technischen Weltbewältigung, welche unser Jahrhundert charakterisiert, in einer solchen Sicht nur als ungeheure Erweiterung der Präsenz eines leiblichen Lebewesens in seiner Welt erscheinen? Ist nicht die Technik mit ihrer die Welt verändernden Potenz dabei selbst nur eine Ausgestaltung der organischen Situation des Lebewesens Mensch? Es ergibt sich von selbst, wenn man diese Linien auszieht und die Perspektiven weiter verfolgt, daß die soziale Wirklichkeit mit ihren Planungszusammenhängen und Abhängigkeiten in diesem weitesten Sinne mit zur organischen Wirklichkeit des Menschen gehört. Er ist, im Sinne des Aristoteles, das politische Tier, das zoon politikon.

Doch lassen sich die Zusammenhänge zwischen einzelpsychischer und sozialer Wirklichkeit in dieser Sicht noch weiter differenzieren und präzisieren. Zur leiblich-organischen Wirklichkeit des Menschen gehört auch, daß er sprechen kann. Als sprechendes Wesen macht er sich die Welt verfügbar. Das Wortgebilde repräsentiert die Wirklichkeit der angesprochenen Sache selbst. Sprache aber ist ein leiblicher Vorgang. Sie ist die Funktionswirklichkeit der Sprechorgane selber. Aber man kann sie nicht nur als Erscheinung eines isolierten Einzelindividuums erfassen. Das gesprochene Wort ist auf das hörende Ohr angelegt. Als sprechendes Wesen ist der Mensch ein soziales Wesen. Außerdem ist er durch die Sprache eingegliedert in geschichtliche Zusammenhänge, die seine individuelle Einzelexistenz weit überdauern.

Die Sprache ist das Bindeglied zwischen Einzelpsyche und Gesellschaft. Sie ist weitgehend die Wirklichkeit unseres gesellschaftlichen Seins selbst. Auch ist sie nicht nur der Ausdruck unseres Inneren oder unseres Geistes, sondern zugleich die Realität, in der sich uns die Welt selbst in ihren eigenen Gefügezusammenhängen und in dem komplexen Gewebe der Dingwirklichkeit erschließt. Alle menschlichen Situationen sind darum immer auch sprachliche Situationen. Auch die sozialen Formen werden uns weitgehend durch die Sprache übermittelt.

Die Betrachtung des Verhältnisses psychischer und organischer Wirklichkeit hat uns also hier bereits zu der Betrachtung des Verhältnisses von individueller und sozialer Wirklichkeit geführt. Auch dabei ist es notwendig, eingefahrene Denkgewohnheiten zu überwinden, die im Laufe der neuzeitlichen Wissenschaft entstanden sind. Die hartnäckigste dieser Gewohnheiten ist wohl die Neigung zur Auffassung des Psychischen am Bilde des Ich. Dabei sind uns seelische Phänomene, wie wir bereits gesehen haben, weitgehend als unmittelbare Gegenwärtigkeit und Präsenz des Du und der Anderen gegeben. Ich schließe nicht aus den Gebärden des anderen auf einen auch mir selbst möglichen Zorn, dessen Erlebnis ich dann in den andreen projiziere, sondern ich nehme seinen Zorn unmittelbar wahr, wobei diese Wahrnehmung überhaupt nicht auf eine Seele in ihm bezogen ist, sondern auf dieses ganze lebendige und leibhafte Wesen, das mir zürnt.

Ebenso erfasse ich auch direkt die unmittelbare Einheit von Handeln und Denken, die das Sein des anderen in der Situation ausmacht. Dort wo er mir begegnet und wo ich mit ihm zu tun habe, ist unsere Situation ja gerade eine gemeinsame Situation, aus der heraus ich ihn erfasse, auf die ich ihn beziehe und die ich aus meinem Verhältnis zu ihm her deute. Das Psychische ist also nicht nur die Sphäre eines Ich, sondern ebenso ursprünglich die Gegenwärtig-

---

[14] In diese Richtung weist die Betrachtungsweise der Kybernetik. Vgl. *Norbert Wiener*, Kybernetik, deutsch: rde 294/5. Rowohlt, Hamburg 1968. – Zur Bedeutung der funktionellen Organisation des Gehirns: *Walter Rudolf Hess*, Psychologie in biologischer Sicht, 2. Aufl. Stuttgart 1968.

keit eines Du. Es läßt sich aber auch nicht nur als die Summierung dieser beiden Bereiche erfassen, sondern es ist viel ursprünglicher die Wirklichkeit unserer gegenseitigen Beziehung selbst. Wir handeln miteinander, denken aneinander, hassen und lieben uns gegenseitig. Diese Bezogenheit aufeinander ist das, was die Wirklichkeit des psychischen Prozesses eigentlich ausmacht. Diese Gegebenheiten entziehen sich nur einer Blickweise, die das Seelische apriori als Innerlichkeit in einem jeden einzelnen von uns auffaßt. In dem Augenblick aber, wo man seelisches Sein als unsere gegenseitige leibliche Präsenz in der gemeinsamen Situation erfaßt, erschließt sich der Prozeß seelischen Geschehens als ein gemeinsamer Prozeß, als Wirklichkeit unseres Miteinander-Handelns und Einander-gegenwärtig-Seins [15]. Wir haben diese Gemeinsamkeit bereits am Beispiel der Sprache gesehen.

Das Wesen der Sprache ist ja nicht nur die Kundgabe eines inneren Gedankens oder Begriffes, sondern es ist die Wirklichkeit des Gesprächs, der Kommunikation. Sprache ist apriori die Beziehung zwischen mehreren Menschen; sie gehört zur Wirklichkeit unseres Miteinanderseins. Dasselbe gilt aber auch dort, wo wir uns gegenseitig in die Augen blicken, wo wir miteinander handeln, und ebenso, wo wir miteinander kämpfen, uns gegenseitig unseren Lebensraum beschneiden oder uns voreinander verbergen. Wenn aber psychische Wirklichkeit in dieser Weise die Wirklichkeit des Miteinanderseins ist, dann sind damit die Grenzen zwischen Psychologie und Soziologie fließend geworden.

Setzt man hier andererseits den vorhin dargestellten Gedanken ein, daß das Psychische nicht identifiziert werden darf mit Innerlichkeit, Spiritualität oder Subjektivität, sondern die Präsenz in realen Situationen ist, so wird damit auch die Unterscheidung zwischen Soziologie und Sozialpsychologie fließend. Man wird den Zusammenhängen, um die es hier geht,

[15] Interessant in dieser Beziehung: *Karl Löwith*, Das Individuum in der Rolle des Mitmenschen, 1929, Neudruck Wissenschaftliche Buchgesellschaft, Darmstadt 1962.

sicher nicht gerecht, wenn man eine Aufteilung vornimmt, bei der die Sozialpsychologie es gleichsam mit den Meinungen und dem inneren Erleben der einzelnen Glieder der Gesellschaft zu tun hat, während die Soziologie reale Fakten feststellt. Das Psychische selber ist ja nichts anderes als unser Eingewobensein in die realen Fakten der Wirklichkeit. Es handelt sich also mehr um Unterschiede der Betrachtungsweise als um Unterschiede der Realität selbst.

Unsere Überlegungen über die Psychologie der Situation haben uns die unlösbare Verstrickung von realen Gegebenheiten und perspektivischen Aspekten gezeigt. Die Situation ist, so haben wir gesehen, ja nur möglich als die Verbindung dieser beiden Momente. Es gehört zu ihrer Wirklichkeit, daß sie immer subjektiv und immer objektiv ist. Für eine konsequente situative Betrachtungsweise gibt es keine völlig losgelöste Objektivität. Auch der objektivierte Aspekt der Natur in der modernen Wissenschaft bleibt das Ergebnis einer bestimmten Perspektive, die nur in einer bestimmten geschichtlichen Situation möglich ist. Andererseits gibt es hier auch keine reine Subjektivität, denn das Sein des psychischen Subjektes ist immer bezogen auf wirkliche Situationen, Perspektiven sind immer nur das Sich-Zeigen von Fakten, mag dieses nun adäquat oder verzerrt sein.

Diese Wechselbeziehungen gelten aber nicht nur von der Situation des einzelnen Individuums und seinen konkreten Begegnungen, sondern ebensosehr von jenen großen Zusammenhängen, die wir auch mit dem Wort „Situation" benennen, wie der politischen und wirtschaftlichen, geschichtlichen und technischen Situation der Zeit. Im Bereich der Politik ist es leicht einzusehen, daß Perspektiven selber Fakten sind und Fakten niemals völlig unperspektivisch erscheinen können. Dasselbe gilt aber in allen sozialen Zusammenhängen, weswegen die Betrachtung gesellschaftlicher Wirklichkeit immer auch eine Art der Teilnahme an der gesellschaftlichen Situation ist. So wird man auch die Deutung sozialer Verhältnisse und Zusammenhänge für die Medizin in dieser Einheit von Fakten und Perspektiven sehen müssen; wie man umgekehrt die Bedeutung der Medizin als

Wissenschaft und die Rolle des Arztes oder Forschers stets auch situativ sehen muß.

Auf dem Hintergrund dieser Überlegungen sollen nun einige weitere Unterscheidungen betrachtet werden, die immer wieder in der Diskussion auftauchen, so die Unterscheidung von Anlage- und Umwelteinflüssen und von somatogenen und psychogenen Ursachenzusammenhängen. Beginnen wir mit dem zweiten Problem. Es ergibt sich aus den bisher geschilderten Zusammenhängen, daß die Unterscheidung von „somatogen" und „psychogen" im Grunde nur die Unterscheidung zweier Aspekte sein kann. Psyche ist ja nicht mehr als etwas dem Soma Gegenübergestelltes aufzufassen, sondern sie ist selbst die Wirklichkeit und Präsenz des leiblich-organischen Lebewesens in der Welt. Die Vorgänge im Körper andererseits bestimmen die psychische Wirklichkeit stets mit. Eine Infektionskrankheit etwa verändert unsere Situation und fordert von uns eine bestimmte Antwort und Bewältigung dieser Gegebenheiten. Seelische Konflikte, die man als die Ursache neurotischer Erkrankungen ansehen kann, spielen sich nicht in einem abstrakten inneren Raum ab, sondern sie sind die Konflikte eines wirklichen leibhaftigen Menschen in einer realen Situation, in der er immer schon anderen gegenübersteht und sich mit ihnen in Auseinandersetzung befindet. Diese seelischen Implikationen der Situation sind ja selbst eine Art und Weise der leiblichen und somatischen Präsenz dieses Lebewesens.

Solche Feststellungen ändern natürlich nichts daran, daß verschiedene wissenschaftliche Betrachtungsweisen die Zusammenhänge und Implikationen in je verschiedenen Verkettungen und unter verschiedenen Prinzipien zeigen müssen. So wird eine messend objektivierende physiologische Betrachtung anderes zutage fördern als ein verstehendes Beurteilen der Situation. Nur scheint es nicht mehr angemessen, diese beiden Betrachtungsweisen auf „das" Körperliche und „das" Seelische zu verteilen. Es ist der Körper, der in einer Situation ist, und es ist die Seele, die eigentlich nichts anderes als die Präsenz eines leiblichen Lebewesens darstellt. Die Situation enthält mit ihren Fakten ebensosehr Einflüsse, die sich direkt körperlich erfassen lassen, wie solche, die mit der Perspektivität unseres Seins in Situationen zusammenhängen und darum vielleicht eher als psychische erscheinen. Es besteht kein Zweifel, daß eine Betrachtungsweise, die die psychologischen und somatischen Aspekte sorgfältig unterscheidet, immer auch verschiedene Momente zutage fördern wird, die dann nachträglich zueinander in Beziehung gesetzt werden müssen. Und man wird auf solche Unterscheidungen sicherlich auch nicht verzichten können. Andererseits aber werden die leibliche Situation des Menschen, seine Krankheit und Gesundheit in einem anderen Lichte erscheinen, wenn man sie von vornherein auch aus der situativen Einheit unserer Existenz zu erfassen versucht, wobei die Zusammengehörigkeit von Fakten und Perspektiven, von Umwelt, Verhalten und Erleben, von körperlichen und seelischen Vorgängen das Primäre ist.

Das kann selbstverständlich nicht einen Verzicht auf die isolierende und objektivierende naturwissenschaftliche Betrachtungsweise bedeuten, denn diese bildet ja gerade weitgehend die Voraussetzung der Erfolge der modernen Medizin und bestimmt damit als solche unsere reale Situation in der Gegenwart. Entscheidend ist hier vielmehr, daß diese Betrachtungsweise allein ebensowenig absolut gesetzt werden darf wie eine rein psychologische oder tiefenpsychologische Betrachtungsweise. In dem Moment, wo man diese verschiedenen wissenschaftlichen Zugänge zum Phänomen der Krankheit und des kranken Menschen als Aspekte erkennt, die sich selbst aus einer umfassenderen, wissenschaftsgeschichtlich bedingten Situation ergeben, wird man nicht mehr versuchen, die ihnen zugeordneten Realitäten zu trennen und sie gleichsam metaphysisch absolut zu setzen. Man wird Kausalzusammenhänge, wie solche psychogener oder somatogener Verursachung, immer entsprechend der Perspektive feststellen und aufdecken können, die man einnimmt. Es kommt also darauf an, die Verwurzelung dieser Perspektiven selbst in der Gesamtsituation zu erkennen und die Situation als das ontisch Primäre zu erfassen. Auch somatisches Geschehen ist stets situativ und psychisches Geschehen stets leiblich.

Ähnliches gilt nun von den Unterscheidungen zwischen „organischem", „funktionellem" und „subjektivem" Geschehen. Es gibt kein nur subjektives Geschehen, denn auch die Subjektivität ist stets nur die Präsenz eines organischen Lebewesens. Andererseits liegt ja gerade die Funktionalität im Wesen des Organischen, wenn man bei diesem Begriff den ursprünglichen Bedeutungssinn des Wortes Werkzeug und die Werkzeughaftigkeit des Körpers als Ganzen noch mit heraushört. Auch Wahrnehmung und Bewußtsein sind funktionale Wirklichkeit eines organischen Lebewesens. In dieser Beziehung kann die Umweltlehre *Jakob von Uexkülls* eine entscheidende Orientierungshilfe bieten, weil sie von vornherein den Welthorizont zur Wirklichkeit des Organismus zählt und diesen aus seiner Umwelt her versteht [16]. Beides sind nicht getrennte Fakten, sondern sie bilden eine wirkliche Einheit.

Die Beziehung von Anlage und Umwelt, der wir uns jetzt zuwenden wollen, steht also mit den eben behandelten Unterscheidungen in einem engen Zusammenhang. Die Frage nach dem Vorwiegen anlagebedingter oder umweltbedingter Faktoren in Beziehung auf seelisches Geschehen gehört gleichsam zu den Leitthemen unseres Jahrhunderts [17]. Sie taucht immer wieder auf, auch wenn sie schon erledigt und überwunden zu sein scheint. So zeigt sie sich etwa in jüngster Zeit in dem erbitterten Streit über die Alternative, ob das aggressive Verhalten des Menschen anlage- oder umweltbedingt sei. Es ergibt sich aber als Konsequenz aus den bisher dargestellten Zusammenhängen, daß die Umweltbezogenheit selbst gleichsam anlagebedingt und die im Organismus begründeten Anlagen apriori immer schon umweltbezogen sein müssen. Dies wird sofort evident, wenn man den Organismus und seine psychische Wirklichkeit in phylogenetischer Perspektive betrachtet. Es gilt aber auch in philosophischer

Hinsicht, weil es eben eine Umwelt nicht geben kann ohne den Organismus, auf den sie bezogen ist, und weil organische Wirklichkeit nicht isoliert für sich bestehen kann, sondern der Horizont der Welt zu ihr immer schon gehört.

Wenn aber Welt zum Horizont des Organismus selbst gehört, dann gilt dies sowohl von der Naturwelt wie von der gesellschaftlichen Welt. Die Realitäten der physikalischen und sozialen Umwelt sind immer schon die Realitäten der organischen Existenz selbst, weil diese apriori als ein In-der-Welt-Sein bestimmt werden muß. So wie sich auf dem Hintergrund einer Psychologie der Situation die Grenzen zwischen Psychischem und Physischem verwischen, müssen sich in analoger Weise auch die Grenzen zwischen physikalischer und sozialer Umwelt verwischen. Natürlich zeigt sich einer rein physikalischen Betrachtungsweise eine ganz andere Welt als einer soziologischen. Aber es ist ein und dieselbe Welt, die sich in beiden Aspekten zeigt. Alle sozialen Fakten sind immer auch Fakten der Natur und die Naturfakten können in sozialer Bedeutung gesehen werden. So ist z. B. die Bemächtigung des kosmischen Raums durch die moderne Technik der Raumfahrt oder der Radioastronomie nicht nur ein naturwissenschaftliches, sondern immer auch ein soziales Phänomen, weil die Technik selbst die geschichtliche Situation des Menschen in unserem Jahrhundert kennzeichnet. Man kann die Technik als ein Verfügbarmachen der Naturkräfte verstehen, zu dem auch die Planung gehört. Dieses Verfügbarmachen der Natur, wie es *Heidegger* in seinen Überlegungen über das Wesen der Technik sichtbar gemacht hat, beschränkt sich aber nicht auf die physikalische Natur, sondern es bezieht sich ebenso auf die Natur in uns, d. h. auf die psychische Wirklichkeit im engeren Sinne [18]. In den Planungszusammenhang der technischen Welt wird auch der Mensch mit seiner seelischen Wirklichkeit einbezogen. So tritt er in ihr z. B. als Störfaktor auf, wenn „menschliches Versagen" zu Unfällen und Katastrophen führt. Ebenso ist

---

[16] *Jakob v. Uexküll*, a.a.O., vgl. Anm. 5.
[17] Zum Verhältnis Anlage–Umwelt vgl. das gleichnamige Stichwort bei *P. R. Hofstätter*, Psychologie. Fischer-Lexikon 6, Frankfurt 1957.

[18] *Martin Heidegger*, Die Frage nach der Technik. In: Vorträge und Aufsätze. Neske, Pfullingen 1954.

er ein Gegenstand technischer Planung, wo wirtschaftliche und industrielle Zusammenhänge geordnet werden müssen, denn der Mensch ist in diesen Zusammenhängen immer mit als Faktor enthalten.

Sicherlich ist es wahr, daß die Technik ein Instrument ist, das der Mensch selbst entwickelt hat und das ihm selber dienen soll. Ebenso gewiß ist es aber auch, daß er selbst von diesem Instrument mit erfaßt wird und sich in die Notwendigkeit gebracht sieht, sein eigenes Verhalten zu planen und sein eigenes Erleben zu erforschen, um es in diesen Planungszusammenhang einbeziehen zu können. Die gesellschaftliche Umwelt, die auf den Menschen einwirkt und ihn ihren Zwängen unterwirft, ist andererseits aber selbst wiederum eine Erscheinung des Organismus Mensch. Sie gehört mit zu seiner organischen Wirklichkeit; sie ist durch die Anlage seiner körperlichen Existenz bestimmt.

Anlage und Umwelt bilden also auch in dieser Betrachtung einen Funktionskreis. In dem Moment, wo man unsere somatische und psychische Existenz als organisches Verknüpftsein in die jeweilige Welt begreift, erscheint diese Welt selbst gleichsam als Entwurf und Horizont des Organismus. Soziale Faktoren und organische Faktoren müssen in dieser Betrachtung letztlich als eine Einheit erfaßt werden. Es ist die Einheit, die sich aus der jeweiligen geschichtlichen Situation des Menschen ergibt.

Wenden wir diese Überlegungen auf die konkrete Situation des kranken oder gesunden Menschen an, so zeigt sich, daß man zwar zwischen situativen Faktoren, die direkt auf den Körper einwirken, und solchen, die die psychische Lage beeinflussen, unterscheiden kann, daß diese Unterscheidung aber stets eine sekundäre sein wird, weil in Wahrheit das Seelische als ein Sein in Situationen selbst schon zu diesem Gesamtzusammenhang gehört, und das Somatische andererseits zwar physikalisch und chemisch betrachtet werden muß, sich aber in seinem Sein dadurch allein nicht voll erfassen läßt, weil es ja immer auch als die lebendige Wirklichkeit eines Organismus in der Situation verstanden werden muß [19].

Literatur

(Außer den im Text zitierten Büchern sind hier einige weitere Werke aufgeführt, die für die dargestellten Zusammenhänge besondere Bedeutung haben.)

Aristoteles: De Anima / Über die Seele. Wiss. Buchgesellschaft, Darmstadt 1969.
Binswanger, Ludwig: Ausgewählte Aufsätze und Vorträge, Bd. I. Francke, Bern 1947.
Binswanger, Ludwig: Schizophrenie. Neske, Pfullingen 1957.
Descartes, René: Meditationen über die erste Philosophie, lateinisch-deutsche Ausgabe. Philosophische Bibliothek 250, Meiner, Hamburg 1956.
Freud, Sigmund: Vorlesungen zur Einführung in die Psychoanalyse, Ges. Werke XI.
Gadamer, Hans-Georg: Wahrheit und Methode. Mohr, Tübingen 1965.
Graumann, Carl Friedrich: Grundlagen einer Phänomenologie und Psychologie der Perspektivität. Berlin 1960.
Heidegger, Martin: Sein und Zeit. Halle 1927.
Heidegger, Martin: Die Frage nach der Technik. In: Vorträge und Aufsätze. Neske, Pfullingen 1954.
Hess, Walter Rudolf: Psychologie in biologischer Sicht, 2. Aufl. Stuttgart 1968.
Hofstätter, Peter R.: Psychologie. Fischer-Lexikon 6, Frankfurt 1957.
Imoberdorf, Urs: Die diagnostische Situation. Beiträge zur Theorie psychologischen Deutens. Bouvier, Bonn 1971.
Kretschmer, Ernst: Körperbau und Charakter, 25. Aufl. Berlin 1967.
Löwith, Karl: Das Individuum in der Rolle des Mitmenschen, 1929. Neudruck: Wiss. Buchgesellschaft, Darmstadt 1962.
Lorenz, Konrad: Über die angeborenen Formen möglicher Erfahrung. In: Zschr. für Tierpsychologie, 1942/3.
Plessner, Helmuth: Die Stufen des Organischen und der Mensch. Berlin 1929, 2. Aufl. 1965.
Rothacker, Erich: Die Schichten der Persönlichkeit. Bouvier, Bonn 1968.
Sartre, Jean Paul: Der Leib. In: Das Sein und das Nichts, deutsch: Hamburg 1962.
Uexküll, Jakob v.: Streifzüge durch die Umwelten von Tieren und Menschen. Frankfurt 1970.

---

[19] Ein gutes Beispiel für die Möglichkeiten der Anwendung einer Psychologie der Situation auf die Medizin bildet die Arbeit von *Annemarie Wunnerlich*, „Zur Psychologie der ausweglosen Situation. Die Bedeutung tödlich verlaufender Krankheiten bei Kindern, gezeigt am Beispiel der akuten Leukämie". Huber, Bern 1972. – Die praktischen Implikationen einer Psychologie der Situation für die psychologische Diagnostik zeigt die Untersuchung von *Urs Imoberdorf*, „Die Diagnostische Situation. Beiträge zur Theorie psychologischen Deutens". Bouvier, Bonn 1971.

Uslar, Detlev v.: Die Wirklichkeit des Psychischen. Leiblichkeit, Zeitlichkeit. Neske, Pfullingen 1969.
Uslar, Detlev v.: Psychologie und Welt. Urban-Taschenbuch 152. Kohlhammer, Stuttgart 1972.
Watson, John B.: Behaviorism, 1924, deutsch: Der Behaviorismus. Köln/Berlin 1968.
Weizsäcker, Carl Friedrich v.: Zum Weltbild der Physik, 7. Aufl. Stuttgart 1958.

Whorf, Benjamin Lee: Language, Thought and Reality, deutsch: Sprache, Denken, Wirklichkeit. rde 174. Rowohlt, Hamburg 1963.
Wiener, Norbert: Kybernetik, deutsch: rde 294/5. Rowohlt, Hamburg 1968.
Wunnerlich, Annemarie: Zur Psychologie der ausweglosen Situation. Die Bedeutung tödlich verlaufender Krankheiten bei Kindern, gezeigt am Beispiel der akuten Leukämie. Huber, Bern 1972.

Detlev von Uslar

Das Leib-Seele-Problem*

Die Fragen, denen unsere Diskussion gilt, sind im Programm dieser Veranstaltung folgendermaßen formuliert worden: „Wie weit läßt sich Psychologie auf neurophysiologische Phänomene zurückführen?" — „Ergeben sich neue Lösungen für das alte Leib-Seele-Problem?"

In der Formulierung dieser Fragen erkennt man die Form des Leib-Seele-Problems, die durch die cartesianische Philosophie entstanden ist. Descartes sucht in seiner ersten Meditation nach dem unerschütterlichen Fundament, auf das man Philosophie und Wissenschaften bauen kann. Er findet dieses Fundament in der Gewißheit der seelischen Selbsterfahrung, im Innesein des eigenen Bewußtseins, in welchem seelisches Sein in unmittelbarer Gewißheit erfahren wird. Diese Gewißheit drückt sich aus in dem Satz: „Cogito ergo sum." — „Ich denke, also bin ich." Wenn ich denke, wenn etwas sich in meinem Bewußtsein vollzieht, dann ist das Sein dieses Bewußtseins unmittelbar vorausgesetzt. Ich kann an meiner eigenen Existenz nicht zweifeln. Aber was ist das, was hier so gewiß ist? Es ist nicht meine leibliche Wirklichkeit, es ist nicht die Wirklichkeit der Welt. Die Welt könnte ein Traum sein. Mein Leib gehört zu dieser ausgedehnten Wirklichkeit der Welt. Das seelische Innesein aber ist etwas ganz anderes, das sich in einer absolut anderen Dimension bewegt. Diese Urgegebenheit des Seelischen als Innesein ist es, von der Descartes ausgeht und die er radikal von der ausgedehnten Wirklichkeit der physikalischen Welt unterscheidet, zu der auch unser Körper gehört. Dieser Körper muß darum ganz und gar nach naturwissenschaftlichen Gesetzen verstanden werden. Er ist gleichsam wie eine Maschine oder ein Automat.

Hier aber entsteht sofort die Frage, wie denn so heterogene Dinge wie seelische Wirklichkeit und körperlich-ausgedehnte Wirklichkeit aufeinander wirken und miteinander in Verbindung stehen können. Dieses Problem hat Descartes nicht gelöst, sondern in seiner ganzen Schärfe als Problem aufgezeigt. Die kommenden Jahrhunderte haben dafür immer wieder andere Lösungen zu finden versucht, und die Fragestellung beherrscht noch heute die wissenschaftliche Diskussion. Sie liegt den oben aufgeführten Fragen über den Zusammenhang neurophysiologischen und seelischen Geschehens ebenso zu Grunde wie zum Beispiel den Problemen der Psychosomatik.

Hier ist der Punkt, wo wir uns fragen müssen, wie weit eigentlich diese Trennung von körperlicher und seelischer Wirklichkeit den Phänomenen unseres alltäglichen Er-

*Beitrag im Rahmen eines Kolloquiums zwischen Psychologen und Neurophysiologen in der ETH-Zürich am 26.04.84, erscheint auch in: Grenzprobleme der Wissenschaften, Verlag der Fachvereine, Zürich 1984

lebens gerecht wird. Das Phänomen seelischer Wirklichkeit ist gerade nicht primär die Trennung und Verschiedenheit von Leib und Seele, sondern ihre unmittelbare Einheit. Das zeigt sich schon in unseren sprachlichen Formulierungen. Wir würden nicht sagen: „Meine Seele hat Angst", oder: „Meine Seele fürchtet sich", sondern: „Ich habe Angst" — „Ich fürchte mich"; und wir meinen mit diesem Ich ganz selbstverständlich uns selbst als Menschen, die leiblich da sind und existieren. Auch die anderen Menschen erleben wir als diese Einheit. Wir sagen nicht: „Deine Seele denkt nach", oder: „Deine Seele stellt sich etwas vor", sondern: „Du denkst nach" und: „Du stellst dir etwas vor". Oder wir fragen: „Was willst du jetzt tun?" — „Wo willst du hingehen?" Bei allen diesen Fragen und Aussagen ist der andere für uns eine selbstverständliche Einheit und Ganzheit, zu der seine leibliche Existenz ebenso unmittelbar gehört wie die Tatsache, daß er etwas denkt und sich etwas vorstellt. Wir trennen im alltäglichen Leben nicht wirklich zwischen Innerlichkeit und Leiblichkeit, sondern wir erfahren ganz unmittelbar und primär ihre Einheit.

Aber Leiblichkeit ist in dieser Hinsicht nicht identisch mit der objektivierbaren und ausmeßbaren physiologischen Wirklichkeit. Sie ist etwas Umfassenderes, das auch zum seelischen Sein gehört. Wir müssen uns darum fragen, was Leiblichkeit eigentlich ist. Sie ist wesentlich mitbestimmt durch den Doppelaspekt von Leib-Sein und Leib-Haben. Wir *haben* nicht nur einen Leib, zu dem wir Stellung nehmen und den wir auch irgendwie objektivieren können, sondern wir *sind* auch unser Leib. Wir existieren als Leib. Da-Sein ist als solches Leib-Sein. Diese Zusammenhänge sind sowohl von Helmuth Plessner (in seinem Buch: Die Stufen des Organischen und der Mensch), wie auch von Jean-Paul Sartre (in seinem Kapitel über den Leib in der Schrift: Das Sein und das Nichts) sehr deutlich gesehen worden. Wenn man von der primären Einheit von Da-Sein und Leib-Sein ausgeht, kann man Seele als die Wirklichkeit unseres leiblichen, zeitlichen und gemeinsamen Auf-der-Welt-Seins definieren. Zum Leib-Sein gehört dann schon sein Bezug zur Welt. Es gehört dazu, daß sich uns die Welt durch Sehen, Hören, Riechen und Fühlen, durch Denken und Bewegung erschließt. Der Leib ist auch durch seine Organe auf die Welt bezogen. Aristoteles hat in diesem Sinne die Seele als die lebendige Wirklichkeit eines leiblichen und durch seine Organe als Werkzeuge auf die Welt bezogenen Lebewesens erfaßt.

Die Verschiedenartigkeit der wissenschaftlichen Aspekte, die zum Beispiel der psychologischen Erfassung des Bewußtseins auf der einen Seite und der neurophysiologischen Erfassung des Hirngeschehens auf der andern Seite zu Grunde liegen, muß von dieser primären Einheit leiblicher und seelischer Wirklichkeit aus gesehen und relativiert werden. Sie müssen zu dieser Einheit selbst in Bezug gesetzt werden. Das ist fruchtbarer, als nur die Ergebnisse der einen Betrachtungsweise reduktionistisch auf diejenigen der anderen zurückzuführen. Wenn beide Betrachtungsweisen nur Aspekte und damit Ausschnitte aus einer größeren Einheit sind, dann muß auch die Frage nach dem Zusammenhang und der Zusammengehörigkeit ihrer je verschiedenartigen Ergebnisse und Befunde aus dieser Einheit heraus gedacht werden. Es handelt sich dann nicht nur um ein Zurückführen der Fakten, die sich in dem einen Aspekt zeigen, auf diejenigen der anderen Betrachtungsweise, sondern es handelt sich eher um ein Übersetzen und Transformieren, das sich der Beschränktheit der Betrachtungsweisen stets bewußt bleibt. In diesem Zusammenhang können Bedingungszusammenhänge eingeordnet werden, so zum Beispiel die Tatsache, daß seelisches und bewußtes Geschehen von somatischem Geschehen abhängig bleibt. Wenn dieses gestört oder zerstört wird, wirkt sich das auch auf die Wirklichkeit der Seele und des Bewußtseins aus. Ebenso muß aber auch ein anderer Bedingungszusammenhang in diese höhere Einheit eingeordnet werden, nämlich derjenige, daß eine Rückführung von Bewußtseinsvorgängen auf Hirnvorgänge sinnlos ist, wenn man nicht vorher schon aus eigener und innerer Erfahrung weiß, was überhaupt Bewußtsein ist. Diese primäre Erfahrung des Bewußtseins ist immer schon vorausgesetzt und kann durch eine Rückführung nicht ersetzt werden.

Für das Verständnis dieser Zusammenhänge sind die Lösungen besonders interessant, die Nicolai Hartmann den Problemen in seiner Philosophie gegeben hat. Darum möchte ich auf diese hier kurz eingehen. Für Nicolai Hartmann läßt der Aufbau der realen Welt eine Art Schichtungsstruktur erkennen. Dabei handelt es sich nicht um ein Übereinandergeschichtetsein von Gegenständen oder Dingen, sondern um eine Schichtung von Kategorien und Prinzipien, welche die Wirklichkeit bestimmen. Die unterste Schicht bilden hier die Gesetze der anorganischen Natur. Darüber baut sich die Schicht des Lebens auf, in der etwas Neues und Andersartiges in der Wirklichkeit auftritt. Das Leben ist etwas Eigenes, das man in seinem Wesen letztlich nur aus sich selbst verstehen kann, aber es ist dadurch gekennzeichnet, daß alle Gesetze der physikalischen und anorganischen Natur in ihm weiter ihre Gültigkeit behalten. Man kann es grundsätzlich und radikal nach diesen Gesetzen betrachten und untersuchen, aber seine spezifische Eigenart des Lebendigseins ist dabei immer irgendwie schon vorausgesetzt. Über diese Schicht des Lebendigseins und der organischen Wirklichkeit erhebt sich wiederum eine andere, die Hartmann die Schicht der psychischen Wirklichkeit nennt. Das Neue, das hier hinzutritt, ist das Innesein, dieses merkwürdige Phänomen, daß die Dinge eine Innenseite, ein Bewußtsein haben. Man sieht, daß es Hartmann hier um die Einordnung der cartesianischen Erfahrung des Seelischen und seines Andersseins geht. Aber auch über dieser Schicht erhebt sich für Hartmann noch eine weitere, die etwas Anderes und Neues in die Wirklichkeit bringt, nämlich die Schicht des geistigen Seins. Geistige Wirklichkeit, zum Beispiel in der Geschichte, der Kunst, der Dichtung, dem Denken, dem Leben der Sprache, des Rechts oder der Gesellschaft, bewegt sich in anderen Dimensionen und Zeiträumen als die individuelle seelische Wirklichkeit des Einzelnen. Der Mensch hat im geistigen Sein an einem Geschehen teil, das viel umgreifendere und überdauerndere Strukturen und Wandlungen zeigt. Nicolai Hartmann bezeichnet es im Anschluß an Hegel als objektiven Geist.

Wenn man dieses Weltgebäude als Ganzes betrachtet, so zeigt sich, daß das Leib-Seele-Problem nicht ein isoliertes und einmaliges Problem ist, sondern es muß im Zusammenhang gesehen werden mit den Problemen des Verhältnisses der belebten zur unbelebten Natur und mit dem Problem des Zusammenhanges von seelischer und geistig-geschichtlicher Wirklichkeit. Bei allen diesen Problemen handelt es sich um rätselhafte und nicht restlos ausschöpfbare Zusammenhänge. Für den Zusammenhang aller dieser Seins-Schichten ist es charakteristisch, daß die jeweils ‚höhere' und überbauende Schicht von der zugrundeliegenden ‚niederen' abhängig ist. Wir kennen geistiges Sein nur abhängig von seelischer Wirklichkeit, seelisches Sein nur abhängig vom Leben, Le-

23

ben nur abhängig von anorganischer Wirklichkeit. Aber jede dieser Schichten bringt etwas Neues und kategorial anders Strukturiertes hinzu, das sich durch eine bloße Rückführung auf die jeweils zugrundeliegende Seins-Schicht nicht zureichend erklären läßt.

Ich glaube, daß dieses Denkschema Nicolai Hartmanns sehr viel zur richtigen Betrachtung der Fragestellungen beitragen kann, mit denen wir es in diesem Kolloquium zu tun haben. Die Frage, wie weit sich psychologische Phänomene auf neurophysiologische zurückführen lassen, muß aus dem Blickwinkel dieser Betrachtungen anders erscheinen als vorher. Ich möchte jetzt abschließend noch einmal auf die schon oben zitierte Betrachtungsweise seelischer Wirklichkeit bei Aristoteles hinweisen, weil sie geeignet ist, über die trennende Betrachtungsweise der cartesianischen Philosophie hinauszuführen, denn sie reicht in einen tieferen Grund der Einheit seelischer und leiblicher Wirklichkeit hinab. Für Aristoteles ist Seele nicht primär Innerlichkeit, sondern sie ist die lebendige Wirklichkeit des Leibes. Dieser Leib ist dabei aufgefaßt als ein in seinem Wesen werkzeughafter. Seine Werkzeuge, die Organe (Organon heißt griechisch Werkzeug) sind charakterisiert dadurch, daß sie nur aus ihrer Funktion her verstanden werden können. So ist die Funktion des Auges das Sehen, die Funktion des Ohres das Hören, die Funktion der Bewegungsorgane, wie Beine, Flügel oder Flossen, die Bewegung im Raum. Die Funktionen der Organe sind gleichsam ihre Möglichkeiten, ihre Potenzen. Aber man kann diese Möglichkeiten nur verstehen, wenn man sie aus dem Vollzug und der Wirklichkeit her denkt. So muß man das Hören-Können aus dem wirklichen hörenden Vernehmen, das Sehen-Können aus dem wirklichen Erblicken her verstehen. Was aber dieses Erblicken ist, kann man nicht begreifen, wenn man nicht von demjenigen ausgeht, worauf es sich richtet, nämlich von der Gestalt und Farbigkeit der Dinge. In diesem Sinne haben die Organe in ihrer Funktionalität für Aristoteles ein Gegenüberliegendes (ein antikeimenon, was man lateinisch als objectum übersetzt hat). Das Auge wird gedacht aus dem Sehen-Können, das Sehen-Können aus dem wirklichen Erblicken, das Erblicken aus der Berührung mit der Wirklichkeit der farbigen und gestalthaften Welt.

Im selben Sinne ist aber auch das Denken nicht etwas bloß Subjektives, gleichsam ein unverbindlicher Ablauf im Innern des Bewußtseins, sondern es ist gerichtet auf die Wahrheit, es ist in seinem letzten Wesen das Ereignis der Berührung mit der Wirklichkeit der Welt selbst. Aristoteles hat die Funktion des Gehirns als Organ des Denkens nicht gekannt, aber er hat die Möglichkeit des Denkens im Erfassen der Gestalten des Wirklichen durch ein wunderbares Gleichnis ausgedrückt, indem er sagt: So wie die Hand das Werkzeug der Werkzeuge ist, so ist das Denken die Gestalt der Gestalten. Wie würde er seine Lehre formuliert haben, wenn er über das Wissen der neurophysiologischen Forschung verfügt hätte? Ich glaube, er würde im Gehirn das höchste und wichtigste aller Organe erblickt haben, durch das die Berührung des Menschen mit der Wirklichkeit des Wirklichen sich vollzieht. Für ihn sind ja die Werkzeuge des Leibes letztlich Werkzeuge unseres Bezugs zur Wirklichkeit und zum Sein.

24

Literatur

Aristoteles, De anima/Über die Seele, deutsch: z.B. Gigon, O., Artemis, Zürich 1950 oder: Theiler, W., Wissenschaftliche Buchgesellschaft, Darmstadt 1973; griechisch: Ross, W.D., Oxford-Klassiker, Clarendon, Oxford 1963.

Descartes, René, Meditationes, lateinisch-deutsche Ausgabe, Philosophische Bibliothek 250 a, Meiner, Hamburg 1977.

Hartmann, Nicolai, Der Aufbau der realen Welt, 3. Aufl., De Gruyter, Berlin 1964.

Hartmann, Nicolai, Das Problem des geistigen Seins, 3. Aufl. De Gruyter, Berlin 1962.

Heidegger, Martin, Sein und Zeit, 15. Aufl., Niemeyer, Tübingen 1979.

Hess, Walter Rudolf, Psychologie in biologischer Sicht, 2. erw. Auflage., mit Beiträgen von Akert, Baumgartner, Hess jr., Hunsperger, Jung, Waser, Weber; Thieme, Stuttgart 1968.

Plessner, Helmuth, Die Stufen des Organischen und der Mensch, 3. Aufl., De Gruyter, Berlin 1975.

Plessner, Helmuth, Die Frage nach der Conditio Humana, Suhrkamp TB st. 361, Frankfurt 1976.

Sartre, Jean-Paul, Das Sein und das Nichts, 15.-17. Tsd., Rowohlt, Hamburg 1974, Kapitel: Der Leib (S. 398-463).

von Uslar, Detlev, Die Wirklichkeit des Psychischen. Leiblichkeit, Zeitlichkeit, Neske, Pfullingen 1969.

MENSCH UND TIER
ZUR PHILOSOPHISCHEN UND PSYCHOLOGISCHEN
BEDEUTUNG DER PHYLOGENESE

Jetzt ist es unsere Aufgabe, das Bild des Menschen, das sich aus dem Wissen um die Phylogenese ergibt, in philosophischer und psychologischer Sicht zu betrachten. – Wir alle, die wir hier in diesem Raum versammelt sind, sind Menschen. Aber ebensosehr ist der Satz richtig, dass wir alle Primaten sind, dass wir alle Säugetiere sind und dass wir alle Wirbeltiere sind. Wenn man aber in einem Gespräch oder in einer Diskussion die Wendung benutzt: «Der Mensch und die anderen Tiere», wenn man also damit ernst macht, dass wir in irgendeiner Weise auch Tiere sind, dann löst man damit fast immer Erstaunen und Befremden oder Widerstand aus.

Ich finde den Gedanken, dass der Mensch als Säugetier und Wirbeltier eine ganz bestimmte Stellung im Tierreich hat, nicht erschreckend. Nur darf man diesen Gedanken nicht einfach im Sinne des Materialismus oder Biologismus auffassen. Er muss also nicht die Bedeutung eines nur entlarvenden «Nichts als ...» haben. Es muss nicht heissen: «Der Mensch ist eben nichts als ein Tier.» Eher scheint es mir eigentlich umgekehrt zu sein. Die Tatsache nämlich, dass es dadurch, dass wir existieren, ein Tier gibt, welches Vernunft hat und welches sprechen kann, ein Tier, welches um Sein und Nichts weiss, über sein eigenes Sein nachdenken und über sein zukünftiges Nichtsein erschrecken kann, diese Tatsache beweist, dass das Tier überhaupt mehr ist als eben «nur» Tier. Sie zeigt, dass im tiefsten Grunde des Lebens Geist und Vernunft als Möglichkeiten angelegt sein müssen.

Wir wollen also hier versuchen, den Menschen als ein Lebewesen zu sehen, das nicht einfach nur den Tieren gegenübergesetzt werden kann, sondern das durch seine ganze organische Struktur und seine leibliche Wirklichkeit zu den anderen Lebewesen dieser Erde gehört. Was wir mit den Tieren teilen, ist vor allem die elementare Tatsache der Leiblichkeit. Das menschliche Da-Sein ist als solches Leib-Sein. Wir *sind* ja nur, wir *existieren* ja nur als diese leiblichen Lebewesen: Wir sind durch den Leib, durch unser Leib-Sein, da.

Hieraus ergibt sich eine weitere Konsequenz: Wir sind als diese leiblichen Lebewesen ein Teil der *Natur*. Wir sind selbst ein Stück Natur, und das bedeutet, dass wir durch unsere eigene Existenz einen Zugang zum Sein der Natur überhaupt haben. Was Natur ist, wissen wir nicht nur durch die äussere Wahrnehmung, nicht nur durch das, was die Naturwissenschaft, so wie sie sich in der Neuzeit entwickelt hat, thematisiert, nämlich die Natur als *Objekt*, als Gegenstand; sondern was Natur ist, das erfahren wir auch in unserem *eigenen* Sein. Aus diesen Überlegungen folgt, dass das, was mit Heideggers Ausdruck «das Dasein» gemeint ist – nämlich das Sein, das wir selbst sind und das wir darum auch zu übernehmen haben –, etwas mit dem Sein der Natur und mit dem Sein des Tiers zu tun hat.

Wir haben in unserem eigenen Sein einen Zugang zum Sein des Tieres, und zwar zum Sein des Tieres, das wir selber sind. Daraus ergibt sich eine ganze Reihe von Konsequenzen, nicht nur philosophischer, sondern auch wissenschaftlicher Art. Es wird ja immer gesagt: «Man kann über die Tiere nur wissen, was man beobachten kann, denn man kann ja nicht mit ihnen sprechen. Sie können uns nicht etwas mitteilen, so wie wir als Menschen einander etwas mitteilen können. Wir können nicht wissen, wie es in ihrem Inneren aussieht.» Die Konsequenz daraus ist, dass die tierische Verhaltensforschung ein besonderes Gewicht auf die Methode des Beobachtens gelegt hat und dass dann in der Folge der Unterschied von Mensch und Tier auch aufgrund dieses verschiedenen *methodischen* Zugangs bestimmt wurde. Aber wenn man einmal damit ernst macht, dass wir eben doch auch eine Art der Tiere sind, dann bedeutet das, dass wir mehr über das Wesen des Tieres wissen als das, was wir nur durch die Beobachtung der anderen Tiere erkennen, die nicht von unserer Art sind und uns darum auch irgendwie fremd bleiben.

Wenn wir als leibliche Lebewesen eine ganz bestimmte Stellung im Tierreich haben und selber ein Stück der Natur sind, dann muss das, was uns kennzeichnet, nämlich Leben und Geist, auch schon zur Möglichkeit der Natur selbst gehören. Bei solchen Überlegungen verändert sich aber der Begriff der Natur, weil man jetzt nicht mehr einfach Natur und Geist, und damit auch Naturwissenschaften und Geisteswissenschaften,

42

einander gegenüberstellen und einen Graben zwischen ihnen aufreissen kann. Die Möglichkeit des Geistes, der das menschliche Sein kennzeichnet, muss dann schon im Sein der Natur angelegt sein. Die Art von Natur, die wir auf diese Weise in unserem eigenen Sein erfahren, ist nicht nur die Natur, die der Gegenstand des Messens, Beobachtens und Objektivierens ist, sondern es ist die Natur als Wirklichkeit dessen, was ins Sein kommt, was existiert. Es ist also die Natur als Sein, welche wir in unserer eigenen Existenz erfahren.

Das ist aber ein Begriff der Natur, der eine alte philosophische Geschichte hat. Martin Heidegger hat immer wieder darauf hingewiesen, dass der griechische Begriff der Physis ursprünglich – und vor allem in der Philosophie der Vorsokratiker – so etwas bedeutet hat wie «Aufgehen» und «ins Sein kommen». Damit ist der Weg in die Wirklichkeit gemeint, den wir mitdenken, wenn wir von «Sein» und «Natur» sprechen. Der Philosoph Spinoza hat im 17. Jahrhundert ganz ausdrücklich dieses Hervorkommen alles Seienden in die Wirklichkeit als «Natura naturans», hervorbringende Natur, bezeichnet, die er von der bloss existierenden, dinghaften Wirklichkeit, die man zum Objekt der Beobachtung machen kann, unterscheidet.

Was ich damit sagen will, ist also Folgendes: Wenn man ernst damit macht, dass wir als Tiere ein Stück der Natur sind, so bedeutet das nicht, dass wir «nichts als Tiere» sind, dass man unser Sein nicht anders als nur physiologisch und biologisch verstehen kann. Ebenso bedeutet es nicht, dass wir «nichts als Materie», «nichts als Natur» wären. Sondern genau umgekehrt: es bedeutet, dass das Tier mehr ist als ein «Nur-Tier», dass im Wesen des Lebendigen die Möglichkeit des Geistes angelegt ist, und darüber hinaus, dass im Wesen der Natur *selbst* schon die Möglichkeit geistigen Seins enthalten sein muss. Daraus ergibt sich, dass man einen anderen Begriff der Natur haben muss, der allerdings mit dem der messbaren Natur zusammengesehen werden muss. Dieser andere Begriff ist der Begriff der Natur als Hervorkommen in das Sein.

Man sollte also Geist und Natur, Mensch und Tier nicht

43

voneinander trennen und einander gegenübersetzen, sondern von Anfang an von ihrer Einheit ausgehen. Das, was wir mit dem Wort «Sein» benennen und worum es aller Philosophie und vor allem der Philosophie Heideggers geht, die im Hintergrund unserer Überlegungen hier eine besondere Rolle spielt, das liegt *vor* der Trennung von Natur und Geist. Es ist ein viel grundlegenderer und umfassenderer Begriff.

Nun müssen wir, unserem Thema gemäss, uns auch noch fragen, welche Konsequenzen sich aus der Phylogenese und den Gedanken, die wir daran angeschlossen haben, für die Psychologie ergeben. Sie liegen darin, dass man das, was häufig als «das Tierische» im Menschen bezeichnet wird, nämlich die Triebnatur, die ihn in seinem Unbewussten bestimmt, ohne alle Abwertung der Menschlichkeit anerkennen kann. Die Teilhabe am Triebleben, an den ungeheuren Kräften, die in jedem von uns wirksam sind, die in der Tiefe des Unbewussten schlummern und sich im Verhalten auswirken, bedeutet ja ein Eingewobensein in die mächtigen Kräfte der Erhaltung der Art. Es ist das ausserordentliche Verdienst von Sigmund Freud, die allgemeine Bedeutung des Sexualtriebes im menschlichen Leben wieder entdeckt zu haben.

Gerade die Teilhabe am Triebleben ist es, in der sich manifestiert, dass wir ein Stück der Natur sind. In diesem Zusammenhang ist wiederum die Philosophie Spinozas interessant. Spinoza war ein Philosoph, der zu entschiedenen und auch brüskierenden Formulierungen neigte; und dadurch hat er immer wieder das Denken in Gang gebracht. Eine dieser Formulierungen ist die berühmte Formel «Deus sive Natura», Gott oder die Natur. Eine andere dieser frappierenden Formulierungen lautet: «Der Trieb ist das *Wesen* des Menschen», «appetitus essentia hominis». Zugleich aber sagt Spinoza, dass diese Triebe, die wir in uns erfahren und deren Macht sich in den Affekten manifestiert, nichts anderes sind als die Art, wie wir teilhaben an der unendlichen Mächtigkeit der Natur, an der «infinita potentia Naturae». Er sagt sogar noch mehr: Es ist die Art, wie wir teilhaben an der Notwendigkeit und am Leben Gottes als Natur, an der «necessitas und potentia Dei sive Naturae».

Diese Gedanken sind natürlich für das christliche Denken schockierend gewesen. Es sind Gedanken, mit denen es sich noch heute auseinandersetzen muss. Andererseits spiegelt sich eine alte Tradition darin, die sich schon in der Art zeigt, wie Aristoteles vor zwei und ein drittel Jahrtausenden das Wesen der Zeugung in seiner Schrift «Über die Seele» beschrieben hat. Dort sagt er: Es gehört zum Wesen aller Lebewesen, dass sie ein Bestreben haben, an dem «immer und ewig», an dem «aei on» und der Ewigkeit, teilzuhaben. Aber weil die Seienden unter dem Mond, das heisst unterhalb der Sphäre der gleichförmig sich drehenden Gestirne, nicht ewig dauern können, sondern vergänglich und sterblich sind, weil also kein Tier, und auch der Mensch nicht, ewig existieren kann, haben sie doch in sich ein ihnen einwohnendes Streben: wenn schon nicht sich selbst als Individuum, so doch sich selbst in der Art, wie sie aussehen und wie sie sind, in ihrer Gestalt, zu erhalten. Diese Formel ist die Geburt des Terminus «Erhaltung der Art», der heute noch die Zoologie bestimmt und der ja auch hinter dem Darwinismus steht.

Aber derselbe Aristoteles sagt in derselben Schrift, dass die Seele dadurch, dass sie als Geist Wahrheiten von ewiger Gültigkeit erfasst und schaut, durch diesen Akt des Erkennens in Berührung kommt mit der Ewigkeit der Wahrheit selbst. In dieser Weise – und für Aristoteles *nur* in dieser Weise – ist sie unsterblich.

Ich glaube, man kann sagen, dass das Wissen um die Phylogenese uns neue Dimensionen der Menschlichkeit des Menschen und seiner Teilhabe am Sein erschliesst und zugleich einen neuen Zugang zum Sein der Natur. Wenn wir ernst damit machen, dass wir selbst ein Tier, ein Stück Natur sind, dann wissen wir mehr über die Natur als das, was wir nur durch die Beobachtung der anderen Tiere und der anderen Natur wissen können. Der Philosoph Schelling hat im Anfang des vorigen Jahrhunderts einen ähnlichen Gedanken zum Ausdruck gebracht, durch die Formel, dass im Menschen die Natur zum Bewusstsein ihrer selbst gelangt. Das Wissen um die Phylogenese und überhaupt das Wissen der Naturwissenschaften

45

zwingt uns dazu, in der Richtung von Heideggers Philosophie insofern ein Stück weiterzudenken, als wir uns klar machen müssen, dass die Formel «Unser Dasein ist Seiendes, das sich in seinem Sein – indem es existiert – zu diesem seinem Sein verhält und seine Existenz übernehmen muss», auch bedeutet, dass wir unser Tiersein, in dem Sinne, wie ich es hier zu skizzieren versucht habe, übernehmen müssen.

46

VERKEHRSPSYCHOLOGISCHE BEGUTACHTUNG ALS BEISPIEL PSYCHOLOGISCHER URTEILSBILDUNG

DETLEV V. USLAR

An der Rolle und der Situation des verkehrspsychologischen Gutachters läßt sich die Situationsbezogenheit psychologischen Beurteilens besonders gut zeigen. Die Frage, die ihm in der Regel gestellt wird, ist die Frage nach der Fahrtauglichkeit eines Menschen, den er untersuchen und beurteilen soll. Aber was heißt Fahrtauglichkeit? Kraftfahreignung oder Fahrtauglichkeit sind nicht vorfindbare Eigenschaften eines Menschen, sondern es geht eigentlich um die Frage, wie weit dieser Mensch in der Lage sein wird, sich den Bedingungen der Verkehrssituation richtig anzupassen – wie weit er in der Lage sein wird, diese Situation richtig aufzufassen, zu beurteilen und handelnd zu beantworten.

Aber diese Fragen sind nur deswegen von allgemeinem Interesse, weil jeder Verkehrsteilnehmer für alle anderen an der Verkehrssituation Beteiligten ein Risiko darstellt, da er Unfälle verursachen oder unfallträchtige Situationen herbeiführen kann. Die Frage, die sich dem verkehrspsychologischen Begutachter stellt, ist also eigentlich diejenige, wie groß das Risiko sein wird, das entsteht, wenn der Betreffende am motorisierten Straßenverkehr teilnimmt. Es geht also um die *Risikovoraussage.* Entscheidend ist dabei aber immer die Frage, ob dieses Risiko noch tragbar ist oder nicht.

Die Feststellung, daß ein Mensch nicht kraftfahrtauglich ist, würde also eigentlich bedeuten, daß seine Teilnahme am motorisierten Straßenverkehr ein untragbares Risiko für die anderen Verkehrsteilnehmer bieten würde. Woher aber weiß der Gutachter, welches Risiko noch tragbar ist und welches nicht? Jeder Mensch, der sich an das Steuer eines Autos setzt, erzeugt damit eine Gefahr und nimmt zugleich das Risiko eines möglichen Unfalles auf sich [1]. Das gehört zu unserem alltäglichen Leben in

---

[1] Zur Psychologie des Risikoverhaltens vgl.: D. V. KLEBELSBERG, Risikoverhalten als Persönlichkeitsmerkmal, Huber, Bern 1969. – Einen Einblick in die Forschungsergebnisse und -intentionen der Verkehrspsychologie gibt der von C. Graf HOYOS herausgegebene Band «Psychologie des Straßenverkehrs», Huber, Bern 1965, mit Beiträgen von W. WINKLER, D. V. KLEBELSBERG und anderen.

195

einer technisierten Gesellschaft. Die Frage, wo und wann das Risiko, das ein einzelner Verkehrsteilnehmer für die anderen bietet, untragbar wird, läßt sich eigentlich nur beantworten, wenn man ausgeht von dem Maß an Risiko, das die Gesellschaft sich durch die Verkehrssituation selber zumutet und das sie auf sich zu nehmen bereit ist. Der Gutachter kann ein Gefühl dafür eigentlich nur entwickeln, weil er selbst ein Glied dieser Gesellschaft ist. Er hat es als Psychologe nicht nur mit psychischen Eigenschaften und den technischen Gegebenheiten einer zu bedienenden Maschine zu tun, sondern immer zugleich mit einer sozialen Situation. Er sieht den Einzelnen, den er untersucht und begutachtet, in Relation zu den vielen anderen, die gemeinsam mit ihm in der Verkehrssituation sein werden. Der eigentlich entscheidenden Frage, wann das Maß des Unfallrisikos und der Gefährdung der anderen so groß wird, daß es nicht mehr tragbar ist, wird man als Gutachter nie ausweichen können.

Diese Frage ist in Extremfällen sicherlich leicht zu beantworten. Wenn ein Mensch jegliche Konzentrationsfähigkeit verloren hat, oder überhaupt nicht mehr in der Lage ist, seine Aufmerksamkeit einigermaßen stetig auf die Gegebenheiten einer sich rasch wandelnden Situation zu richten, oder wenn er nicht mehr in der Lage ist, sein Verhalten zu steuern, dann wird sich die Konsequenz, daß der Betreffende nicht kraftfahrtauglich sei, leicht ergeben. Aber die Fälle, wo man einen psychologischen Gutachter braucht, sind nicht nur solche Extremfälle. Es gibt auch viele Grenzfälle, in denen zwar berechtigte Zweifel an der Eignung des Betreffenden bestehen – sei es auf Grund seines Alters, seines Gesundheitszustandes oder seiner Lebens- und Verkehrsvorgeschichte – in denen aber auf der anderen Seite berechtigte Interessen des Betreffenden seinen Anspruch auf eine Fahrerlaubnis verständlich machen.

Wir haben etwa einen Familienvater vor uns, der als Handelsvertreter auf die Benützung eines Fahrzeuges angewiesen ist und ohne diese Möglichkeit beruflich ruiniert sein würde, der aber auf der anderen Seite schon eine Reihe von Unfällen verursacht hat und vielleicht auch durch andere Straftaten auffällig geworden ist. Hier sieht sich der Gutachter gleichsam im Spannungsfeld zwischen verschiedenartigen Ansprüchen und Interessen. Auf der einen Seite steht das Interesse der Allgemeinheit, vor einer Unfallgefahr, die dieser einzelne Fahrer erzeugen könnte, geschützt zu werden. Auf der anderen Seite steht das berechtigte Interesse dieses Einzelnen, mit Hilfe seines Fahrzeuges seinen Lebensunterhalt verdienen und seine Familie ernähren zu können. Kommt der Gutachter zu dem Schluß, daß die Unfallgefahr bei einer weiteren Teilnahme des Betreffenden am motorisierten Straßenverkehr doch zu groß werden würde und er ihn deshalb negativ beurteilen müsse, so wird ihm bei dieser Entscheidung doch zugleich zum Bewußtsein kommen, daß er dem Untersuchten damit unter Umständen seine beruflichen Möglichkeiten zerstört und die Existenz seiner Familie gefährdet. Bringen ihn aber diese Zweifel dazu, die andere Möglichkeit zu erwägen und sich zu fragen, ob das Risiko wirklich so groß wäre, daß es für die Allgemeinheit untragbar würde, so werden in dem Maße, als er geneigt wird, doch noch eine positive Beurteilung der Kraftfahreignung abzugeben, vor seinem inneren Auge die Gefahren auftauchen, die eben doch für die anderen Verkehrsteilnehmer dadurch entstehen könnten. Das wird sicherlich in allen denjenigen Fällen in besonderem Maße so sein, in denen der Betreffende bei früheren Unfällen schon erhebliche Verletzungen oder gar den Tod anderer verschuldet hat. Die Beurteilung in Grenzfällen wird wohl nie um dieses innere Hin und Her der Argumente und das damit verbundene Engagement des Gutachters herumkommen. Der Gutachter wird die Verantwortung, die er durch jede Beurteilung auf sich nimmt, nicht abschütteln können. Er wird zugleich auch dem dialektischen Prozeß des Hin und Wider der Argumente nicht entfliehen können, in dem sich schließlich sein endgültiges Urteil einpendeln muß.

Sicherlich hat man die Möglichkeit, im Gutachten zu betonen, daß es sich um einen Grenzfall handle. Wenn ein verkehrspsychologisches Gutachten aber überhaupt einen Sinn haben soll, so muß der Psychologe sich doch zu einer Beurteilung durchringen können. Natürlich ist die Entscheidung letztlich immer Sache des Juristen oder des Verwaltungsbeamten. Der Psychologe wird aber kaum umhin können, sich klar zu machen, daß er durch seine Begutachtung diese Entscheidung vorbereitet und daß er, auch wenn er ein klar formuliertes Urteil vermeidet, doch durch die Akzentuierung und Gewichtsverteilung in seiner Darstellung die Mitverantwortung für die Entscheidung trägt.

Ich glaube, daß dieses Beispiel zeigt, wie sehr man als psychologischer Gutachter in eine komplizierte soziale, zugleich menschliche und rechtliche, Situation verwickelt ist und wie sehr Objektivität und Gerechtigkeit gerade darin bestehen, diese Implikationen zu sehen und auf sich zu nehmen; während ein Sichzurückziehen hinter eine gleichsam naturwissenschaftliche Objektivität oft nur der Verschleierung der situativen Implikationen alles psychologischen Untersuchens und Beurteilens dienen würde.

Es stellt sich aber nun die Frage, wie sich die vielfältigen situativen, sozialen und rechtlichen Implikationen der verkehrspsychologischen Begutachtung zu den Fakten verhalten, die durch Tests, Verhaltensbeobachtung und Exploration erhoben werden.

Wir sind bei unseren Überlegungen davon ausgegangen, daß sich der Begriff der Fahreignung eigentlich nur im Hinblick auf die komplexen Gegebenheiten der Verkehrssituation bestimmen läßt. Es geht darum, wie ein bestimmter Mensch mit seinen Eigenheiten, seiner lebensgeschichtlichen Prägung und seiner gegenwärtigen situativ bedingten Verfassung sich in dieses komplexe Gefüge des modernen Verkehrs einordnen wird. Die Verkehrssituation ist sowohl eine physikalisch-technische, wie eine soziale, wie eine rechtliche Situation. Für den einzelnen Autofahrer, der an ihr teilnimmt, ist sie zugleich seine jeweils *eigene* Situation, in der sich in diesem Augenblick seine Existenz vollzieht und in der sie aufs Spiel gesetzt ist. Der Horizont, in dem wir bei einer verkehrspsychologischen Untersuchung und Begutachtung einen Menschen zu sehen haben, ist also immer zugleich der Horizont einer allgemeinen sozialen Situation, an der wir letztlich als Gutachter selbst auch beteiligt sind, und der Horizont der spezifischen Lebenssituation des Menschen, den wir untersuchen.

Man kann die Fakten, die man durch Tests, durch die Verhaltensbeobachtung und durch die Analyse der Vorgeschichte erhebt, nicht unabhängig von diesen situativen Zusammenhängen beurteilen. Hinzu kommt, daß die Untersuchungssituation selbst eine ganz spezifische Situation im Leben des Getesteten ist, von der er in vielen Fällen weiß, daß sie für seine Zukunft von entscheidender Bedeutung sein kann. Auch jeder einzelne Test, den wir durchführen – sei dies nun ein nicht-verbaler Intelligenztest, wie der Raven, oder ein Reaktionsversuch, oder etwa der Rorschachtest –, auch jeder dieser einzelnen Tests ist in sich eine vielfältig strukturierte Situation, in der sich der Untersuchte befindet und die wir als Untersucher mit ihm teilen [2]. Die Untersuchung selbst ist eine soziale Situation, die von dem Probanden auch als eine solche, zumeist als eine Art Prüfungssituation, empfunden wird. Für den Untersucher aber stehen alle diese Testsituationen, in denen er nach längerer Erfahrung eine Fülle von Menschen gesehen und erlebt hat, deren Verkehrsvorgeschichte er kannte und deren Fahrstil und Fahrverhalten er bei praktischen Fahrproben beobachten konnte, in Beziehung zu den Zusammenhängen, Gegebenheiten und Möglichkeiten der Verkehrssituation überhaupt. Sie werden gleichsam durchsichtig für ihre Bedeutung im Hinblick auf die Frage nach dem Risiko, das der Betreffende für die Verkehrssituation bilden

---

[2] Vgl. hierzu: U. IMOBERDORF, Die diagnostische Situation. Beiträge zur Theorie psychologischen Deutens, Bouvier, Bonn 1971.

würde. Bei einer solchen Deutung der Testergebnisse im Hinblick auf die Gutachtenfrage, verbinden sich die in der allgemeinen wissenschaftlichen Forschung gesicherten oder doch wahrscheinlich gemachten Zusammenhänge und Hinweise mit den andersartigen Zusammenhängen und Hinweisen, die man im Laufe der Zeit in einer spezifischen Gutachtenpraxis, wie der verkehrspsychologischen, sammelt. Für eine solche Betrachtung ist also die Untersuchungs- und Testsituation in sich selbst ein vielfältiges Gefüge von Verweisungen und Beziehungen, an dem der Untersucher mit seinen Erfahrungen und seinem Wissen ja stets selbst mitbeteiligt ist.

Es ergibt sich aus der spezifischen Gutachtenfrage, um die es hier geht, daß die Momentaufnahme, die gleichsam in der Testsituation von einem Menschen gemacht wird, in Beziehung gesetzt werden muß zur unbekannten Zukunft einerseits und zu dem, was uns aus der Vergangenheit des Untersuchten bekannt ist, andererseits. Die Aufgabe des Gutachters besteht ja darin, daß er ein zukünftiges Verhalten in einer spezifischen Situation, nämlich der Verkehrssituation, in seiner Wahrscheinlichkeit voraussagen soll. Diese Bezogenheit der verkehrspsychologischen Aussage auf die Zukunft steht in einem Zusammenhang mit der Bezogenheit der verkehrspsychologischen Untersuchung auf die Vergangenheit. In vielen Fällen wird die Ursache, die zur Durchführung einer verkehrspsychologischen Untersuchung geführt hat, in der Vorgeschichte des Untersuchten liegen. Häufig etwa werden solche Untersuchungen durchgeführt, wenn ein Mensch auffällig viele Verkehrsunfälle verursacht hat oder vielfältig durch Fehlanpassungen an die Verkehrssituation in rechtliche Konflikte geraten ist. In diesem Falle steht die Momentaufnahme, die man von der Struktur und den Umweltbezügen eines Menschen in der psychologischen Untersuchungssituation bekommt, also nicht nur in Beziehung zur Zukunft, auf die sich das Gutachten im Grunde beziehen soll, sondern auch in Beziehung zur Vergangenheit, aus der die Zweifel an der Eignung des Betreffenden entstanden sind. Die psychologischen Untersuchungsergebnisse können hier einerseits die Bedeutung bekommen, diese Vergangenheit in ihren Ursachen und Hintergründen verstehen zu lassen; sie können andererseits im günstigen Falle einen Hinweis darauf geben, daß sich diese Bedingungen geändert haben: etwa daß ein Mensch, der in der Vergangenheit durch besondere Unaufmerksamkeit und Unkonzentriertheit, durch fahrlässiges Verhalten oder soziale Fehlanpassungen in der Verkehrssituation aufgefallen ist, jetzt doch günstiger beurteilt werden kann, weil sich seine Beziehung zur Welt verändert hat oder weil die Gründe früherer Störungen weggefallen sind.

199

Die Untersuchungsergebnisse bekommen also hier eigentlich die Funktion, Zweifel an der Kraftfahreignung, die aus der Vorgeschichte des Untersuchten entstanden sind, entweder zu bestätigen oder zu entkräften. Sie müssen also explizit zu den Zeugnissen dieser Vorgeschichte in Beziehung gesetzt werden.

Es wird oft die Frage gestellt, ob eine verkehrspsychologische Untersuchung und Begutachtung nicht objektiver ausfallen würde, wenn der Untersucher die Vorgeschichte des Probanden gar nicht kennen würde. Ich glaube, daß man hier von einer falschen Objektivitätsvorstellung der Psychologie ausgeht. Der eigentliche psychologische Denk- und Urteilsvorgang liegt doch gerade darin, daß man die Beziehungen zwischen den momentan erhobenen Befunden und Hinweisen einer Testuntersuchung und den Fakten und Geschehnissen der Vergangenheit herstellt, die sich etwa in den vielfältigen Hinweisen, Urteilen und Schriftsätzen einer Führerscheinakte spiegeln. Man muß dem Psychologen dabei zubilligen, daß er es lernen kann, solche Urteile anderer, die sie als Richter, Polizisten oder Zeugen abgegeben haben, kritisch zu lesen und zu bewerten. Auch hier wird die Erfahrung des Gutachters eine entscheidende Rolle spielen. Die psychologische Aussage sollte sich also nicht auf die Deutung der Testergebnisse beschränken. Sie muß vielmehr diese Ergebnisse in Beziehung setzen zu den Zeugnissen der Vergangenheit des Probanden – insbesondere zu seiner Verkehrsvorgeschichte –, um auf diese Weise den Stellenwert der Fakten der Vergangenheit in ihrer Relevanz für die Zukunft zu deuten.

Der Zugang, den man als Psychologe zu der Lebensgeschichte eines Menschen und den differenzierten Bezügen seiner gegenwärtigen Situation hat, beschränkt sich jedoch nicht auf die Hinweise, die uns die Ergebnisse von Testuntersuchungen geben können. Ebenso wichtig ist vielmehr das psychologische Gespräch; denn in der Sprache, im Medium von Rede und Gegenrede, von Frage und Antwort, erschließt sich die vielfältige und perspektivische Differenziertheit der Lebensbezüge eines Menschen[3]. Gerade die Aussprache über die Verkehrsvorgeschichte eines Probanden und über seine Lebensgeschichte, soweit sie für diese Verkehrsvorgeschichte relevant ist, kann von ausschlaggebender Bedeutung für die Beurteilung seiner Zukunftsmöglichkeiten sein. Die psychologische Urteilsbildung

---

[3] Besonders wichtig für eine Psychologie der Situation scheinen mit C. F. GRAUMANNS «Grundlagen einer Phänomenologie und Psychologie der Perspektivität», de Gruyter, Berlin 1960.

wird durch ein Vergleichen und In-Beziehung-Setzen der verschiedenen Bilder ermöglicht, die wir von dem Untersuchten haben; der Bilder nämlich, die wir durch die Testergebnisse, durch die Zeugnisse der Vorgeschichte und durch das gezielte Gespräch erhalten. Der Akt des psychologischen Denkens liegt gerade in dem Herstellen, Abwägen und Beurteilen dieser vielfältigen Beziehungen.

Die Verantwortung des Gutachters, die sich aus den Sicherheitsinteressen der Allgemeinheit einerseits und den persönlichen, oft ganz elementaren Interessen des Untersuchten andererseits ergibt, wird die Führung des psychologischen Gesprächs mit dem Probanden ganz entschieden mitbeeinflussen. Sie setzt den Gutachter in eine bestimmte soziale Rolle, in welcher er auch von dem Probanden gesehen und beurteilt wird. Die Situation des Untersuchers und des Untersuchten ist eine gemeinsame Situation. Beide sind an ihr beteiligt und in ihr engagiert. Die Rolle des Psychologen ist darum nicht nur die des neutralen Beobachters, sondern immer auch die des Gesprächspartners, der der Begegnung mit dem Menschen, den er untersuchen und beurteilen soll, nicht ausweichen darf. Auch in dieser Beziehung gilt es, ein falsches Objektivitätsideal abzubauen. Der Psychologe kann sich aus der sozialen Rolle, in der er durch seine Tätigkeit steht, nicht dadurch herausmanövrieren, daß er sich gleichsam hinter der Maske des neutralen Beobachters und Auswerters von Testergebnissen verbirgt, von dem man letztlich abstrahieren könnte. Das wird ihm schon durch das Bewußtsein seiner Verantwortung als Gutachter unmöglich gemacht. Objektivität besteht hier vielmehr in einem bewußten Durchleuchten und Durchdenken dieser vielfältigen Rollenbeziehungen.

Vor allem müssen sämtliche Testergebnisse auch in Beziehung auf die Gegebenheiten der Untersuchungssituation gesehen werden, die für den Probanden eine Situation von existentieller Bedeutung sein kann, in der er sich selbst in Frage gestellt sieht und die er als Prüfung empfindet. Darum ist es gerade eine der Aufgaben des psychologischen Gesprächs, den Stellenwert der Untersuchungssituation im Lebenszusammenhang des Betreffenden zu erahnen und ein Gefühl für den Grad seines Engagements und die Art seiner Motivation zu bekommen. Auch die Ergebnisse möglichst weitgehend abgesicherter und validierter Tests werden an Bedeutung und Gewicht gewinnen, wenn sie auf diese Weise zu den vielfältigen Perspektiven in Beziehung gesetzt werden, die sich erst in einer Analyse der Lebensgeschichte und in der Konfrontation mit dem Probanden ergeben.

201

In vielen Fällen liegt der Anlaß für die Durchführung einer verkehrspsychologischen Untersuchung und Begutachtung nicht in der Verkehrsvorgeschichte des Probanden, sondern darin, daß der Betreffende immer wieder die Prüfungen zum Erwerb des Führerscheins oder Führerausweises nicht bestehen konnte. Hier ist die Vorgeschichte, auf die sich die Untersuchung bezieht, also eigentlich nicht eine Verkehrsvorgeschichte, sondern, wenn man so will, eine Prüfungs-Vorgeschichte. Die Frage, die sich dem Gutachter stellt, ist dabei im Grunde die, ob das Versagen bei den Prüfungen auf Störungen zurückgeht, die ihm auch später die Bewältigung der Verkehrssituation unmöglich machen werden, oder ob es sich dabei vorwiegend um Prüfungsangst gehandelt hat. Hier muß man sich nun klar machen, daß die psychologische Untersuchung dem Probanden gleichsam als eine potenzierte Prüfung erscheinen muß. Das äußert sich meist in allen Symptomen starker Prüfungsangst, wie Zittern der Hände und ähnlichem. Es kann sich aber auch in einer gewissen Gelähmtheit und verräterischen Ruhe des Verhaltens äußern. Der Psychologe kommt hier praktisch in die Lage, daß er versuchen muß, seinem Untersuchten die Prüfungsangst zu nehmen, ihm Ruhe und Vertrauen einzuflößen und so eine Situation herzustellen, in der der Betreffende überhaupt erst in der Lage ist, zu zeigen, zu welchem Grad der Steuerung und Beherrschung seines Verhaltens und der Anpassung an die Anforderungen der realen Situation er in Wirklichkeit fähig ist. Kurz gesagt, es kommt in vielen Fällen zunächst darauf an, den circulus vitiosus des Prüfungsversagens zu durchbrechen. Gerade hier wird der Untersucher also in entschiedener Weise zu einem Mitspieler in der Situation. Es ist oft verblüffend, zu erleben, wie nach einer solchen Umstimmung des Probanden plötzlich das Bild einer normalen Leistungs- und Anpassungsfähigkeit zum Vorschein kommt. Auf der anderen Seite ist es oft ebenso frappierend, zu sehen, wie Menschen, auch nachdem sie die Prüfungsangst verloren haben, nicht in der Lage sind, sich wirklich zu konzentrieren und wirklich ihre Aufmerksamkeit einigermaßen auf die Gegebenheiten der Situation zu lenken. Hier treten gleichsam tieferliegende Störungen zutage, die zunächst von der Prüfungsangst nicht auf den ersten Blick zu unterscheiden waren.

Man muß sich bei diesen Fragen, die im Zusammenhang der Beurteilung des Prüfungsversagens auftreten, immer klar machen, daß die Prüfungssituation für den Kandidaten unter Umständen eine symbolische Lebenssituation sein kann. Auch in einer für viele andere Leute gleichsam nur die Oberfläche ihres Seins berührenden Prüfung, wie der Fahrprüfung, fühlt er sich im Grunde als Person geprüft. Er findet sich unterschwellig in seiner Existenz in Frage gestellt. Die Prüfungssituation wird für ihn gleichsam zum Kristallisationskern aller seiner Lebensprobleme und zum Projektionsfeld von Sorgen und Befürchtungen, die sich auf ganz andere, elementare Zusammenhänge seines Lebens beziehen. Es kommt also in erster Linie darauf an, die Prüfungssituation von dieser Bedeutung zu entlasten und sie auf das Pragmatische zurückzuführen. Das wird in der Regel nicht ohne den persönlichen Einsatz des Untersuchers gelingen, wobei dieser Einsatz seiner Person für ihn selbst mehr oder weniger unbewußt geschehen und einfach in der Ruhe und Sicherheit liegen kann, die er auszustrahlen vermag. Vor allem wird aber ein kurzes Gespräch über die Lebensvorgeschichte des Probanden diesem selbst unter Umständen deutlich machen können, wie sehr er hier andere Probleme in die Prüfungssituation projiziert hat. Das wird ihn in manchen Fällen in die Lage versetzen, den Prüfungsvorgang wieder sachlicher zu sehen und ihn auf die einfache Feststellung der Fahrfähigkeiten zu reduzieren. Dieser gleichsam therapeutische Effekt ergibt sich aber nur nebenher aus der Untersuchungssituation, denn gerade diese ist es ja, die die Trennung der Prüfungsangst und ihrer Hintergründe von anderen, unabhängig von Prüfungssituationen bestehenden, Störungen erforderlich macht.

Auch an diesem Beispiel der Begutachtung des sogenannten Prüfungsversagers kann man also sehen, daß die sachgerechte Beurteilung durch den Psychologen dessen Mitspielen in der Situation zur Voraussetzung hat. Andererseits wird gerade an diesem Beispiel deutlich, wie der Gutachter auch hier im Spannungsfeld der persönlichen Interessen des Untersuchten und der Sicherheitsinteressen der Allgemeinheit steht, denn er darf sich ja aus dem Verständnis für die Prüfungsängste und Schwierigkeiten des Probanden keinesfalls dazu verleiten lassen, die bei dieser Auseinandersetzung gleichsam im Hintergrund sichtbar werdenden Leistungsmöglichkeiten und Leistungsgrenzen des Betreffenden zu günstig zu beurteilen. So sehr auf der einen Seite das Verständnis für die Person des Prüflings notwendig ist, so sehr muß dieses auf der anderen Seite durch das Bewußtsein der Verantwortung für die Sicherheit anderer aufgewogen werden. Die Rolle des Psychologen läßt ihn also hier in einer gewissen Dialektik zwischen dem notwendigen Verständnis für den Prüfling und der notwendigen Härte im Interesse der Allgemeinheit hin- und hergeworfen werden. Diese Vorgänge werden sich in der Regel in der alltäglichen Untersuchungspraxis eines Verkehrspsychologen unterschwellig vollziehen, ohne ihm ständig zum Bewußtsein zu kommen. Nur an Extremfällen wird man sich diese Probleme ganz deutlich machen können.

203

Die Überlegungen, die wir hier anstellen, dürfen überhaupt nicht dazu verleiten, das Gewicht und die Bedeutung der Routine in der Untersuchungs- und Begutachtungssituation zu unterschätzen. Gerade die Routine des ständig sich wiederholenden Urteilen- und Verstehen-Müssens ermöglichst auch das Maß an innerer Entlastung des Gutachters, das notwendig ist, damit er seine Urteile ohne Überspitzungen, und ohne von einem Extrem ins andere zu fallen, abgeben kann.

Ich glaube, daß diese Gedanken uns in besonderer Weise das Maß an pragmatischen Implikationen vor Augen führen, das mit jeder psychologischen Beurteilung und Beratung verbunden ist. Es ist eine Tätigkeit in praktischen Situationen und eine Beurteilung im Hinblick auf praktische Situationen, in welche andere Menschen geraten werden. Der pragmatische Charakter gehört wesensmäßig zur Psychologie, weil sie es mit Menschen in ihrer ganzen Unberechenbarkeit und auch in ihren Wandlungsmöglichkeiten zu tun hat.

Die Überlegungen, die wir bisher angestellt haben, zeigen uns, daß man das Problem der Fahrtauglichkeit nicht unabhängig von den vielfältigen Bezügen auf die Situation des Einzelnen und der Gesellschaft behandeln kann. Fahrtauglichkeit ist also nicht eine einfach festliegende Eigenschaft. Trotzdem wird man sagen müssen, daß es gewisse Eigenschaften gibt, die als Voraussetzungen in die Fahrtauglichkeit eingehen und die in einer testpsychologischen Untersuchung und der damit verbundenen Verhaltensbeobachtung geprüft werden können. Die Antwort auf die Frage, welches diese Eigenschaften sind, ergibt sich aus einer Analyse der Bedingungen der Verkehrssituation. Es ist eine sich schnell wandelnde Situation, in der der Mensch gezwungen ist, wesentliche Veränderungen und Signale genügend rasch aufzunehmen, zu registrieren, zu bewerten und zu beantworten. Vor allem aber ist die Verkehrssituation zugleich immer eine soziale Situation, der man nur gerecht werden kann, wenn man in der Lage ist, die anderen Verkehrsteilnehmer als Menschen wahrzunehmen und der daraus sich ergebenden Verantwortung gemäß zu handeln. Die Gründe, die zur Kraftfahruntauglichkeit führen können, brauchen darum nicht nur in solchen Mängeln wie einer zu geringen Schnelligkeit des Auffassens, einer zu geringen Aufmerksamkeit und Konzentration, oder einer ungenügenden Geschwindigkeit des Handelns und Reagierens zu liegen, sondern sie können auch in einer gewissen sozialen Blindheit bestehen, die es dem Betreffenden unmöglich macht, ein genügendes Maß an Rücksicht und Anpassung zustande zu bringen. Hier handelt es sich also um diejenigen Hinderungsgründe, die in der Regel als charakterliche Ungeeignetheit bezeichnet werden. Man sollte aber das Werturteil, das in der Unterscheidung von Fähigkeitsvoraussetzungen und Charaktervoraussetzungen liegt, möglichst vermeiden. Auch das, was als charakterliche Ungeeignetheit erscheint, ist bei näherer Betrachtung oft gleichsam der Mangel einer Fähigkeit, nämlich der Mangel der Fähigkeit, eine soziale Situation, wie die Verkehrssituation es ist, wirklich als solche wahrzunehmen.

Alle Voraussetzungen der Kraftfahreignung beziehen sich im Grunde auf die Möglichkeiten, die Verkehrssituation richtig aufzunehmen, richtig zu verarbeiten und richtig zu beantworten. Das gilt bereits von so elementaren Voraussetzungen wie dem Vorhandensein eines genügenden Maßes an Sehfähigkeit. Es gilt aber ebenso von der Möglichkeit, sich an das vielfältige zwischenmenschliche Zusammenspiel der Verkehrssituation in ausreichendem Maße anzupassen.

Nach diesen Vorüberlegungen können wir versuchen, die Frage zu beantworten, welche Mindestbedingungen erfüllt sein müssen, damit jemand sich der Verkehrssituation in ausreichendem Maße anpassen kann. Er muß zunächst in der Lage sein, sie in ausreichendem Maße zu erfassen. Die Voraussetzung dafür ist nicht nur ein genügendes Maß an Sehfähigkeit, sondern auch ein genügendes Maß an Aufmerksamkeit und Konzentration. Diese Aufmerksamkeit muß genügend schnell angesprochen werden können, sie darf nicht zu sehr eingeengt und fixiert sein, sondern muß eine gewisse Weite des Horizontes zeigen. Andererseits darf sie auch nicht in einem zu großen Maße in Ablenkbarkeit übergehen. Ebenso muß ein Mensch ein Mindestmaß an Konzentration aufbringen können, um den Bedingungen der Verkehrssituation gerecht zu werden.

Diese Voraussetzungen lassen sich mit einer ganzen Reihe von Leistungstests prüfen. Sie sind vor allem einer systematischen Verhaltensbeobachtung während der Durchführung von Leistungstests zugänglich. In diesem Bereich spielt sich schnell eine gewisse Erfahrung des Gutachters ein, die es ihm möglich macht, auf Grund der vergleichenden Verhaltensbeobachtung echte Aufmerksamkeits- und Konzentrationsstörungen relativ bald zu erkennen und sie auch von den Zeichen der Prüfungsaufregung zu unterscheiden. Besonders bewährt hat sich in dieser Hinsicht die Durchführung nicht sprachgebundener Intelligenztests, wie etwa des Raven, weil man während ihrer Durchführung die Intensität und Stetigkeit der Aufmerksamkeit und Konzentration recht gut beobachten kann. Auch Tests, die ein reaktives Verhalten erfordern, wie etwa die Reaktionsversuche am Kieler Determinationsgerät nach Mierke oder an dem aus ihm entwickelten Wiener Determinationsgerät, lassen Beobachtungen

205

über die Art und den Grad der Aufmerksamkeit und Konzentration zu [4]. Sie geben vor allem eine Möglichkeit her, zu sehen, wie jemand sich in Belastungs- und Streßsituationen konzentrieren kann.

Neben diese erste Grundbedingung, daß ein Fahrer überhaupt in der Lage sein muß, eine rasch wechselnde Situation in genügender Schnelle aufzufassen, tritt aber selbstverständlich die zweite, daß er auch in der Lage sein muß, diese Situation mit genügender Sicherheit zu deuten. Ferner muß er ihre Entwicklung voraussehen und sie genügend schnell in seinem Handeln beantworten können. Auch im Bereich des antwortenden Verhaltens und des Bewegungsverlaufs muß die Grundbedingung einer gewissen Schnelligkeit und Umstellfähigkeit erfüllt sein. Auch hier wird ein erfahrener Gutachter relativ bald einen Blick dafür entwickeln, welche Menschen durch ihr Verhalten an den entsprechenden Testgeräten eine zu massive Verlangsamung ihres Bewegungsablaufs und ihres Reaktionsverhaltens verraten. Auch hier gilt es wieder, die Folgen der Prüfungsaufregung von echten Blockierungen und Störungen der Koordination und Geschwindigkeit des Bewegungsverhaltens zu unterscheiden.

Schließlich zeigt sich aber auch immer wieder, daß es nicht möglich ist, die sogenannten psychophysischen Voraussetzungen des Leistungsverhaltens von den mehr charakterlichen, haltungs- und willensbedingten Komponenten des Verhaltens streng zu trennen. Oft geben gerade die Leistungstests einen besonders guten Aufschluß über die Willenshaltung eines Menschen und seine Bereitschaft, sich den Gegebenheiten und Bedingungen einer Situation anzupassen.

Aus diesen Überlegungen wird schon deutlich, daß das Bild, das sich aus verschiedenen Tests in einer verkehrspsychologischen Untersuchung ergibt, gleichsam vielfältige Zwischenbeziehungen zwischen diesen Tests zeigen muß. Die Beurteilung wird sich immer auf das Gesamtgefüge dieser Beziehungen ausrichten müssen. Die Erfahrung lehrt dabei, daß es viele Menschen gibt, die eine gewisse Verlangsamung im sensorischen Bereich und im Bereich des aufnehmenden Verarbeitens der Situation durch eine zügige und schnelle Art und Weise des reaktiven Handelns ausgleichen können. Eine gewisse Verlangsamung im motorischen Bereich andererseits kann ihren Ausgleich in der Fähigkeit finden, die Entwicklung

---

[4] Vgl. hierzu die in Arbeit befindliche Freiburger Dissertation von W. RICHTER, Freiburg im Breisgau, über Reaktionsleistungen am Wiener Determinationsgerät als Kriterium für die Eignung zum Führen von Kraftfahrzeugen, – ferner: A. MÜLLER und D. V. USLAR, Ergebnisse mit dem Determinationsgerät nach Mierke bei Fahrtauglichkeitsuntersuchungen, Diagnostica IX/4. Hogrefe, Göttingen 1963.

einer Situation frühzeitig vorauszusehen und ihre Zeichen schnell und sicher zu deuten.

Vor allem aber müssen alle diese Testergebnisse und Beobachtungen, die sich auf die Leistungsmöglichkeiten beziehen, immer im Zusammenhang gesehen werden mit der anderen ebenso wichtigen Voraussetzung, daß der Verkehrsteilnehmer in der Lage sein muß, die Verkehrssituation als eine soziale Situation zu begreifen. Man findet immer wieder einmal Menschen, die zwar durchaus in der Lage sind, genügend schnell wahrzunehmen und zu reagieren, die aber zugleich gleichsam mit einer sozialen Blindheit geschlagen sind. Gerade dieser Umstand dokumentiert sich oft in der Verkehrsvorgeschichte. Es wird hier also immer um eine Auseinandersetzung mit dieser Vorgeschichte und um die Beurteilung der Zukunft unter dem Aspekt dieser Vergangenheit gehen. Dafür ist es besonders wichtig, die Lebenssituation des Betreffenden näher kennenzulernen, denn manchmal sind es gerade scheinbar äußerliche Umstände in dieser Situation, wie etwa eine Eheschließung oder auch die Trennung einer Ehe, der Wechsel des Berufes oder des umgebenden Milieus, welche plötzlich neue Möglichkeiten der Anpassung und Steuerung des sozialen Verhaltens erschließen. Auch das Verhalten während der Durchführung von Leistungstests gibt einen zusätzlichen Aufschluß über die Möglichkeiten der Anpassung und Selbstbeherrschung, die ein Mensch hat. Überdies kann die Durchführung projektiver Testverfahren wie etwa des Rorschach-Tests, Aufschluß über den Grad und die Tiefe der Anpassungs- und Persönlichkeitsstörungen geben. Auch die Graphologie gibt hier zusätzliche Informationen.

Alle diese Informationen, die man in der zeitlich notwendig begrenzten Untersuchungssituation erhalten kann, müssen zueinander und zur Lebensgeschichte in Beziehung gesetzt werden. Vor allem aber muß man bedenken, daß sie aus einer einheitlichen Situation, nämlich derjenigen der Untersuchung, stammen, in der man selbst als Gutachter und Untersucher mit im Spiel ist. Das zu Beginn dargestellte Engagement des Gutachters und seine Verantwortung reichen stets in die gesamte Untersuchungssituation und in alle einzelnen Testsituationen mit hinein. Der Vorrang der psychologischen Urteilsbildung zeigt sich dabei im Grunde als ein komplexes Gewebe von Argumenten pro und contra, aus dem sich schließlich die endgültige Beurteilung herausbilden muß. Diese Beurteilung und die Formulierung des Gutachtens wachsen also aus den vielfältigen Verzweigungen der Untersuchungssituation und aus ihrer Beziehung zur Lebenssituation des Probanden und zur sozialen Situation des Verkehrs heraus.

207

Der Gutachter ist ein Mitspieler in diesen vielfältig aufeinander bezogenen Situationen. Er kann seine Objektivität darin nur gewinnen, indem er sich dieses Einbezogenseins stets bewußt bleibt und die darin begründete Verantwortung explizit auf sich nimmt. Die Wissenschaftlichkeit der Begutachtung und die Durchsichtigkeit der sozialen Rolle des Gutachtens bedingen sich dabei gegenseitig. Die Objektivität liegt ja gerade im Bewußtmachen der Rolle des Gutachters als eines Mitspielers in der Situation.

BIBLIOGRAPHISCHE HINWEISE

Die einzelnen Abschnitte dieses Buches sind an folgenden Orten zuerst erschienen:

Ontologische Voraussetzungen der Psychologie, in: Neue Anthropologie, hrsg. von Hans Georg Gadamer und Paul Vogler, Bd. V, Psychologische Anthropologie, Georg Thieme, Stuttgart 1972, S. 386–387.

Begegnung als Prinzip des Psychischen, in: Universitas, Zeitschrift für Wissenschaft, Kunst und Literatur, hrsg. von H. W. Bähr, Jahrgang 27, Heft 11, Wissenschaftliche Verlagsgesellschaft, Stuttgart 1972, S. 1193–1200.
(Vorabgedruckt in Neue Zürcher Zeitung vom 16.7.1972)

Seele als Wirklichkeit des Leibes, in: Universitas, Zeitschrift für Wissenschaft, Kunst und Literatur, hrsg. von H. W. Bähr, Jahrgang 28, Heft 10, Wissenschaftliche Verlagsgesellschaft, Stuttgart 1973, S. 1103–1111.
(Vorabgedruckt in Neue Zürcher Zeitung vom 20.6.1971)

Die Zeitlichkeit des Psychischen, in: Zeitlichkeit als psychologisches Prinzip, Grundfragen der Biographie-Forschung, hrsg. von Karl-Ernst Bühler, Janus-Wissenschaft Bd. 5, Janus-Presse, Köln 1986, S. 76–84.

Weltlichkeit, in: Ontologische Voraussetzungen der Psychologie, in: Neue Anthropologie, hrsg. von Hans Georg Gadamer und Paul Vogler, Bd. V, Psychologische Anthropologie, Georg Thieme, Stuttgart 1972, S. 394–402.

Die Sprache in der Sicht einer anthropologischen Psychologie, in: Psychologie in der Stimm-, Sprech- und Sprachrehabilitation, hrsg. von Geert Lotzmann, Gustav Fischer, Stuttgart 1979, S. 1–8.

Kunst als Zugang zum Wesen des Menschen, in: Die Psychologie des 20. Jahrhunderts, Bd. XV, Transzendenz, Imagination und Kreativität, hrsg. von Gion Condrau, Kindler Verlag, Zürich 1979, S. 1008–1016.

Die anthropologischen Quellen der Religion, in: Kosmische Dimensionen religiöser Erfahrung, hrsg. von Walter Strolz, Herder, Freiburg 1978.

Konzepte des Psychischen in der Geschichte des abendländischen Denkens, in: Kindlers Enzyklopädie, Der Mensch, hrsg. von Norbert Loacker, Bd. IV, Kindler Verlag, Zürich 1981, S. 359–396. (Auf die Wiedergabe der Abbildungen auf den Seiten 374–375 der Erstveröffentlichung wurde verzichtet.)

Das Problem der Deutung in der Psychologie, in: Hermeneutik und Dialektik, Festschrift für Hans Georg Gadamer, hrsg. von Reiner Wiehl, Rüdiger Bubner und Konrad Cramer, Bd. II, Mohr/Siebeck, Tübingen 1970, S. 337–351.

Traum und Wirklichkeit, in: Zeitwende. Wissenschaft, Theologie, Literatur, hrsg. von Wolfgang Böhme u.a., Jahrgang 45, Heft 4, Mohn, Gütersloh 1974, S. 217–224.

Mensch, Umwelt, Situation, in: Handbuch der Sozialmedizin, hrsg. von Maria Blohmke, Christian von Ferber, Karl Peter Kisker, H. Schäfer, Bd. 1: Grundlagen und Methoden der Sozialmedizin, Enke, Stuttgart 1975, S. 177–189.

Das Leib-Seele-Problem, in: Grenzprobleme der Wissenschaften, hrsg. von Paul Feyerabend / Christian Thomas, Verlag der Fachvereine Zürich, Zürich 1985, S. 19–25; 2. Abdruck in: Kommunikation und Perspektivität, Beiträge zur Anthropologie aus Medizin und Geisteswissenschaften, hrsg. von Karl-Ernst Bühler, Heinz Weiss, Königshausen und Neumann, 1985, S. 21–25.

Mensch und Tier – Zur philosophischen und psychologischen Bedeutung der Phylogenese, in: Das Werden des Menschen, hrsg. von Gion Condrau und Alois Hicklin, Benteli, Bern 1977, S. 39–46.

Verkehrspsychologische Begutachtung als Beispiel psychologischer Urteilsbildung, in: Psychologie in Betrieb, Schule, Berufsberatung und Umwelt, Festschrift für Hans Biäsch, hrsg. von Hardi Fischer u.a., Huber, Bern 1971, S. 195–208.

Den Verlagen, die den Wiederabdruck genehmigt haben, sei hiermit verbindlichst gedankt.

LITERATURVERZEICHNIS

(Während die Literaturangaben im Text dem Zeitpunkt der Erstveröffentlichung der einzelnen Abschnitte entsprechen, sind hier zum Teil neuere Auflagen angegeben.)

Aristoteles, Über die Seele, Wissenschaftliche Buchgesellschaft, Darmstadt 1973.
Augustinus, Aurelius, Bekenntnisse, dtv TB Nr. 6120, München 1983.
Binswanger, Ludwig, Ausgewählte Vorträge und Aufsätze, Bd. I, 2. Aufl., Francke, Bern 1961.
–, Schizophrenie, Neske, Pfullingen 1957.
Blankenburg, Wolfgang, Der Verlust der natürlichen Selbstverständlichkeit. Ein Beitrag zur Psychopathologie symptomarmer Schizophrenien, Enke, Stuttgart 1970.
Buber, Martin, Ich und Du, 10. Aufl., Schneider/Lambert, Heidelberg 1983.
Descartes, René, Meditationes, PhB 250a, 2. Aufl., Meiner, Hamburg 1977.
Diels, Hermann, Fragmente der Vorsokratiker, Bd. 1, 6. Aufl., Weidmann, Zürich 1985.
Dilthey, Wilhelm, Ideen über eine beschreibende und zergliedernde Psychologie, in: Ges. Schriften Bd. 5, 7. Aufl., Vandenhoeck, Göttingen 1982.
Freud, Sigmund, Gesammelte Werke (Bd. 2/3: Die Traumdeutung, Bd. 11: Vorlesungen zur Einführung in die Psychoanlayse, Bd. 13: Das Ich und das Es, und Jenseits des Lustprinzips,Bd. 14: Die Zukunft einer Illusion), Fischer, Frankfurt 1976.
Gadamer, Hans-Georg, Wahrheit und Methode, 4. Aufl., Mohr, Tübingen 1975.
–, Kleine Schriften, Bd. 1–3, Mohr, Tübingen 1972ff.
Giedion, Siegfried, Architektur und Gemeinschaft, rde 18, Hamburg 1956.
Gogarten, Friedrich, Der Mensch zwischen Gott und Welt, 4. Aufl., Vorwerk Stuttgart 1967.
Graumann, Carl Friedrich, Grundlagen einer Phänomenologie und Psychologie der Perspektivität, De Gruyter, Berlin 1960.
Grimm, Jacob und Wilhelm, Deutsches Wörterbuch, Nachdr. Deutscher Taschenbuchverlag, München 1984.
Hartmann, Nicolai, Der Aufbau der realen Welt, 3. Aufl., De Gruyter, Berlin 1964.
–, Das Problem des geistigen Seins, 3. Aufl., De Gruyter, Berlin 1962.
Hegel, Georg Wilhelm Friedrich, Phänomenologie des Geistes, PhB 114, 6. Aufl., Meiner, Hamburg 1952.
–, Logik, PhB 56 u. 57, Meiner, Hamburg 1975.
Heidegger, Martin, Wegmarken, 2. Aufl., Klostermann, Frankfurt 1978.
–, Sein und Zeit, 15. Aufl., Niemeyer, Tübingen 1979.
–, Holzwege, 6. Aufl., Klostermann, Frankfurt 1980.
–, Der Ursprung des Kunstwerkes, Reclam TB 8446, Stuttgart 1970.
–, Hölderlin, 5. Aufl., Klostermann, Frankfurt 1981.
–, Vorträge und Aufsätze, 4. Aufl., Neske, Pfullingen 1978.
Hess, Walter Rudolf, Psychologie in biologischer Sicht, 2. Aufl., Thieme, Stuttgart 1968.
Hocke, Gustav René, Die Welt als Labyrinth, RDE 50, Rowohlt, Hamburg 1978.
Hofmann, Werner, Zeichen und Gestalt, Die Malerei des 20. Jahrhunderts, Fischer TB 161, Frankfurt 1957.
–, Die Plastik des 20. Jahrhunderts, Fischer, Frankfurt 1958.
Hofstätter, Peter R., Psychologie,Fischer-Lexikon 6, Frankfurt 1957.
Hoyos, Graf C., (Hrsg.), Psychologie des Strassenverkehrs, Huber, Bern 1965.
Hume, David, Eine Untersuchung über den menschlichen Verstand, PhB 35, 11. Aufl., Meiner, Hamburg 1984.
Husserl, Edmund, Die Idee der Phänomenologie, Ges. Werke „Husserliana" 2, 2. Aufl., Nijhoff, Haag 1973.
Imoberdorf, Urs, Die diagnostische Situation. Beiträge zur Theorie psychologischen Deutens, Bouvier, Bonn 1971.

Literaturverzeichnis

Jung, Carl Gustav, Gesammelte Werke (Bd. 7: Die Beziehungen zwischen dem Ich und dem Unbewussten, Bd. 8: Allgemeine Gesichtspunkte zum Wesen des Traumes und Vom Wesen der Träume, Bd. 11: Psychologie und Religion, Bd. 12: Psychologie und Alchemie), Walter, Olten 1979ff.
Kant, Immanuel, Kritik der reinen Vernunft, PhB 37a, 2. Aufl., Meiner, Hamburg 1976.
–, Kritik der praktischen Vernunft, PhB 38, Meiner, Hamburg 1985.
–, Kritik der Urteilskraft, PhB 39a, Meiner, Hamburg 1974.
Klages, Ludwig, Handschrift und Charakter, 28. Aufl., Bouvier, Bonn 1982.
v. Klebelsberg, D., Risikoverhalten als Persönlichkeitsmerkmal, Huber, Bern 1969.
Kretschmer, Ernst, Körperbau und Charakter, 26. Aufl., Springer, Berlin 1977.
Lanczkowski, Günter, Geschichte der Religionen, 2. Aufl., Fischer Lexikon Bd. 1, Frankfurt 1980.
Leibniz, Gottfried Wilhelm, Vernunftprinzipien der Natur und der Gnade – Monadologie, PhB 253, 2. Aufl., Meiner, Hamburg 1982.
–, Opuscules et Fragments inédites, éd. Louis Couturat, Neudruck: Olms, Hildesheim 1966.
Leisi, Ernst, Der Wortinhalt, 5. Aufl., UTB Nr. 95, 1975.
Locke, John, Über den menschlichen Verstand, PhB 75/76, 4. Aufl., Meiner, Hamburg 1981.
Lorenz, Konrad, Die angeborenen Formen möglicher Erfahrung, in: Zeitschrift für Tierpsychologie, Bd. 5, 1942/43, S. 235–409.
Löwith, Karl, Das Individuum in der Rolle des Mitmenschen, Wissenschaftliche Buchgesellschaft, Darmstadt 1969.
Minkowsky, Eugène, Zum Problem der erlebten Zeit, in: Studium Generale, Jg. 8, H. 10, 1955, S. 601–607.
Müller, A. und v. Uslar, D., Ergebnisse mit dem Determinationsgerät nach Mierke bei Fahrtauglichkeitsuntersuchungen, Diagnostica IX/4, Hogrefe, Göttingen 1963.
Nietzsche, Friedrich, Also sprach Zarathustra, in: Werke Bd. II, hrsg. v. K. Schlechta, 9. Aufl., Carl Hanser, München 1982.
Otto, Rudolf, Das Heilige, 41.–44. Tsd., Beck, München 1979.
Pevsner, Nikolaus, Europäische Architektur, 2. Aufl., Prestel, München 1967.
Platon, Der Staat, PhB 80, 10. Aufl., Meiner, Hamburg 1979.
–, Das Gastmahl, PhB 81, 3. Aufl., Meiner, Hamburg 1981.
–, Phaidon, Reclam Nr. 918, Stuttgart, o. J.
–, Menon, PhB 278, 2. Aufl., Meiner, Hamburg 1982.
Plessner, Helmuth, Die Stufen des Organischen und der Mensch, 3. Aufl., De Gruyter, Berlin 1975.
–, Die Frage nach der Conditio Humana, Suhrkamp TB st 361, Frankfurt 1976.
Ricoeur, Paul, Hermeneutik und Strukturalismus, Der Konflikt der Interpretationen, Bd. 1, Kösel, München 1973.
Rorschach, Hermann, Psychodiagnostik, 10. Aufl., Huber, Bern 1983.
Rothacker, Erich, Die Schichten der Persönlichkeit, 8. Aufl., Bouvier, Bonn 1969.
Sartre, Jean Paul, Der Leib, in: Das Sein und das Nichts, deutsch: 15.-17. Tsd., Rowohlt, Hamburg 1974.
de Saussure, Ferdinand, Grundfragen der allgemeinen Sprachwissenschaft, 2. Aufl., De Gruyter, Berlin 1967.
Schelling, Friedrich Wilhelm, System des transzendentalen Idealismus, PhB 254, Meiner, Hamburg 1962.
–, Aphorismen über die Naturphilosophie, in: Schriften 1806–1813, Wissenschaftliche Buchgesellschaft, Darmstadt 1968.
–, Die Weltalter, in: Schriften 1813–1830, Wissenschaftliche Buchgesellschaft, Darmstadt 1968.
–, Vom Ich als Prinzip der Philosophie oder über das Unbedingte im menschlichen Wissen, in: Schriften 1794–1798, Wissenschaftliche Buchgesellschaft, Darmstadt 1976.
Schleiermacher, Friedrich, Über die Religion, 6. Aufl., Vandenhoeck, Göttingen 1967.
Spinoza, Benedictus de, Ethik, in: Werke/opera II, 2. Aufl., Wissenschaftliche Buchgesellschaft, Darmstadt 1978.
Thomas von Aquin, Summa theologica, in: Die Deutsche Thomas-Ausgabe, Salzburg 1934ff.
v. Uexküll, Jakob, Umwelt und Innenwelt der Tiere, 2. Aufl., Berlin 1921.

Literaturverzeichnis

–, Theoretische Biologie, stw 20, Suhrkamp, Frankfurt 1973.
–, Streifzüge durch die Umwelten von Tieren und Menschen, Fischer, TB Nr. 7331, Frankfurt 1983.
v. Uslar, Detlev, Der Traum als Welt, 2. Aufl., Neske, Pfullingen 1969.
–, Die Wirklichkeit des Psychischen, Neske, Pfullingen 1969.
–, Psychologie und Welt, Kohlhammer, Stuttgart 1972; seit 1977: Werner Classen Verlag, Zürich.
–, Psychologie der Religion, Werner Classen Verlag, Zürich 1978.
Watson, John B., Behaviorismus, Verlag Fachbuchhandlung für Psychologie, 3. Aufl., Frankfurt 1984.
v. Weizsäcker, Carl Friedrich, Zum Weltbild der Physik, 11. Aufl., Hirzel, Stuttgart 1970.
Whorf, Benjamin Lee, Sprache, Denken, Wirklichkeit, rde 403, Rowohlt, Hamburg 1984.
Wiener, Norbert, Kybernetik, deutsch: rde 294/5, Rowohlt, Hamburg 1968.
Wunnerlich, Annemarie, Zur Psychologie der ausweglosen Situation, Huber, Bern 1972.
Wyss, Dieter. Die tiefenpsychologischen Schulen, 5. Aufl., Vandenhoeck und Ruprecht, Göttingen 1977.

REGISTER

Absolutes, absolut 13f., 17f., 34f., 59, 63, 65ff., 70ff., 77ff., 86ff., 99ff., 118
Affekt 11, 99, 103, 109f., 178
Aggression, aggressiv 66, 73f., 167
Anaximander 94
Angst 10, 20f., 41, 157
Animus und Anima 88f.
Anlage 167f.
Anwendung 7, 134, 136f.
Archetyp 88
Architektur 27, 57ff., 111, 139
Aristoteles 22, 23, 28, 54, 60, 93, 101, 102–104, 163, 164, 171, 173, 179
Art, Erhaltung der Art 101, 103, 178f.
Assoziation 112f.
Auge und Erblicken 23, 26, 50, 54, 102ff., 163, 165, 173
Augenblick, Augenblicklichkeit 12ff., 16, 24, 29, 30f., 33f., 36, 57, 63, 67, 80, 82f., 90, 95, 97, 101, 104, 105, 125f.
Augustinus 33, 93, 104–106, 162
Ausdehnung, ausgedehnt 20, 106, 162, 170

Barock 59, 61ff., 111
Begegnung 7, 11, 12-19, 23, 26, 34f., 48, 66, 68ff., 82, 137f., 140
Begutachtung 181–194
Bewusstsein 11, 17, 20, 23ff., 60, 67f., 86ff., 106f., 110ff., 114–123, 150, 153, 170, 172
Binswanger 59
Breton 148
Buber 17, 34, 50, 70

de Chirico 148
cogitatio und extensio (Denken und Ausdehnung) 56, 106f., 157, 162

Dali 148
Dasein 21, 23f., 28, 38f., 60, 124ff., 176, 180
Denken 98f., 103f., 106f., 109, 118ff., 127, 173
Descartes 20, 93, 106–108, 111, 151, 157, 162, 170
Determinismus 32, 80, 83
Deutung 7, 41, 53, 59f., 131–145, 148f.
Dialektik, dialektisch 118, 120, 134, 183

Dilthey 120, 144
Ding, Dinglichkeit, Dingzusammenhang 24, 28, 44, 50ff., 58, 62, 66, 78f., 94, 99ff., 113f., 159
dionysisch 66, 73
Diotima-Gespräch (in Platons Symposion) 100
Du 10f., 12ff., 17f., 20f., 23, 34, 50, 69f., 82, 131

Empedokles 99
Empirismus, empirisch 113, 120
Ereignis 34, 63, 82, 84, 89, 109, 127
Erfahrung 112–115, 119
Erinnerung, erinnern, Gedächtnis 10, 29f., 44, 54, 81, 100, 104f., 112, 151
Erlebte und gemessene Zeit 29f., 105f.
Eros 96, 100f.
Erwachen, Wachen 96f., 107, 147ff., 153
Evidenz 63, 72, 88, 100f., 107, 122, 131, 151
Ewigkeit 72, 84, 103, 127, 179
– Ewigkeit im Augenblick 33, 67, 80, 90, 97f., 101
Existenz 7, 11, 13, 17f., 20ff., 38f., 69
Exzentrizität 25, 159

Fahrtauglichkeit 181, 190
Farbe 60, 102ff., 105, 121, 162
fascinosum 65, 85, 90
figura serpentinata 61
Freiheit 19, 33, 114
Freud 15, 35, 48, 72–74, 88, 96, 97, 120, 126, 148, 151, 152, 178

Gadamer 35, 63, 132 139, 142, 144
Gedächtnis 29, 81, 104f.
Gegenwart 11, 13, 15f., 29, 31ff., 57, 60, 98, 105
Gehirn 25, 44, 164, 173
Geist 97f., 103f., 109f., 112ff., 117, 118ff., 123f., 172, 176f., 179
Geisteswissenschaft 26, 120, 124, 141, 143, 144, 161, 176
Gelübde, geloben 13, 49
Gerechtigkeit, Idee der Gerechtigkeit 100f., 122
Geschichtlichkeit, Geschichte 7, 15, 35f., 62f., 82ff., 118ff., 123f., 126f., 172
Geschlechtlichkeit, geschlechtlich 24, 72

Register

Gesellschaft, gesellschaftlich 120, 135ff., 157, 159f., 164f., 168, 172
Gespräch 27, 45, 49f., 53f., 134, 186f.
Goethe 33, 53, 96
Gogarten 17
Gott, Götter 17, 28, 58, 61, 63, 65–90, 95, 108f., 111, 125, 149, 178
Graumann 58, 158, 186
Gutachter 181–194

Hartmann, Nicolai 31, 93, 123, 124, 172, 173
Hass 74, 99, 109
Hegel 93, 117–120, 124, 127, 172
Heidegger 11, 17, 28, 34, 51, 61, 66, 69, 76, 81, 82, 93, 122, 124–127, 137, 167, 176–178, 180
Heraklit 85, 94–97, 99, 151
Hess, W.R. 164
Hocke 61
Hölderlin 86, 127
Hofstätter 167
Hume 93, 112, 113
Husserl 60, 93, 121, 122

Ich 10, 13, 16ff., 21, 53, 67, 86f., 107, 114, 115ff.
Idee, Ideenlehre, 100ff., 112f.
Imoberdorf 168, 184

Jung 58, 68, 76, 88, 89, 96, 97, 113

Kant 93, 113–117
Kausalität und Grenzen der kausalen Betrachtungsweise 32, 83, 113, 115, 140f., 158, 166
Kindheit, Kindheit im Traum 15, 147ff., 151
Klages 131
v. Klebelsberg 181
Konstitution 42ff.
Körper, körperlich 20–28, 107f., 157, 162, 166, 170
Krankheit und Gesundheit 160f., 166, 168
Kretschmer 168
Kunst, Kunstwerk 7, 26f., 35, 56–64, 124, 127, 138f.

laetitia und tristitia (Spinoza) 109
Lanczkowski 90
Lebensgeschichte, Lebenslauf 13f., 35f., 95, 120, 134f., 151f., 160, 186f.
Le Corbusier 139
Leib, Leiblichkeit 7, 10f., 20–28, 54, 60–62, 72, 102ff., 139, 152, 157, 159, 162f., 170–173, 175
Leib-Seele-Problem 25, 102, 106, 170–173

Leibniz 41, 93, 110–112, 115, 117
Libido 66, 72ff., 152
Liebe 99, 100f., 109
Locke 93, 112, 113
Logos 96
Löwith 165
Lust, Lustprinzip 65f., 72ff., 88, 103, 109, 163

Magritte 148
Malerei, Gemälde (Bilder) 58–62, 148
Mandala 58
Manierismus 61
Marx 120
Materie, Materialität 56f., 62, 66, 78f., 159
Mathematik, mathematische Evidenz, mathematische Psychologie 100, 107, 141ff.
Meditation, meditatives Denken 58, 97ff.
Minkowski 29
Möglichkeit:
– psychische Wirklichkeit als Horizont von Möglichkeiten 132, 135
– Situation als Horizont von Möglichkeiten 41, 50
– Zukunft als Horizont von Möglichkeiten 16, 18, 32, 54, 81, 126, 140
– Möglichkeiten der Vergangenheit 133f.
– Möglichkeit des Organs (Aristoteles) 102, 173
– Möglichkeit als Kantische Kategorie 113, 115
Monade 110f.
Moore 61
Musik 60, 62f.
Mysterium fascinosum und tremendum 65, 85, 90

Nacht 95, 97 (Heraklit), 105 (Augustinus), 118 (Hegel)
Natur:
– bei den Vorsokratikern 93–96, 99
– bei Spinoza 67, 85ff., 108f., 177
– bei Kant und Schelling 114f., 117
– Zugang zur Natur durch unsere eigene Natur 28, 175–180
– naturwissenschaftlich objektivierende Methode 19, 25f., 121, 141ff., 161f.
Neurophysiologie 170–174
Nichts 67, 69, 74, 82, 93f., 97f., 105, 125
Nietzsche 72, 90
Numinoses 59, 61f., 65–68, 73–88

Objekt:
– bei Schelling 116f.

– bei Hegel 119
Objektivierbarkeit und ihre Grenzen
  17ff., 45, 49f., 150, 161, 165f., 171,
  176f., 186f., 194
Organismus, organisch, Organ 22f., 27,
  54, 100, 102ff., 123, 159, 163f., 167f.,
  171ff., 175
Otto, Rudolf 65, 73

Parmenides 33, 85, 97–99, 109, 117, 127
Paulus 39, 70
Perspektivität:
– des In-der-Welt-Seins und des Raums
  13, 24, 27, 41, 110
– der Zeit 15, 30, 54f.
– der Situation 41–45, 158ff., 165f.
– des Gesprächs 33, 186
– der Dialekttik 119f.
– in der Malerei 58f.
– in der Deutung 132ff., 139, 147ff.
Pevsner, N. 139
Phänomenologie 119f. (Hegel),
  121f. (Husserl)
Phylogenese 36, 175–180
Plastik 61f., 139
Platon 93, 98, 99–101, 108, 112
Plessner 25, 159, 171
Projektion, projiziert 70f., 77, 79f., 83,
  88f., 116
Prüfungssituation, Prüfungsaufregung und
  Untersuchungssituation 188f., 191f.
Psychologismus, psychologistisch 63,
  121f., 124
Psychosomatik 25, 102, 170

Raum, Räumlichkeit 57–60, 76–78, 85,
  106, 110f., 113, 139, 146
Religion 7, 17, 65–90
Rorschachtest 131, 184, 193

Sartre 171
Schelling 17, 67, 68, 86, 87, 93, 114–
  118, 127, 157, 179
Schichtenlehre 123f., 172f.
Schlaf 95ff., 152
Schleiermacher 86
Schuld, Schuldgefühl 66, 74, 114
Sein:
– des Du 12ff., 17f., 69f.
– des Leibes 60
– der Seele 7, 10f.
– Sein und Dasein 125ff.
– Sein und Identität 117
– Sein und Sprache 127
– Sein und Zeit und Nichts 33f., 81, 94,
  104–106, 126
– Einheit und Einzigkeit des Seins
  (Heraklit, Parmenides, Spinoza) 85, 97,
  108f., 117
– Sein als ewige Gegenwart 97f., 127
– Sein als Ursprung und Quelle 86, 93,
  108f., 177ff.
Selbstbewusstsein (bei Schelling) 67, 87,
  115f.
Situation 7, 39-42, 133–137, 157–168,
  184, 188–194
Sokrates 100
Sozialmedizin 157ff.
Sozialpsychologie 137, 143, 165
Spiegel, Spiegelung im Bewusstsein
  110ff., 115f., 150, 153
Spiel (Gadamer) 35, 63, 132
Spinoza 67, 74, 85–87, 93, 108–111,
  117, 177, 178
Sprache 7, 27, 30, 44, 48–55, 127, 164f.,
  186
Stil 7, 57, 138f.
Subjekt, Subjektivität 115–122, 150f.
Surrealismus 148

tabula rasa 103, 112
Tanz 62f.
Technik 141ff., 164, 167f.
Test 134, 184ff., 191ff.
Thomas von Aquin 71, 106, 162
Tiefenpsychologie 44, 88f., 113, 116
Tiepolo 59, 61
Tier 22, 27f., 43, 102f., 175–180
Tintoretto 59, 61
Tod, Sein zum Tode 66, 69, 79, 95ff.,
  125f.
Transzendenz, transzendent, transzendie-
  rend, transzendental 59, 66f., 80,
  82ff., 87, 89, 101, 114
Traum, Traumdeutung 88f., 96f., 106f.,
  113, 116, 132
tremendum 65, 85, 90
Trieb 72ff., 88, 90, 103, 109f., 163, 178

Übertragung 15, 35
v. Uexküll, J. 43, 159, 167
Umwelt 42f., 157ff., 167f.
Unbewusstes 44, 68, 78, 87ff., 97, 115ff.,
  149, 178
Unendlichkeit, unendlich 67, 80, 85ff.,
  108
Unfall, Unfallrisiko 181–185
Untersuchungssituation 187

Verborgenheit, verborgen 44f., 53, 88,
  94, 104ff., 116, 137
Vergangenheit 30ff., 81f., 104ff., 135,
  140, 151f., 185f.
Verkehrspsychologie 181–194

Verkehrssituation 181f., 184f., 190f.
Veronese 61
Verweisungszusammenhang, Verweisung 44, 51, 59, 125f., 133, 185
Vieldeutigkeit 51ff., 150
Vorgeschichte 186ff., 193
Vorsokratiker 93ff.
Vorstellung 106, 112, 114, 121

Wahrnehmung 103f., 107, 114, 118, 121, 159, 163
Watson 162
v. Weizsäcker, C. F. 161
Welt, Weltlichkeit 7, 11ff., 17, 21ff., 38–46, 48, 50–53, 75, 85, 96f., 105, 110f., 113f., 115ff., 125ff., 146ff., 150

Whorf 51
Wiener 164
Wille 114f.
Wirklichkeit, seelische Wirklichkeit, Seele als Wirklichkeit 7, 10f., 12, 20f., 38f., 48

Zeit, Zeitlichkeit 7, 10f., 15f., 29–37, 49, 51, 54f., 62f., 67, 80f., 84f., 94, 97f., 105f., 113, 118, 125f., 136, 146, 158,
Zentralbau, Rundbau 57f., 76f.
Zeugung 101, 104, 179
Zukunft, Zukünftigkeit 30, 32, 35f., 40, 42, 80f., 95, 105f., 125f., 134ff., 158, 184ff.

Beratung, Diagnostik und Therapie in der anthropologischen Psychologie

Festschrift zum 60. Geburtstag von Detlev von Uslar

Herausgegeben von Urs Imoberdorf und Urs Reichlin

1986. VII, 208 Seiten.
1 Abbildung. Kart.
ISBN 3-7776-0419-4 (SHV)

Aus dem Inhalt:

Peter Ganz
Zum Problem des Verstehens in der psychologischen Ausbildung

Marion Hollenstein
Selbstbewirkte Blutarmut. Aufgabe therapierelevanter Interpretation

Urs Imoberdorf
Die Graphologie und das Beratungsgespräch

Verena Kast
Zur Bedeutung der Trauer im therapeutischen Prozeß

Ruedi Knüsel
Die Persönlichkeit als Bestseller oder über das ungute Gefühl beim Verfassen von psychologischen Gutachten

Andreas Lobsiger
Philosophisch-anthropologische Aspekte der Beratungssituation. Ein Beitrag zur Ausbildung psychologischer Berater

Urs Reichlin
Das Idealbild der romantischen Liebe

Wolf Reukauf
Kinderpsychotherapien. Anspruch und Wirklichkeit (ein Überblick über die Schulen)

Bruno Rutishauser
Nichtdirektiv – Direktiv. Zwei Konzepte in Therapie und Beratung

Walter A. Schelling
Psychologie und „Lebenswelt"

Dieter Sträuli
Der Augenblick des Subjekts

Peter von Tessin
Die Entwicklung der therapeutischen Beziehung

André Thali
Zur Phänomenologie hypochondrischer Befindlichkeit nach Unfällen

Aleš Wotruba
Das Rehabilitationsprogramm der Klinik Beverin

René Zihlmann
Der Neigungsbegriff in der Berufsberatung aus der Sicht der anthropologischen Psychologie

Detlev von Uslar, Veröffentlichungen

Interessenten:

Psychologen – Psychotherapeuten – Psychiater – Psychagogen – Soziologen – Anthropologen – Mediziner – Philosophen – Graphologen – interdisziplinär interessierte Laien

HIRZEL

S. Hirzel Verlag Stuttgart
Birkenwaldstraße 44
D-7000 Stuttgart 1